바디풀니스

생명의 현존, 자신감, 깨어남을 위한 몸 수련

크리스틴 콜드웰 Christine Caldwell 지음

김정명·신금옥·황미정 옮김

한울

Bodyfulness

Somatic Practices for Presence, Empowerment, and Waking Up in This Life

by Christine Caldwell

ⓒ 2018 by Christine Caldwell

Korean translation copyright ⓒ 2020 by HanulMPlus Inc.

Published by arrangement with Shambhala Publications, Inc., Boulder through Sibylle Books
Literary Agency, Seoul.

일러두기
본문의 모든 각주와 대괄호([ ])에 넣은 내용은 독자의 이해를 돕기 위해 옮긴이가 덧붙인 것입니다.

이 도서의 국립중앙도서관 출판예정도서목록(CIP)은 서지정보유통지원시스템 홈페이지(http://seoji.nl.go.kr)와
국가자료종합목록 구축시스템(http://kolis-net.nl.go.kr)에서 이용하실 수 있습니다.
CIP제어번호: CIP2020007013(양장), CIP2020007016(무선)

나의 손자 쿠퍼, 며느리 브리애나를 위하여

차례

한국어판 서문 7

서문 _데이비드 롬 10

감사의 글 18

들어가며: 왜 바디풀니스인가 20

1부   **바디풀니스의 몸**

1장   **바디풀니스의 여덟 가지 핵심 원리** 41

제1원리: 진동 42 / 제2원리: 균형 44 / 제3원리: 피드백 순환 과정 46
/ 제4원리: 에너지 보존 50 / 제5원리: 단련 54 / 제6원리: 변화와 도전
56 / 제7원리: 새로움을 통한 대비 58 / 제8원리: 연상과 정서 61 /
원리의 종합 64

수련 ⦿ 진동을 위한 수련 44 / 균형을 위한 수련 46 / 피드백 순환 과정을 위한
수련 49 / 에너지 보존을 위한 수련 53 / 단련을 위한 수련 55 / 변화, 도전, 대비,
새로움을 위한 수련 60 / 연상과 정서를 위한 수련 63 / 1장 수련 66

2장   **바디풀니스의 해부학** 69

세포 70 / 조직 75 / 기관 82 / 계통 83 / 상호의존 87 / 움직임의
연속체 90

수련 ⦿ 받아들이기와 내보내기 수련 74 / 균형 잡기 수련 81 / 2장 수련 93

2부   **바디풀니스 수련: 바디풀니스로 현존하기**

3장   **감각하기** 101

감각의 종류 101 / 감각의 주시 대상 105 / 얼마나 민감하게? 107 /
감각, 자각, 주의 110

수련 ◉ 운동감각 수련 103 / 직감 수련 104 / 내부, 경계, 외부 감각 수련 106 /
3장 수련 112

4장   **호흡하기** 115

특화된 호흡 수련 120 / 특정 호흡 수련을 선택하는 방법 122 / 호흡
수련의 목적 130

수련 ◉ 균형 잡힌 호흡 수련 125 / 함께 하는 호흡 수련 131 / 두 가지 에너지 수련
133 / 호흡 조절 수련 135 / 의식적인 호흡 수련 137

5장   **움직이기** 139

신진대사 움직임 140 / 반자발적 움직임 148 / 비언어적 의사소통 155
/ 자발적 움직임 158 / 움직임에서 안정성과 가동성 163 / 개인공간
165 / 힘 167 / 운동과 신체 긴장도 171

수련 ◉ 자동적 움직임 수련 142 / 신체 긴장도 수련 145 / 반사 수련 147 / 호흡
움직임 수련 149 / 모터 플랜 수련 153 / 의사소통으로서의 움직임 수련 157 /
창의적 움직임 수련 160 / 안정성과 가동성 수련 164 / 개인공간 수련 166 / 힘
수련 169 / 피트니스 수련 173 / 이완 수련 175

6장   **관계 맺기** 177

반투과성 관계 178 / 관계적 터치 181 / 신체 조율 184 / 관계하는
몸들의 공동조절 189 / 관계적 놀이 192 / 바디풀니스 상태 함께
만들기 195

수련 ◉ 의식적인 경계 수련 181 / 터치 수련 182 / 조율 수련 186 / 공동조절
수련 191 / 관계 놀이 수련 194 / 관계와 공동체 수련 195

3부　　　바디풀니스의 적용과 실행

7장　　　**몸 정체성, 몸의 권위, 바디풀니스 이야기** 201

권위 있는 몸 207 / 바디풀니스로 이야기하기 215

수련 ◉ 정체성 수련 206 / 강력함 수련 212 / 신체 기억 수련 218 / 미래를 향한
움직임 수련 222 / 현재 순간의 움직임 수련 225

8장　　　**몸의 방기와 몸의 복권** 228

몸을 무시하는 것 229 / 몸을 객체나 계획 대상으로 보는 것 231 /
몸을 싫어하는 것 232 / 특정한 몸을 잘못된 것으로 만드는 것 235 /
문화에 적응된 몸과 차이 237 / 실천주의로서의 바디풀니스 239

수련 ◉ 8장 수련 242

9장　　　**변화와 몸** 245

변화는 어디로부터 246 / 변화를 위한 동기 252 / 진전된 변화 ―
새로움 261

수련 ◉ 압력에 대한 수련 263 / 쾌락에 대한 수련 266 / 탐구를 위한 수련 269 /
구피(Goofy) 수련 270

10장　　　**깨달은 몸** 272

수련 ◉ 10장 수련 282

부록 A. 신체기관과 기능 284
부록 B. 신체계통과 기능 285
부록 C. 감각의 유형 287
주석 290
추가 주석 및 참고자료 295
참고문헌 313
옮긴이 후기 320
찾아보기 326

한국어판 서문

바디풀니스를 한국의 독자들께 소개하게 되어 매우 기쁘게 생각합니다. 오늘날 강도 높은 스트레스와 유비쿼터스 테크놀로지가 확장되면서 자연환경이 위협받고 있습니다. 이런 때일수록 우리는 '집'으로 돌아가기 위한 도움이 필요합니다. 여기서 집으로 돌아간다는 말은 우리의 진정한 본성, 삶에서 정말 중요한 것, 무엇보다 몸적 자아로 돌아감을 의미합니다. 우리는 몸을 통해 단순하면서도 심오한 방식으로 이 세상에 닻을 내린 존재입니다. 우리의 몸과 의식이 정교하게 어우러진다면 지금 여기 우리의 시간은 서울에 있든 셀마에 살든 시에나에 살든 간에 풍요롭고 의미 있으며 보람될 것입니다.

바디풀니스는 이 소중한 지구를 걸을 때 길을 찾도록 도와주는 하나의 이정표입니다. 바디풀니스라는 개념을 통해 몸의 내면으로부터 자신을 만나는 치유와 관조의 경험이 일어납니다. 이로써 우리 삶에서 일어나는 단순한 행위를 직접 체감할 수 있습니다. 고요 안에 머물거나 나무를 물끄러미 바라보는 일, 사랑하는 이의 손길을 느낄 때와 같이 현존과 은총을 느끼는 강력한 순간들 말입니다. 이때 우리는 우주가 되고 '집'에 존재합니다.

집에 머무는 편안한 느낌, '바디풀bodyful' 상태에 대한 깊은 성찰을 통해 우리는 미지의 세계로 떠날 수 있습니다. 내적 탐구로 감각을 예리하게 하고, 내면의 미묘한 움직임을 자각하며, 웰빙의 감수성을 높일 수 있습니다. 외적으로 우리는 사람들과 만나면서 주변과의 관계를 심화시킵니다. 이러한 유형의 관조적 탐험은 상생을 이끌어 삶의 질을 높여줍니다.

우리 모두는 서로 도움을 주고받습니다. 이 책은 40년 넘게 공들인 나 자신의 개인적·전문적 탐구인 동시에 그 과정에 함께한 모든 학생, 교사 및 동료들과 함께 이루어낸 영예로운 상생의 산물입니다. 그들 없이는 이 책이 존재하지 않았을 것입니다. 특히 한국인 동료 세 분의 이 책에 대한 지지와 배려, 헌신에 대해 깊이 감사드리고 싶습니다. 그들의 노력으로 이 책의 한국어판이 있게 되었습니다. 2004년부터 알고 지낸 명지대학교 김정명 교수께 큰 고마움을 전합니다. 또한 저와 함께 오랜 시간 공부한 학생인 신금옥 선생과 황미정 선생께도 감사드립니다. 이 세 분께서 이 책을 번역하고 출판해 주셨습니다. 이제 독자 여러분과 더불어 이 세상에 우리의 바디풀니스가 한층 충만해질 것입니다.

글을 쓰면서 창밖에 있는 크고 오래된 사과나무를 바라봅니다. 늦은 오후 불어오는 산들바람에 나뭇가지가 천천히 흔들립니다. 이 흔들림은 내 안에서도 살아 움직입니다. 나무와 나, 두 생명이 함께 맥동하고 흔들립니다. 우리 모든 인간은 생명으로 서로 함께 움직입니다. 또한 다른 생명체와 함께 움직입니다. 깊은 의식 속에서 정교한 움직임을 만들면서 몸으로 충만한 바디풀니

스의 삶을 구현할 수 있습니다. 이제 이 책이 여러분을 움직여서
스스로 자신의 진정한 길을 찾아가시길 기원합니다.

2020년 2월
콜로라도 볼더에서
크리스틴 콜드웰

서문

데이비드 롬(David I. Rome)[§]

영어로 새 단어를 만들 때는 용기가 필요하다. 이 책에서 크리스틴 콜드웰이 조명하는 영역은 **신체 자각**somatic awareness 또는 **체화된 마인드풀니스**embodied mindfulness(또는 '체화된 마음챙김')로 충분하지 않을까? 우리에게 **바디풀니스**bodyfulness라는 신조어가 정말 필요할까? 액면 그대로, 바디풀니스는 **마인드풀니스**mindfulness의 반대처럼 보인다. 그러나 여기에서 콜드웰의 의도는 더 미묘하고 더 도발적이다. 왜냐하면 마음/몸 이원론이 우리 개념 서재에 단단히 자리 잡고 있기 때문에, 용어로서 **마인드풀니스**는 마음이 몸보다 우월하다는 문화적 편견을 재확인시키는 것일 수밖에 없다. 이것이 우리에게 완전히 새로운 용어가 필요한 이유다. **바디풀니스**는 〔신체와 분리된〕 정신에 대한 편견을 넘어서는 동시에 마인드풀니스 자체의 의미를 확장

[§] 『여러분의 몸이 답을 안다: 문제 해결, 변화, 창의성의 해방을 위해 감지된 감각을 활용하기Your Body Knows the Answer: Using Your Felt Sense to Solve Problems, Effect Change, and Liberate Creativity』의 저자.

하고 더욱 풍요롭게 한다.

사실 크리스틴 콜드웰의 접근 방식은 폭넓은 관심사에서 비롯한다. 이 분야에 대한 그녀의 지식 자체가 종합적인 데다(추가 주석 및 참고자료 부분만 봐도 역작이다), 그녀는 관조적 자각, 윤리적 행동, 사회적 형평성이라는 주제를 품에 안고 자신의 지식을 오늘날 사회에까지 열정적으로 관련시켰다.

바디풀니스는 체화된 자기가 의식적이고 관조적인 환경 안에 머무를 때 시작된다. 그런 다음에 그것은 신체적 과정에 대한 판단 없는 관여, 몸의 본질에 대한 수용과 향유, 신체적으로 바른 행동을 취하려는 윤리적·심미적 지향성과 결합함으로써 고통을 줄이고 인간적·비인간적 잠재력을 끌어올린다.

이것이 아마도 콜드웰이 제공하는 바디풀니스에 관한 몇 가지 정의 중 가장 미묘하고 포괄적인 것인 듯하다. 또 다른 지점에서 그녀는 그것을 좀 더 경험적으로 묘사한다.

몸은 하나의 사물이 아니라 우리 존재 경험이다. 바디풀니스는 생각 가운데 숨 쉬고, 멈춤 가운데 움직이고, 생각 가운데 행동하며, 때로는 생각을 넘어서 춤추고, 몸을 뻗고, 튀어 오르고, 바라보고, 집중하고, 타인과 조율할 수 있기 때문에 존재하는 전일적인 인간 동물로서 우리의 잠재력을 향해 작업하는 것에 관한 것이다.

또 다른 지점에서 그녀는 우리가 기억하기 쉽게 세 단어로 묘사한다. "행위 가운데 있는 주의력attention during action."

이 책은 몸 과정의 여덟 가지 핵심 원리를 설명하는 것으로 시작된다. 첫 번째, 진동oscillation은 다른 일곱 가지 원리와 함께 책 전반의 핵심이 된다. 살아 있는 몸과 호흡기계, 소화계, 순환계, 신경계 같은 몸의 상호의존적인 신체계통들은 끊임없이 움직인다. 몸은 움직이지 않고 평형 상태를 유지할 수 없다. 심장은 수축과 이완을 반복한다. 심장은 몸이 얼마나 많은 일을 해야 하는지에 반응해 심박동수를 높이고 낮춘다. 각 생리계통은 그 자체의 활동의 연속체를 따라 왔다 갔다 진동하고, 모든 계통이 상호의존적으로 진동한다. 오케스트라에서 다양한 악기가 센 것과 여린 것, 빠른 것과 느린 것, 높은 음과 낮은 음 사이에서 조절하며, 각 악기가 악보에서 자기 파트를 따라가면서도 다 같이 복잡하고 일관되며 조화로운 전체를 만들어내는 것처럼 말이다.

전체로서의 몸은 완전히 무의식적인 것에서 우리가 충분히 의식하고 관리하는 것에 이르기까지 하나의 연속된 과정이다. 콜드웰이 주제별 설명과 그에 딸린 실습에서 보여주듯이, 바로 이 연속 범위의 중간에서 이전에 의식되지 않던 기능과 오래된 습관적 패턴에 자각의 빛을 가져올 수 있으며, 여기서 몸 수련이 특히 강력하다. 콜드웰이 몸 심리학 분야에서 이룬 가장 독창적이고 중요한 공헌일 것이라고 표현하는 것 역시 이 지점, 즉 체화된 관조적 자각의 필수적인 역할이다.

바디풀니스는 우리가 다루는 감각의 양과 유형이 자양분이 되고 매우 유용한 정보를 줄 수 있도록 주의력의 초점을 변화시키는 의도적인 운동 능력을 수반한다. … 생각이 마음을 불러일으키듯, 움직임은 몸을 불러일으킨다. 움직임과 행위는 몸이 스스로 알고 인식하고 기억하고 관조하는 것을 통해 체계를 형성한다.

이 책의 2부에서는 감각하기, 호흡하기, 움직이기, 관계 맺기 등 바디풀니스의 네 가지 필수 기능을 각각의 실습 과제와 함께 제시한다. 이 실습을 위한 안내는 따라 하기 쉽고 철저하고 정확하면서도, 관조적이고 경험적인 지혜로 가득 차 있다. 가령 콜드웰은 균형 잡힌 호흡 수련에 관해 이렇게 묘사한다.

(날숨의 끝에 멈춤이 일어나는 것을) 억지로 하려고 하면 생리적인 멈춤을 깨트리고 자연스러운 주기의 이완을 방해하기 때문에, 억지로 하지 않는 것이 중요하다. 멈춤이 나타나면 그저 지켜보고 맞이하라. 그리고 여러분의 몸이 생리적 힘으로 다시 숨을 들이쉬도록 스스로를 조직하는 것을 가만히 지켜보라. … 무슨 연상이 떠오르는지 알아차리라. 의식적으로 깨어 있는 호흡은 모두 잠재적으로 강력하고 유용한 관조 상태를 불러일으킨다.

콜드웰은 바디풀니스bodyfulness를 **체화**embodiment와 구별한다. 체화는 마인드풀니스처럼 너무 남용해 녹슬어버린 중요한 단어다.

체화에서는 우리가 무엇을 느끼고 감각하는지 알지만, 바디풀니스에서는 힘을 남용하는 실험뿐만 아니라 우리의 강박적이고 습관화된 행동 패턴을 완화하는 방식으로 우리의 체화 경험을 신체적으로 반영하고 심지어 그것에 도전하기도 한다.

여기서 콜드웰은 마음이 몸보다 우월하다는, '문명화된' 사회의 공통된 신념에 도전한다. 그것은 '인간'이 (식물과 균류는 고사하고) 동물에 대해 하늘이 허가한 '지배권'을 가지고 있다는 이기적이고 독선적 신념의 핵심이다. 인간의 인지와 메타인지능력이 (좋은 면에서, 그리고 나쁜 면에서) 최고의 진화적 성취라는 점에는 의심할 여지가 없지만, 인간 인지의 뿌리와 목적이 전적으로 물리적 신체에 있다는 사실은 점점 더 분명해지고 있다. 마음은 우리가 모든 살아 있는 유기체와 공유하는 동일한 생명 과정의, 생명 과정을 위한 자연스러운 산물이다.

수천 년에 걸친 '마음주의mindism'〔인간은 기본적으로 마음이라는 철학적 입장〕를 뒤집으면서 콜드웰은 새로운 용어를 만들 뿐만 아니라 옛 용어를 새로운 위치에 놓는다.

자각은 마음의 기능이 아니라 감각적·운동적 처리 기능으로 분류될 것이며, 따라서 감각 자각은 바디풀니스의 상태를 향한 움직임의 작업에서 가장 훌륭한 동맹 중 하나가 된다.

그녀는 대단히 영향력 있었던 대니얼 골드먼Daniel Goldman의 1995년도 저서 『정서 지능Emotional Intelligence』이라는 책을 통해 널리 통용되었던 신조어인 **정서 지능**의 의미에 대해서도 비슷한 방향 전환 작업을 한다.

그러나 정서 지능은 대부분 느낌, 움직임, 소통하는 몸과 어떻게 접촉되어 있는가에 의해 측정된다. **실제로 어떻게 느끼는지** 알고자 할 때는 보통 우리가 **실제로 하고 있는** 것, 즉 호흡 속도와 패턴, 얼굴의 긴장, 목소리 톤, 복부의 울렁거림을 확인해야 한다.

사이클링, 요가, 필라테스 등 대표적인 피지컬 피트니스에 엄청난 집착을 보이는 사람들이 많은 콜로라도 볼더에 살면서 35년간 나로파대학에서 강의하며 보낸 콜드웰이지만, 피지컬 피트니스에 대해서는, "실내 운동용 자전거 페달을 밟으며 이메일을 확인하는 것은 이점이 있겠지만, 바디풀니스를 계발하지는 못한다"라고 비판적으로 말한다.

이 책의 마지막 3부 '바디풀니스의 적용과 실행'에서, 콜드웰은 앞선 내용에 스며들어 있던 사회 비판과 활동가의 요지를 전경으로 가져온다. 그녀는 몸 정체성, 몸 권위, 몸을 근원으로 하는 실천주의activism라는 좀 더 사회적으로 지향된 주제들과 관련짓는다. 그리고 동시대의 문화에 대한 가장 예리한 비평에서 그녀는 바디풀니스의 반대인 몸의 **방기**放棄, bodylessness의 특징을 다음과 같이 묘사한다.

네 가지 조건 … ① 몸을 무시하는 것, ② 몸을 객체나 계획 대상으로 보는 것, ③ 몸을 싫어하는 것, ④ 자기 몸 또는 타인의 몸을 잘못된 것으로 만드는 것. 몸의 방기는 우리가 누구였는지, 누구인지, 그리고 누구일지로부터 분리되어 사는 삶으로 귀결된다. 우리의 진정한 자아와 떨어진 이 거리 때문에 우리는 더 고통스럽고, 덜 즐겁고, 타인을 홀대하고, 자기성찰적 삶을 사는 데 더 많은 도전을 경험한다.

콜드웰은 활동가로서의 의도를 놓치지 않도록, "**바디풀**이라는 단어를 사용하는 것은 문학적 또는 시적 장치일 뿐만 아니라 정치적 행위일 수 있다"라고 말한다. 그녀는 이 사회정치적 임무를 추구하며, 관조적 수련에 관한 우리의 이해 또한 재조정하고 있다. 문명 자체가 자기 길을 잃어가는 시대에, 관조 명상이 사회의 변화를 위해 작업하는 윤리적 의무에서 떨어져 잠자코 있을 수 없다. 세계 평화와 정의를 추구하며 자기 삶을 희생했던 관조적인 인사, 유엔사무총장 다그 함마르셸드Dag Hammarskjold는 이런 말을 했다. "우리 시대에, 신성함으로 가는 길은 반드시 행동하는 세계the world of action를 통과한다." 마지막 장 '깨달은 몸'에서 콜드웰은 함마르셸드의 교훈을 되풀이하고 증폭시킨다.

방석에 앉거나 무릎을 꿇고 기도하는 것이 건강상의 이득과 관조적 통찰에 여러모로 도움이 되지만, 우리가 삶의 현장으로 향해하려면 그 방석, 바닥, 또는 신도석에서 일어나 호흡하고, 움직이고, 감각하고, 관계 맺는 몸이 필요하다. 행위 없는 성찰로는 아무것도 변화하지 않는다. 왜냐하면 관조적 내적 경험과 관조적 외적 행위의 피드백 순환 과정은 우리가 그대로 계속해 나가기를, 그리고 우리의 몸이 말 그대로 깨어 있는 상태를 몸으로 실현하는 전개 과정에서 계속 실현해 나가기를 요구하기 때문이다. 그럴 때여야만 깨달음이 세상에서 진정한 빛, 안팎을 다 비추는 빛이 된다.

Bodyfulness

지난 50년간 몸 심리학 혹은 신체 심리치료로 불리는 분야는 소박하고 이질적인 것으로 시작해 풍부하고 다면적인 이론과 방법론으로 성장해 왔다. 『바디풀니스』는 이 분야를 대표하는 학자이자 임상치료사가 제공하는 획기적인 길잡이다. 여기에는 몸적 치유와 개인적 역량강화의 원리 및 실제를 망라하는 비밀이 숨어 있다. 이는 초심자들에게 적합한 실천적 매뉴얼이자, 몸 지향 훈련자와 상담자를 위한 풍부한 자원이며, 인류가 더 충만하고 지혜롭고 윤리적인 삶을 살기 위해 우리 몸이 가지고 있는 아직 손대지 않은 자원에 눈을 뜨라는 진심 어린 부름이다. 나는 이 책과 사랑에 빠졌다. 사랑에 빠졌을 때 우리는 계속되기를 원한다. 여러분이 원하는 것이 『바디풀니스』가 제공하는 실천적·자조적 유용성이든 콜드웰이 제공하는 더 깊은 이론적 개념 속으로 파고들어가는 것이든, 이는 여러분도 가히 사랑에 빠질 만한 책이다.

감사의 글

이 책은 그 자체가 몸과 같다. 우리 몸은 다른 몸들에 의해 양육되고 보살핌을 받는다. 나의 스승 틱낫한Thich Nhat Hanh의 전통대로, 나는 내게 생명과 집과 가치와 온전함을 주신 나의 부모님 짐 콜드웰과 루실 콜드웰에게 깊은 감사의 절을 올리고 싶다.

가족의 사랑과 지지와 우정이 없었다면 바디풀니스를 실제로 이해할 수 있었을 것으로 생각하지 않는다. 남편 잭 해거티, 언니 앤, 오빠 짐, 형부 게리, 올케 잰, 아들 제시 콜드웰 실버, 멋진 며느리 브리애나 실버, 나의 경이로운 손자 쿠퍼 콜드웰 실버.

나의 스승님들, 소피 다본, 앨런 다본, 알레그라 풀러 스나이더, 알마 호킨스, 주디스 애스턴, 그리고 틱낫한에게 깊은 절을 올린다.

두 손을 모아 나로파대학에 영광을 돌린다. 35년 넘게 나를 지켜주고 길러주고 또 자극해 준 것에 감사한다. 그리고 편집자 캐슬린 그레고리에게도 인내와 통찰과 너그러움에 큰 감사를 전한다.

드디어 친구들과 동료들에게 고개 숙여 인사한다. 모든 이름을 이 지면에 일일이 나열하기는 어렵지만, 나로파의 몸 중심 상담 지도자팀에서 함께 일한 웬디 앨런, 마이크 리스고, 칼라 셰럴, 히맛 K. 빅토리아, 라이언 케네디, 조 아베스트레이, 뎁 실버 등에게만큼은 깊은 감사를 표하지 않을 수 없다. 그들은 창의성, 지성, 놀이, 정서 조절, 무엇보다 특별한 방식으로 몸을 챙기는 삶을 위해 진정 안아주는 환경을 창조해 준다.

나의 사랑하는 친구 얼사 슈피트 슈마허는 원고 전체를 세심하게 읽고 사려 깊고 정성 어린 피드백을 해주었고, 그중 많은 부분이 즉시 이 책에 반영되었다. 고맙고, 고맙고, 고맙다!

볼더 공공도서관의 피난처와 분위기를 매우 감사하게 여긴다. 이 책의 대부분이 그 도서관의 벽 안에서 쓰였다. 그리고 NIA 무용 수업과 함께, 도서관까지 편도 약 10킬로미터를 자전거로 가는 것은 몸에 관한 글을 쓰는 가운데 정말 기분을 좋게 해주는 일이었다.

많은 친구들과 동료들이 나와 이 책을 지지해 주었다. 마르크 베코프, 래 존슨, 칼리 패리, 팻 오그던, 얼사 슈피트 슈마허, 우테 랑, 그레틀 바우어, 바바라 슈미트 로어, 토마스 본 슈투카르트, 엘마르 크루토프, 제인 자터, 테럴, 마리, 키쿠니 민턴, 멜라니 스미스슨, 고ᵗᵗ 돈 캠벨, 그리고 '함부르크 그룹'에 진심으로 감사한다. 이것이 우리의 몸이다.

들어가며

왜 바디풀니스인가

한 나이 많은 여자가 버스 정류장에 앉아 기다리며 하늘을 훑어보고 구름색의 짙고 옅음을 알아차린다. 그 여자 옆에는 한 아이가 서서 발끝으로 깡충깡충 뛰며 스스로 균형을 잡기 위해 자기가 사용하고 있는 근육을 알아차린다. 마을 건너편에는 한 남자가 명상 수업에 앉아서 자신의 호흡을 세세하게 알아차리고 있다. 그 옆 건물에는 두통을 느끼는 한 회사원이 물을 더 많이 마시고 이완하며 목을 풀면서 일하고 있다. 길 건너편 무용 연습실에서는 무용수 삼인조가 즉흥적으로 다양한 움직임을 하면서 다른 두 사람의 움직임을 조율하는 동시에 자신의 움직임에 주의를 기울이며 심미적이고 상징적인 의미를 가진 움직임을 찾기 위해 작업하고 있다. 이 사람들은 모두 몸의 경험을 통해 스스로를 챙기고 있다. 지나가는 한순간일 수도, 혹은 전념하는 수련일 수도 있다. 그들의 주의는 자신의 감각과 행위, 존재와 움직임의 자각에 초점을 맞추고 있다. 어쩌면 바디풀니스의 상태라고 말할 수 있을 것이다.

영어에서 'bodyfulness'라는 단어는 우리 대부분에게 이상하고 어색한 느낌을 준다. 그 단어가 사전에 없다는 것은 차치하고, 왜 바디풀니스일까? 어떻게 몸이 '가득 찰full' 수 있을까? **바디풀니스**라는 단어는 한동안 많은 사람의 입에 오르내렸다.[1] 영어에서 일반적으로 사용되면서 'fullness'가 들어가는 다른 단어로는 **thoughtfulness**〔사려 깊음〕, **heartfulness**〔일체감〕, **soulfulness**〔깊은 연민〕와 같은 것이 있다. 이런 'fullness'가 붙은 단어들은 우리 모두가 키우기를 원하는 긍정적인 인간의 특성을 포함한다. 그 단어들은 돌봄, 배려, 진정성, 깊은 성찰, 자애, 자신의 더 깊은 내면에의 관여를 의미한다.

인간은 자신의 경험을 분명하게 표현하고 타인과 공유할 언어가 필요하기 때문에 말을 만들지만, 언어 또한 우리가 세계를 지각하고 그 속에서 움직이는 방식을 적극적으로 조형한다. 우리 언어는 대부분 가족, 문화, 사회를 통해 우리에게 주어져 우리 생각과 느낌과 경험을 미리 결정된 범주의 상자 속에 담음으로써 그 말을 사용할 때마다 우리의 정체성을 형성한다. 그러나 '지도가 영토가 아닌' 것처럼, 우리의 말은 지도와 마찬가지로 항상 우리 실제 체험의 근사치다. 말은 우리의 거대하고 말로 표현할 길 없는 산 경험 앞에서 머잖아 표현에 실패할 수밖에 없다. 그럼에도 우리의 말을 의미 있게 만드는 것은 침묵의 몸이다.

이런 언어 지도는 일어나고 있는 경험에 대응해, 명상하거나 치료하는 동안, 예술을 경험하는 동안, 또는 충격적인 경험의 결과로 다시 그려질 수 있다. 이런 순간은 혼란스러울 수 있다. 그 순간은 우리 내면의 사전과 우리의 정체성을 당황하게 하고 어쩌면 재편할 수 있기 때문이다. 자기성찰적인 삶의 일면은 우리 자신을 표현하기 위해 사용하는 말을 성찰하고 그 말이 여전히 우리의 직접 경험과 우리를 둘러싼 세계를 가능한 한 최선으로 묘사하도록 하는 것이다.

이 책은 언어와 경험의 성찰 경로를 따라 우리를 안내하는 수단으로써 설명하기 어려운 침묵의 몸에 의지한다. 이 관조적 과정을 매우 효과적이게 해주는 것이 몸이기 때문이다. 우리 몸의 산 경험 안에서 우리는 직접적으로 느끼고 표현함으로써, 지금 이 순간에 현존하는 스스로의 지점을 강력하고 직접적으로 창조해 낼 수 있다. 이것이 바디풀니스다.

바디풀니스와 그보다 더 대중적인 용어인 **마인드풀니스**mind-fulness는 서로 관련이 있다. **마인드풀니스**라는 단어는 고대 팔리어에서 근래에 번역된 것으로, 자각·주의·기억하기라는 상태를 포함한다.§ 그 용어와 마인드풀니스 수련이 서양 대중문화에 자리를 잡은 것은 최근 20여 년에 지나지 않는다. 그러나 마인드풀니스라는 용어는 이러한 발달에 도움이 되고자 하는 의도와는 달리 사람들에게 그 의미가 정확히 전달되지 못하고 지나치게 일반화된 상태로 대중화되었다. 그래서 이 책은 **마인드풀니스**의 정확한 의미를 흔들어 터는 작업으로 시작되었다.

마인드풀니스에 관한 요즈음 이해는 그것을 가장 간단하게 '매 순간의 자각'이라고 기술한다. 그런데 우리는 이 과정을 마음이 생각과 몸을 다 자각하는 것으로 추정하는 경향이 있다. 우리가 마인드풀니스를 이런 식으로 사용할 때, 마음을 이성과 논리

§　이에 해당하는 팔리어는 '사티 sati'로 알려져 있다.

로서, 생각과 내면의 언어의 관계로 범주화하지 않기란 어렵다. 예컨대, **관조하다**contemplate라는 단어는 전형적으로 무엇에 관해 생각하는, 혹은 깊이 생각하는 것을 의미한다. 우리는 깨어 있는 성찰적 삶이 깊이 생각하는 것 이상임을 이이야기하면서도, 서양 문화 안에 있는 우리는 **마인드풀니스**라는 단어를 사용할 때 마음을 중심에 두고 더 높이 평가하는 경향이 있다. 이러한 경향성 때문에 마인드풀니스는 우리 몸의 경험을 소외시키고 신체적 자아와 인지적 자아 사이의 잘못된 이원론을 영속시킬 위험에 처해 있다.

동양의 전통에서는 보통 몸에서 마음을 분리하지 않고 심신일체를 하나의 본질적인 상태로서보다는 [수행의] 성취로 여긴다. 이 일체는 지적으로뿐만 아니라 신체적으로도 함양되어야 한다. 예컨대, 일본 철학자 유아사 야스오湯浅泰雄는 앎은 몸의 인지 또는 실현을 통해서만 일어날 수 있다고 느꼈고, 이 실현은 명상과 함께 신체 수련(태극권, 요가 등)을 한 후에만 일어난다고 믿었다. 그는 심신일체를 마음의 움직임과 몸의 움직임 사이의 최소의 거리라고 정의했다.[2]

이곳 서양에는 이 심신일체를 표현하는 분명한 단어도, 온전히 신체적으로 존재하는 상태, 말하자면 지금 여기에서 일어나는 몸의 각성 상태, 살과 신경과 뼈에 살아 있는 몰입 상태를 표현하는 단어도 없다. 최근 들어 서양에서 철학자, 과학자, 심리치료자가 **고양된 몸 자각**heightened somatic awareness, **신체 감각**body sense, **몸미학**somaesthetics, **체화인지와 행위인지**embodied and enactive cognition, **묵시적으로 공유된 상호주관적 관계와 앎**wordlessly shared intersubjective relating and knowing, **치유의 신체 간 전달**the body to body transmission of healing 등과 같은 몇 가지 용어를 사용해 이러한 주제를 다룬다(더 상세한 내용을 위해 책 끝 부분에 있는 주석을 보라).

바디풀니스라는 단어는 이런 담론을 흔든다. 바디풀니스는 〔별개의〕마음과 몸이 통일된다거나 함양된다는 생각에 의문을 제기한다. 바디풀니스는 우리가 몸이며, 인류 진화가 심장박동, 뇌파, 호흡을 만들어내는 것처럼 마음도 인류 진화가 창조하는 수많은 활동 중 하나라고 주장한다. 서양 철학이 비슷한 생각을 했는데, 대부분 19세기의 **유물론**[3]이라 부르는 것이다. 유물론에 따르면 우리는 물질이며, 기계와 같은 대상 그 이상도 이하도 아니다. 이 극단적인 입장이 그 이전 시대에 만연했던 과도한 미신과 영성/종교의 남용에 맞설 수 있게 해주었다. 그러나 신비하고 초월적인 의식의 실재를 위한 여지를 남겨두지 않은 것은 커다란 잘못이었으며, 지금 그 대가를 경험하고 있다.

이 책은 우리가 모두 그저 몸이라는 생각으로 쓰였지만, 몸이라는 존재는 아주 다르게 조명될 수 있다. 우리 몸은 기계가 아니다. 생명은 스스로를 관조하고 이제 우리 몸의 진화를 점점 더 책임지는 지점까지 스스로 확장하는 능력을 몸에 불어넣었다. 우리는 우리 몸, 우리 자신을 항상 의미 있는 방식으로 깨우고 있다. 관조적 수련으로서 바디풀니스는 문자 그대로, 그리고 비유적으로 우리가 늘 깨어 있게 해줄 원리를 제공할 수 있다.

우리는 내면의 풍경뿐만 아니라 사회적 맥락 안에서, 특히 서구 문화에서, 또 그 영향을 받은 대부분의 현대 문화에서 몸이 오랫동안 차지했어야 마땅한 찬사의 지점을 놓쳤지만, 이제 그 회복을 위해 **바디풀니스**라는 단어를 사용하고 있다. 어쩌면 이것은 바디풀니스가 말로 표현하기 어려워서 지금까지 우리가 그것을 언어 상자에 가두고 싶지 않았기 때문인지도 모른다. 그러나 아마 우리가 통상 어떻게 느끼는지 알지 못하는 어떤 것, 우리에게 중요하지 않은 어떤 것, 혹은 우리가 적극적으로 소외시키는 어떤 것에는 이름을 붙일 수 없기 때문일 가능성이 더 크다.

이 책은 중요한 무언가가 우리 사이에서 가치 있게 여겨지고 의사소통이 이루어질 수 있도록 새로운 단어를 만든 것에 관한 이야기다. 어떤 가치 있는 경험과 상태가 더 일관되고, 지지받고, 또 매일 더 많은 사람에게 다가갈 수 있도록 새로운 단어를 만든 것이다. 몸에 기반을 둔 관조적 수련을 위해 더 정확한 집을 찾는 것이다. 아직은 실현되지 않았지만 우리 미래에 깊은 영향을 미칠지도 모르는 인간 잠재력을 전경으로 가져오는 일에 관한 것이다.

관조 상태의 몸

바디풀니스는 본질적으로 관조적 수련이고, **체화**embodiment와 구별된다. 체화는 지금껏 **바디풀니스**에 가장 가까운 용어였다. **체화**라는 단어는 관심과 주의를 끊임없이 우리의 직접적·즉각적 경험에 둘 수 있는 능력을 나타낸다. 그러나 바디풀니스는 체화 이상의 능력이다. 나는 체화를 몸의 상태 및 행위에 대한 자각과 주의 깊은 참여라고 정의하겠다. 바디풀니스는 체화된 자기가 의식적이고 관조적인 환경 안에 머무를 때 시작된다. 그런 다음에 그것은 신체적 과정에 대한 판단 없는 관여, 몸의 본질에 대한 수용과 향유, 신체적으로 바른 행동을 취하려는 윤리적·심미적 지향성과 결합함으로써 고통을 줄이고 인간적·비인간적 잠재력을 끌어올린다. 이런 주의 깊은 관여를 통해 시간이 지나면서 바디풀니스가 길러진다. 심리학자 에이브러햄 매슬로Abraham Maslow가 인간은 누구나 안전, 안정, 소속의 역치에 이르면 자신의 잠재력을 온전히 실현하고자 노력한다고 말했듯이, 체화는 자연스럽게 발생할 수 있는 인간의 기본 욕구이자 권리로 볼 수 있다. 바디풀니스는 우리의 신체적 본성을 더 충실히 발현하기 위한 일련의 노력으로도 풀이된다. 그렇다면 우리는 어떻게 신체적으로 자기를 실현할 수 있을까?

우리는 움직인다. 생각이 마음을 불러일으키듯, 움직임은 몸을 불러일으킨다. 움직임과 행위는 몸이 스스로 알고 인식하고 기억하고 관조하는 것을 통해 체계를 형성한다. 그리고 그것은 다소 말로 표현하기 어려운 이 책의 탐구 영역이다. 우리는 늘 움직이고 있는 몸이다. 매 순간 자각하며 움직이는 수행이 우리가 갈 곳이다. 크고 목적이 있는 움직임은 물론, 작고 자동적인 움직임까지 자각하게 될 것이다. 우리는 움직임을 때로는 신진대사로, 목표를 향한 행동으로, 의사소통으로, 기억으로, 창의적인 표현으로 볼 것이다. 이런 의식적인 움직임의 순간들이 다 바디풀니스일 수 있다. 자각은 마음의 기능이 아니라 감각적·운동적 처리 기능으로 분류될 것이며, 따라서 감각 자각은 바디풀니스의 상태를 향한 움직임의 작업에서 가장 훌륭한 동맹 중 하나가 된다.

우리가 이렇게 움직임을 중심에 둘 때, 몸의 **진동**oscillation이라는 개념이 나온다. 물리학, 음악, 공학, 화학, 생물학에서 자주 사용되는 진동은 떨림이나 박동처럼 규칙적인 방식으로 왔다 갔다 움직이는 어떤 것을 묘사한다. 이 책에서 말하려는 것은 행위의 연속선을 따라 적응하며 움직일 수 있는 능력인 진동이 양극화(한 극단에 갇혀 있는 것)를 방지해 주고, 그 양극화를 극복하는 일이 유기체의 건강을 촉진할 뿐 아니라 바로 바디풀니스라는 것이다.

나는 **바디풀**bodyful이라는 단어에 대해 의식적이고 관조적이며 창의적이고 기여하는 삶을 길러내는 데 특별히 중요한 구성 개념 이라는 입장을 취할 것이다. **바디풀**을 말하는 것은 인간이 발달 하고 진화하면서 잃어버린 언어 상자를 서서히 되찾는 작업과 같다. 용도에 맞게 말을 변경하는 것, (**퀴어**와 **게이** 등의 표현에서와 같이) 억압된 사람들을 위해 지위를 되찾고 역량을 강화해 주거나, (**비서** 대신 **행정 조력가**라 부르는 것처럼) 권위를 부여할 수 있다. 비 슷하게, **바디풀**이라는 단어를 사용하는 것은 문학적 또는 시적 장치일 뿐만 아니라 정치적 행위일 수 있다.

이 주제는 집으로 돌아오는 것에 관한 것이다. 몸은 하나의 사물이 아니라 우리 존재 경험이다. 바디풀니스는 생각 가운데 숨쉬고, 멈춤 가운데 움직이고, 생각 가운데 행동하며, 때로는 생각을 넘어서 춤추고, 몸을 뻗고, 튀어 오르고, 바라보고, 집중하고, 타인과 조율할 수 있기 때문에 존재하는 전일적인 인간 동물로서 우리의 잠재력을 향해 작업하는 것에 관한 것이다.

들어가며

바디풀니스를 부른 내 삶의 맥락

나는 오랜 시간에 걸쳐 경험적으로 **바디풀니스**라는 말에 이르게 되었다. 그것은 내가 여섯 살 무렵의 어느 날 저녁 우리 집 거실에서 부모님과 부모님 친구들을 위해 춤을 추었을 때 시작되었다. 내가 뛰면서 몸을 흔드는 것을 조용히 지켜보는 동안 그분들의 얼굴에서 긴장감과 탐탁찮은 표정이 보였고, 나는 그것이 너무 창피해서 그 이후 춤추기를 완전히 멈추었다. 그리고 UCLA 문화인류학과 학생이 되어서야 화요일과 목요일 아침 필수 예술 선택과목에 대한 절박한 필요로 현대무용 수업을 듣게 되었다. 몇 주 만에 나의 세계가 뒤집혔다. 나무 바닥을 가로지르며 몸을 뻗고 몸짓을 하며 움직일 때 나는 마치 나 자신을 **다시 찾는**(다시 체화하는) 느낌을 받았다. 나는 분명 오랜만에, 아니 처음으로 나 자신을 알아보았다. 이른바 '커밍아웃'을 한 것이다. 단지 춤추는 사람으로서가 아니라 목적이 뚜렷하고 의식적으로 움직이는 사람으로서 말이다.

그때부터 나는 계속 춤을 추었을 뿐만 아니라 움직임의 치유력을 학술적으로 연구했고, 무용치료사와 몸 중심 심리치료사로서 공인 자격증을 가진 허가받은 전문 상담사가 되었다. 나는 35년 동안 몸 기반 심리치료와 움직임 기반 심리치료를 개인적으로, 그리고 병원의 시설 환경에서 임상 실습했고, 『몸으로 떠나는 여행Getting Our Bodies Back』과 『접촉Getting in Touch』이라는 두 권의 책을 집필했다.

1980년에 콜로라도주 볼더로 옮겨가 티베트 승려 트룽파 린

포체Cho-gyam Trungpa Rinpoche가 설립한 나로파대학에서 전임으로 강의를 하게 되었다. 나로파대학에서는 교수진, 학생, 직원이 무종파 명상 원리와 수련을 고등교육에 적용한다. 나는 깨어 있음과 명상, 자비로운 행동 또한 가치 있게 여기는 학문적 분위기 속에 있었다.

시간이 흐를수록 이런 환경에서 말로 표현할 수 없는 어떤 것이 내 안에 스며들었는데, 바로 마인드풀니스였다. 이때 서서히 나의 세계가 돌아와 바른 방향으로 향하게 되었다. 명상 수련과 고등교육§에서 교수 겸 연구자가 되는 것은 모든 것을 통합되고 아주 명료하게 해준 마지막 빠진 퍼즐 조각이었다. 마인드풀니스와 바디풀니스는 나의 '온전한' 자기 감각에 필수적인 부분이었고, 지금도 계속 그러하다.

몸의 소외

재앙과 같았던 내 여섯 살의 댄스 경험은 특별한 것도 아니었지만, 내게는 삶의 중심이 되는 사건이었다. 이 사건은 자기 몸에 대해 부끄러움을 느끼는 대다수 사람들의 대열에 내가 포함된 순간을 생생하게 보여준다. 신체적 수치심은 미국에서 매우 만연해 있다. 그래서 예를 들면, 자기 몸의 윤곽이 보일 때 열에 아홉은

§　크리스틴 콜드웰은 몸 중심 심리요법을 가르치고 연구했으므로 이 부분을 스스로 바디풀니스의 시간으로 보는 듯하다.

부정적인 감정 반응을 보일 것이다. 흥미로운 점은 이 부정적인 느낌이 그 사람의 체중과 상관없이 일어난다는 것이다. 연구에 따르면, 선진국 사람들 대부분은 상당히 어릴 적부터 끊임없이 몸에 대해 수치심에 기반을 둔 이미지를 내면화하는 경향이 있다.[4] 나는 우리 대부분이 이렇게 내면화된 '신체 혐오somatophobia'가 **몸의 방기**放棄, bodylessness를 강화하는 문화 또는 그 하위문화에서 성장했음을 이 책에서 이야기할 것이다.

인간이 지성을 예리하게 하기 시작한 때부터 감각은 무뎌지기 시작했다. 몸의 소외는 대단히 오래되고 범문화적인 역사를 가지고 있기 때문에, 우리는 신체적 자아의 억압이 지속적이고 은밀하며 파괴적 잠재력이 있다는 사실을 거의 알아차리지 못하거나 신경도 쓰지 않는다. 우리는 이것을 두 가지 방식에서 볼 수 있다. ① 역사적으로 개인과 전체 집단을 억압하고 학대하는 무기로서 신체적 차이를 이용한 것, 그리고 ② 우리 자신 및 세계에 대한 직접 경험으로부터 오는 독보적인 지식과 정체성의 자원인 몸 자체를 평가절하하고 있는 것이다. 그 결과, 이제는 체화와 바디풀니스가 더 이상 등한시되어서는 안 될 지점에 이른 것이다.

현대 생활에서 기술이 갈수록 더 복잡하고 중요해지면서 생각과 관념은 계속 과대평가되는 경향이 강해지는 반면, 육체노동의 필요성과 가치는 떨어지고 있다. 닐슨의 시청률 조사에 따르면, 미국에서 아동과 성인 모두 하루 평균 여섯 시간 이상을 어떤 종류의 스크린이나 화면 앞에 가만히 앉아 있다. 해마다 우리는 운동을 적게 할 뿐만 아니라 그냥 덜 움직인다. 그래서 남아 있는 소량의 움직임은 더 기계적이고 판에 박히게 된다. 이렇게 점점 더 평가절하되어 소홀히 여겨지고 오용되는 몸에 우리가 주의를 기울이는 것은 시기적절한 일일 것이다.

몸을 소홀히 하는 것에 더해, 현대사회의 새로운 인종차별, 신분차별, 장애인차별, 성차별, 연령차별주의가 몸의 정치를 통해 점점 더 강화되고 있는 것 같다. 우리에게 날씬하고, 밝은 피부색을 가지고, 젊고, 건강하고 유능한 몸을 높이 평가하는 내러티브가 주입됨으로써 머지않아 탈체화disembodiment의 두 번째 층이 주류가 되어 우리의 바디풀니스를 파괴하려 들 것이다. 바디풀니스를 충분히 이해하기 위해서 이 책은 몸의 방기를 둘러싼 개인적·사회적·정치적 주제도 살펴볼 것이다.

책의 전개 방식

이 책은 1부에서 몸 자체, 즉 몸이 무엇이고 어떻게 작동하는지, 그리고 몸이 어떤 놀라운 이야기를 해줄 수 있는지 살펴보는 것으로 시작한다. 몸의 작동 방식은 세계가 작동하는 방식과 유사하다. 서로 공동으로 조절할 때 층층의 네트워크 체계를 통해서 가장 잘 작동한다. 1부에서는 관조적 삶뿐만 아니라 일상생활에서 바디풀니스가 어떻게 이루어지는지 다룬다. 말하자면 살아 있는 유기체로서의 구조적·기능적·상징적 본질 속으로 뛰어 들어감으로써 바디풀니스의 의미를 찾아보려는 것이다. 수많은 과학, 철학, 정신세계 분야의 글들은 흔히 마음을 우리의 본질적 자아와 동일시하며 옳든 그르든 마음의 본질에 관해 말해준다. 그러나 몸은 해부학 책에서는 기계적으로, 철학 책에서는 추상적인 개념으로 묘사되는 경향이 있다. 우리가 이런 식으로 탈체화될 때, 신체 안에 내재된 힘과 지혜와는 거리를 두게 되고, 대신 결코 언어로는 붙잡을 수 없는 비물질적 자아가 최고라는 생각을 하게 된다.

이 책의 처음 두 장은 세포에서부터 몸 전체까지 신체적 구조를 본질적 자아로 보는 색다른 접근법을 택할 것이다. 유기체로서 정체감을 되찾는 수단으로서는 물론이고, 몸의 복잡성을 음미하는 방식으로서 몸의 형태와 기능을 살펴볼 것이다. 이렇게 1장에서는 다음과 같이 여덟 가지 바디풀니스의 원리를 다룰 것이다.

① 진동
② 균형
③ 피드백 순환 과정
④ 에너지 보존
⑤ 단련
⑥ 변화와 도전
⑦ 새로움을 통한 대비
⑧ 연상과 정서

이어서 2장에서는 세포에서 조직, 기관, 체계까지 몸의 실제 구조와 기능을 새로운 방식으로 살펴볼 것이다. 이를 통해 그것들을 단지 신체부위 이름과 위치로 이해하는 데 그치지 않고 바디풀니스라는 주제 안에서 살려내 볼 것이다.

2부에서는 다음 네 가지 중심 주제를 탐색함으로써 정교한 바디풀니스 수련법을 제공한다.

① 호흡하기
② 감각하기
③ 움직이기
④ 관계 맺기

이런 네 가지 신체 과정이 바디풀니스 수련의 토대를 형성한다. 우리는 바디풀니스를 발달시키고 연마하는 실습을 통해 각각을 탐구하는 시간을 가질 것이다. 이런 수련은 우리의 각성을 증진하고 행위를 더 의식적으로 만드는 수단을 제공한다.

3부에서는 감각, 호흡, 움직임, 관계에 대한 몰입이 개인적이고 정치적인 면뿐만 아니라 관조적인 면에서도 변화를 일으키는 행동으로 이해될 수 있는 연금술적 조합을 어떻게 형성하는지 살펴본다. 3부에서는 바디풀니스에 내재된 실용성과 놀이성을 강조하며, 우리에게 이런 요소를 단순하고 세련된 방식으로 활용하기를 요구한다. 이는 몸이 어떻게 스스로 변화하는지는 물론, 부정적인 신체 경험이 어떻게 바디풀니스를 방해할 수 있는지에 대한 이해를 수반한다. 1부에서는 몸을 사회적 맥락 안에 놓고 어떻게 탈체화와 몸의 방기가 그렇게 많은 문제의 유산을 형성하는지 보여줄 것이다. 몸의 억압과 소외와 마찬가지로 변화를 위한 행동은 우리 몸을 통해서, 그리고 몸 안에서 실현된다. 책의 이 부분에서는 아마 우리 각자의 바디풀니스로 변화된 행동에 대한 감각을 키울 수 있을 뿐만 아니라 행동에 대한 우리의 개념을 재구조화하고 다듬어서 우리 모두를 더 깊은 수련의 세계로 초대할 것이다. 이렇게 우리는 자신과 공동체를 위해 원하는 변화를 더욱더 자신 있게 주도하고 제시할 수 있게 된다.

　모든 장에는 체험 수련이 들어가 있고 많은 장이 실습으로 마무리된다. 이 수련들은 기존의 여러 전통에서 뽑거나 나 자신이나 다른 사람, 혹은 여러분에 의해 발전된 것으로, 여러분이 바디풀니스로 충만한 삶을 회복하도록 돕기 위해 만들어졌다. 치료자, 교사, 상담자는 본인의 재량에 따라 내담자 및 학생과 이 실습을 활용할 수 있다. 실습은 자유롭게 독립적으로 또는 상황 속에 끼어들듯이, 구조화된 형식과 비구조화된 형식을 취하며 번갈아 이루어진다. 다시 말해, 어떤 실습은 별도의 수련 시간을 마련해 자유롭게 진행한다. 또 어떤 실습은 이를테면 스트레스를 받는 모임에서, 친구와의 다정한 교류의 장에서, 또는 버스 정류장에서와 같이 일상생활 속에서 의식적으로 숨을 불어넣듯이 수련하도록 인도한다. 이런 의미에서 체화와 바디풀니스는 모두 독립적인 활동이면서도 매 순간 속에 엮어 넣는 활동으로 일어난다. 또한 체화와 바디풀니스는 시간이 흐르며 다양한 전통에서 전해져 내려온 신뢰받는 수련 방법을 통해 길러질 수 있고, 때로는 그 순간에 그냥 옳다고 느껴지는 여러분의 살아 있는 몸의 권위와 행동에서 나오는 자연스러운 행위로도 길러질 수 있다. 자신의 한계와 흥미가 무엇인지 여러분이 가장 잘 안다면 수련을 여러분에게 맞게 바꾸라. 감당하기 어려운 수련은 어떤 것이든 중단하라. 어떤 실습에서 신체적으로, 감정적으로 혹은 인지적으로 강한 반응이 일어난다면 이는 전문가를 찾아서 함께 그 반응을 더 탐색해 보라는 신호다. 여기 제시된 실습은 제안과 안내일 뿐이다. 너무 힘든지 아닌지 사이의 섬세한 변화와 균형은 오직 여러분만이 안다.

책의 끝부분에는 '추가 주석 및 참고자료'가 있다. 거기에는 책에서 언급된 자료의 출판 정보, 출처, 그리고 여러분이 궁금해할지도 모르는 개념에 대한 좀 더 기술적인 세부 내용이 간략한 설명과 함께 포함되어 있다. 또한 각 장에서 인용한 주제, 인물, 수련과 관련한 추가 자료와 참고자료가 들어 있다.

나는 학자이자 치료사로서 의식적인 움직임은 물론 비판적인 사고를 다 가치 있게 여기기에, 여러분이 여러 수준에서 자료와 연관될 수 있도록 이 책을 썼다. 모든 장은 바디풀니스와 관련된 철학, 심리학, 사회이론을 엮어서 구성했고, 동시에 여러분의 몸과 움직임, 감각, 호흡, 그리고 다른 몸들과의 관계를 멈춰 성찰하거나 직접적으로 경험하도록 여러분을 초대한다. 이 책은 처음부터 끝까지 순서대로 읽도록 쓰였지만, 이 책을 어떻게 활용할지에 대해서는 여러분 자신의 판단을 신뢰하라. 예를 들면, 여러분은 책을 순서대로 쭉 읽을 수도 있고, 아니면 각 장의 논의를 먼저 읽고 그다음에 다시 책을 훑으며 실습만 해볼 수도 있다. 논의와 실습은 각각 점증적으로 구성되어 있어 시작부터 끝까지 쭉 가는 것이 가장 좋을 것이다. 모든 관조적 수련이 그렇듯이 바디풀니스도 단련을 포함한다. 그리고 이 단련은 이 책을 읽는 것을 포함해 여러분이 하고 있는 것과 더불어 생각, 느낌, 움직임을 통해서 스스로를 표현한다. 여러분이 어떻게 이 책을 읽고 싶은지에 대해 바디풀니스의 상태로 탐험하도록 허용하라!

나는 이 책이 여러분을 위한 자원이 되기를, 또한 바디풀니스를 수행함으로써 결국 여러분이 사랑하는 사람들과 여러분이 속한 공동체, 그리고 그것을 위한 자원이 되기를 희망한다. 우리의 신체적 자아들이 깨어나 움직이고 함께 작업하며, 우리 모두가 의식적으로, 기쁘게, 그리고 의도적으로 살 수 있기를.

'들어가며' 수련

◎ 우리는 대부분 자신의 스트레스를 줄이고 건강을 촉진하는 돌봄의 수단으로서 선호하는 스트레칭이나 간단한 요가 동작, 구체적인 호흡법을 가지고 있다. 따라서 정식으로 또는 약식으로 배운 이런 실습을 반복한다. 그것이 올바르게 느껴지고 효과가 있기 때문이다. 지금 그중 하나를 잠깐 동안 해보자. 하면서 그 행위 자체에 주의를 집중하라. 행위를 하고 있는 곳, 즉 여러분이 몸으로 하고 있는 것에 주의 기울이기를 연습하라. 바디풀니스는 여러분의 신체 형태가 경험하고 하고 있는 것, 심지어 익숙한 활동이라도 그것에 주의를 기울일 때 발달하기 시작한다. 여러분 몸의 표면과 내면을 향해 한 줄기 주의력의 빛을 비추도록, 그리고 강한 감각 신호는 물론이고 더욱더 미세한 감각 신호와 감각 신호가 전혀 없는 부분까지 그 빛이 내려가도록 수련하라. 여러분이 무엇을 하고 있는지 설명하거나 판단하거나 다른 것에 대해 생각하려는 충동을 밀어내고, 그 행위에서 여러분의 몸을 그저 관찰하라. 1~2분 정도

그 행위와 함께 그저 현재에 머물라.

◎ 편안한 자세를 찾으라. 설 수도 있고, 앉을 수도 있고, 누울 수도 있다. 눈을 감고 몇 분간 여러분 몸 안의 감각에 그저 주의를 기울이라. 감각은 압력, 온도, 긴장, 배고픔, 포만감, 따가움 등 어떤 것이든 될 수 있다. 몸에 주의를 기울일 때 무엇이 떠오르는지 알아차리기 시작하라. 이를테면, 기분 좋은 감각 혹은 고통스러운 감각 같은 특정 유형의 감각에 주의가 끌리는가? 몸의 특정 부위에 주의가 끌리는가? 괜찮다. 그저 그것을 알아차리라. 준비되었다고 느껴지면 전에 추적하지 않았던 신체부위, 팔꿈치나 턱 같은 곳, 아무런 신호도 없는 곳에 주의를 두라. 몇 분간 주의를 거기에 그저 놓아두라. 거기서 아무런 감각 신호를 얻지 못하는 것 같아도 말이다. 흔히 특정 신체부위가 별로 주의를 받지 못할 때 감각이 없어진다. 그러니 이런 부분에 주의를 기울일 때 감각이 나타날 수도 있고 나타나지 않을 수도 있다. 만약 흥미를 느낀다면 다른 자세로 이 연습을 반복해 볼 수도 있다. 예를 들면, 선 자세, 앉은 자세, 누운 자세 간의 차이가 다른 신체 경험을 일으킬 수 있다.

◎ 이 책을 읽으면서 중간중간 짬을 내어 책에서 주의를 돌려 여러분의 몸을 알아차려 보라. 자세를 알아차려 보라. 여전히 편안한가? 에너지 레벨을 알아차리라. 쉴 시간인가? 뭘 좀 먹거나 마실까, 아니면 여기저기 좀 움직일까? 호흡을 알아차리라. 호흡이 편안하고 매끄럽게 흐르는가? 여러분의 몸이 보내는 신호에 따라 조금 조정하고 나서 읽기로 되돌아가라. 그러지 않아도 좋다! ◉

1부　　　　　　　　바디풀니스의 몸

The Body of Bodyfulness

1장   바디풀니스의 여덟 가지 핵심 원리

몸의 본성에 대해 성찰해 보면 두 가지 기본 주제가 떠오른다. 몸이란 실제로 무엇인가, 그리고 몸으로서 우리는 누구인가. 사전에는 **몸**에 관한 몇 가지 정의가 나열되어 있는데, 여기서 유용할지도 모르는 개념은 몸이 어떤 것의 주된 또는 중심이 되는 부분이라는 것이다. 연극이나 저서의 핵심부처럼 말이다. 몸은 타자가 우리를 어떻게 지각하고 우리와 상호작용하는지는 물론이고 우리 존재의 중심으로 정의될 수 있다. **몸**으로 존재한다는 관점에서 볼 때 우리는 하나의 과정, 말하자면 숨 쉬고 소화하고 순환하고 생각하고 느끼는 움직임의 교향곡이다. 또한 몸은 분명히 실재한다. 우리는 무게, 고체, 형태, 크기를 가지고 있고, 이로 인해 물리 과학을 참고할 수 있다. 예컨대, 물리학은 우리 몸이 물질이자 에너지라고 한다. 질량을 가지고 있고, 이 질량은 살아 있는 기능으로서 에너지를 생산하고 소비한다. 말하자면, 우리는 스스로의 힘으로 움직인다(무생물은 다른 무언가가 그들을 움직여 줄 때만 움직일 수 있다). 자기 주도적인 움직임이 생물과 무생물, 살아 있음과 죽음 사이의 차이를 정의해 준다. 죽음 상태에서는 심장과 폐가 움직임을 멈추고, 뇌세포는 뇌파 생성을 멈춘다. 다시 말해서, 우리 몸에 관해 말하는 것은 움직임에 관해 말하는 것이다. 그러면 바디풀니스를 위한 발판이 되는 움직임의 여덟 가지 원리를 익혀보자.

제1원리: 진동

앞에서 언급했듯이, 자연에서 일어나는 가장 기본적인 움직임은 진동oscillation이다. 질량을 가지고 있는 모든 것은 아원자 입자부터 전체 유기체까지 진동한다. 진동은 두 개의 위치 또는 상태를 왔다 갔다 하는 것, 즉 평형의 어느 지점을 가로질러 왔다 갔다 하는 것이다. 해안의 파도나 흔들리는 시계추를 생각해 보라. 진동은 위아래, 좌우, 또는 앞뒤로 일어나는 완전한 움직임이다. 몸은 끊임없이 진동한다. 심장은 팽창하고 수축하며(심장박동) 전자기 펄스의 진동파를 생성하고, 호흡은 안으로 들어가고 나오며(호흡), 뇌세포는 전자기 펄스를 발생시키고(뇌파), 근육은 긴장과 이완을 통해(긴장도) 전자기파를 생성하고, 소화기관도 수축과 이완을 반복한다(연동운동). 이런 진동들은 세포 수준에서도 반복된다. 일례로, 화학물질은 세포 안과 밖을 드나들 수 있도록 이온 출입구를 여닫는다.

우리 몸은 세포 수준에서 몸 전체까지 모두 앞뒤, 좌우, 상하의 움직임을 반복한다. 다음 장들에서는 이런 진동이 어떻게 신체적·정서적·인지적·관조적 차원에서 건강 또는 질병에 기여하는지 볼 것이다. 현재로서는 이 진동이 상징적으로 바디풀니스의 중요한 부분이라고 가정할 수밖에 없다. 아마 우리의 자연적인 진동과 더불어 움직이는 것이 바디풀니스로 충만한 자아를 발달시키는 최선의 방법 중 하나일 것이다.

예컨대, 앞뒤로 왔다 갔다 하는 움직임이 일어날 때 이 움직임의 포물선은, 이를테면 왼쪽에서 오른쪽까지 연속체를 만들어낸다. 그 연속체의 끝에서는 극단을 경험하고 중간에서는 흔히 더욱 안착감이 들며 평정을 찾는 경향이 있다는 생각이 일어나는데, 이렇게 연속체를 따라 왔다 갔다 움직이는 것은 중요한 상징적 가치를 지닐지도 모른다. 불교에서는 이것을 '중도中道'라고 한다. 예를 들면, 우리는 건강을 위해 적당히 먹고 마시라는 명을 받는다. 심리치료와 상담에서 우리는 극단적인 상태를 지속적으로 경험하는 내담자와 이것이 그들의 웰빙에 얼마나 해로울 수 있는지 이야기한다. 우리는 정신적·정서적 질병을 정의할 때, 극단적인 상태를 내려놓지 못하는 것 또는 극단적인 상태의 오남용이라고 말한다. 예컨대, 만약 분노를 멈출 수 없다면 일상적인 사건들까지 방어적인 비상 상황으로 경험하는 경향이 있다.

이런 연속체의 은유는 사회체계에도 적용된다. 우리는 흔히 정치적 극좌파 또는 극우파를 '소수 과격파'라고 부른다. 우리는 극단에 갇힌 채 종종 연속체의 반대 극단을 악마로 만들고 양극화된다. 양극화가 일어날 때는 마비와 공격이 뒤따른다. 우리가 그 안에서 연속체를 따라 움직일 때 물리학은 대부분의 시간을 연속체 범위의 중간 지대 안에서 움직이며 보내도록 가르친다.

바디풀니스는 진동의 원리로부터, 예컨대 열심히 일하는 것에서 깊은 휴식까지, 고독에서 나눔까지, 자기 돌봄에서 타인 돌봄까지, 극단적인 조건에서 일반적인 조건까지, 행위와 상태의 연속체를 폭넓게 왕복하는 포물선을 따라 의식적으로 움직이는 능력을 포함하는 것으로 볼 수 있다. 고정된 위치보다는 진동하는 움직임이 균형감과 평정심을 촉진할 수 있다. 바디풀니스는 가능한 한 의식적으로 충만하게 적응하며 변화하는 삶의 환경을 향해하여 통과해 나가는 능력을 수반한다.

진동을 위한 수련

지금 잠시 여러분의 호흡을 점검하라. 들고 나는 숨을 그저 알아차리라. 심장이 뛰는 것을 따라갈 수 있는지 보라(손가락을 손목 또는 목 옆쪽에 놓으면 듣기에 도움이 될 수 있다). 여러분이 몸의 이런 유기체적 진동에 그저 주의를 기울일 때 어떤 이미지, 기억, 느낌, 말이 떠오르는지 알아차리라. ⊙

제2원리: 균형

바디풀니스는 한쪽 다리로 잠시 서 있을 수 있는 능력처럼 어떤 상태 안에서 평형을 유지하는 능력을 포함한다. 이 균형 잡기는 우리가 넘어지거나 사고가 나지 않게 보호해 주는 몸 중심의 긴장도를 발달시키는 데 대단히 중요한 기술이다. 예컨대, 체내 온도 섭씨 37도처럼 우리 몸은 실제로 대사상의 특정한 '설정점set point' 주위를 맴돌아야 한다. 혈당, 혈압, 콜레스테롤, 산성/알칼리성 같은 경우는 아주 한정된 설정점을 가지고 있다. 이 점에서 벗어나는 것은 건강에 위험할 수 있다. 그렇기 때문에 현대 의학은 그런 설정점을 점검하고 치료하며 우리에게 그 설정점 가까이에 살라고 지시한다.

여러 명상 전통에서는 일반적으로 주의 집중 기술, 하나에 집중하는 기술을 가르친다. 이는 한 지점에 정신을 집중해 균형을 잡고 거기에 머무를 수 있는 능력을 향상시키는 작업을 한다. 말하자면, 그것은 우리의 관조 상태가 핵심 부위에 적응될 때까지 하나의 정신적 다리로 서 있는 것과 같다. 판단 없이 최소의 노력으로 행해지는 이 집중 기술은 여러 가지 유익한 효과가 있다. 팔을 흔들지 않고 조용히 한 다리로 서 있는 것처럼 지속적인 시간 동안 주의 집중을 용이하게 유지할 수 있는가 하는 문제는 '고요함stillness'의 개념을 중시하는 여러 명상 전통의 숙제다. 여기서 중요한 것은 우리가 주의를 기울이거나 기울이지 않는 내용이 아니라 주의를 기울이는 신체 능력 자체다. 고요함 속에서 우리는 생각이 꼬리를 물고 일어나는 마음을 진정시키고 강력한 변화를 가져올 수 있는 일종의 내적 침묵에 귀를 기울인다. 몸은 이때 우리에게 작은 움직임 진동이 지속적으로 진행된 결과로 상대적인 고요함과 균형이 발생됨을 알려준다. 다음 장들에서 이에 대해 더 깊이 이야기하겠지만, 한 발로 뛰며 균형을 잡는 것이든 아니면

한 사람의 삶에서 전반적인 균형 감각을 찾는 것이든, 여기서는 바디풀니스의 한 요소로서 균형의 개념을 새겨둘 수 있다.

한곳에서 균형을 잡는 것과 공간을 돌아다니는 것, 존재와 행위 사이를 오가는 진동이 바디풀니스의 궁극적인 열쇠일지 모른다. 우리는 일하고, 쉰다. 우리는 숨을 들이마시고, 내쉰다. 우리는 혼자 힘으로 일하고, 함께할 사람을 찾는다. 성경 코헬렛(전도서) 3장 1~4절에는 이런 말이 있다. "세상에서 일어나는 일마다 알맞은 때가 있다. … 통곡할 때가 있고, 기뻐 춤출 때가 있다." 진동과 균형은 말 그대로 우리에게 생기와 웰빙을 선사한다. 관계 안에서 일어나는 의식적인 진동도 바디풀니스의 조건을 촉진해 준다.

균형을 위한 수련
~~~~~~

할 수 있다면 몇 분 동안 한 발로 서 있다가 반대 발로 서는 놀이를 해보라. 어느 한쪽 발이 다른 발보다 더 쉬울지도 모른다. 어떤 감각을 느끼는지, 어떤 이미지 또는 기억이 떠오르는지, 무슨 생각이 떠오르는지 알아차려 보라. 지금은 그냥 알아차려라. ⊙

제3원리: 피드백 순환 과정

진동과 균형의 원리를 확대해서 생각해 보면, 그것은 피드백 순환 과정에 대한 몸의 선호와 관련이 있다. 우리의 모든 부분은 전체의 이익을 위한 조정 수단으로서 다른 부분으로부터 끊임없이 정보를 주고받는다. 캔디스 퍼트Candace Pert 등 일부 신경과학자는 마음을 몸을 통해 순환하는 정보의 흐름으로, 그리고 신경과 혈관을 그 흐름을 수행하는 주요 고속도로라고 생각한다. 2장에서는 피드백 순환 과정이라고 부르는 우리의 가장 소중한 신체 고속도로망의 일부를 살펴볼 것이다. 그런데 뇌의 사고 영역과 몸의 나머지 부분 사이의 관계를 이해하는 한 가지 방법은 상하로 흐르는 피드백 순환 과정을 상상하는 것이다. 하향식 과정은 행동의 변화를 촉진하기 위해 언어적·인지적 성찰을 사용하는 것을 말한다. 즉, 머리가 몸에게 말하는 것이다. 예컨대, 가끔 우리는 스스로 나쁜 생각을 그만하라고 설득하거나 어떤 주제에 대해 심사숙고 끝에 얻은 깨달음으로 해방감을 느낄 수 있다. 이것이 정신분석가 지그문트 프로이트의 '대화 치료'의 기본, 곧 인지적 통찰이 행동 변화로 흘러내려 갈 수 있다는 생각이다. 그것은 또한 많은 정좌 명상 수련의 기초가 된다. 예를 들면, 정좌 명상 수련에서는 생각들 사이의 틈을 만드는 작업을 한다.

때로는 '그냥 하라'(또는 '그냥 하지 마라') 전략으로 우선 행동을 취함으로써 상향식 과정을 사용할 수 있다. 그러면 그러한 신체적 행동이 우리가 무엇을 어떻게 생각할지를 변화시킨다. 헬스장에 가려면 기본적으로 엉덩이를 일으켜야 한다. 신체 건강에 대해 성찰한다고 해서 몸을 변화시킬 수 있는 것은 아니기 때문이다. 그것은 또한 요가나 태극권처럼 몸 중심 관조 수련이 어째서 생각과 기분에 건강한 변화를 일으킬 수 있는지 보여준다. 이런 상향식 과정은 사람들 사이에서 일어나는 직접 대면, 말하자면 정서적이고 관계적인 몸과 몸의 교류를 수반한다. 예컨대, 치료사의 공감적 응시, 아기의 다양한 울음을 구별해 낼 수 있는 부모의 능력, 또는 여러분이 감정적으로 어떤 것을 말할 때 친구가 자기 손을 심장에 대는 반응과 같은 것이다. 이런 진동, 말 없는 몸의 교류는 관계상의 해묵은 상처를 치료하는 데 매우 효과적이라고 증명되었다. 그런 교류는 사람들에게 정서적으로 연결되고 이해받는다고 느끼는 직접적인 경험을 제공하기 때문이다. 9장에서 이에 관해 좀 더 살펴볼 것이다.

이 상향식·하향식 피드백 순환 과정은 하나의 단위로 작동하며 내적으로 조절된 상태를 만들 뿐만 아니라 관계에서도 좋은 연결을 만든다. 한 방식에서의 오류는 다른 방식에 의해 확인될 수 있다. 하향식 과정을 예로 들면, 놀라지 않았다고 생각할 수 있지만, 땀에 젖은 손바닥과 팽창된 동공은 그것이 오류임을 보여 준다. 반대로 상향식 과정을 예로 들면, 케이크 한 조각으로 손을 뻗을 수 있지만, 그 순간 생각이 지난번에 케이크를 먹고 배탈이 났던 일을 상기시킬 수 있다.

하향식 처리와 상향식 처리의 흐름은 중독, 정신질환, 정서 조절, 관계 유대 및 그 밖의 문제와 같이 중대한 삶의 문제와 연결되어 있다. 이는 항상 감각신경이 운동신경으로 바로 연결되기 때문이다. 감각은 늘 반응, 행동, 움직임을 요구하기 때문이다. 만약 증상을 존중하고 정성껏 다루면 그것은 가라앉는 경향이 있다. 만약 증상을 무시하고 억누르면 그것은 더 크게 아우성치다가 (증상의 원인은 계속되는데도) 신호 보내기를 멈추게 된다. 어떤 경우에도 움직임 반응이 감각과의 협응 및 협력에 실패하면 중요한 피드백 순환 과정이 깨져서 [존재의] 여러 차원에서 질병에 걸릴 준비가 된다. 관조적 수련은 우리가 이 고통의 순환을 깨는 것을 돕는 작업이다. 바디풀니스가 지향하는 관조적 순간에, 그것이 우리의 신체적·정서적·정신적 상태를 포함하고 연결될 때 수행이 몸의 모든 차원을 깨우게 된다. 이 책에서는 이 중요한 피드백 순환 과정을 계속 들여다볼 것이다.

피드백 순환 과정을 위한 수련

◎ **하향식 과정에서 시작하기**: 현재 긴장이나 통증 같은 작은 증상을 보이는 신체의 한 부분을 고르라. 그것을 바꾸려고 하지 말고 잠시 거기에 주의를 두라. 그저 알아차리라. 판단하거나 설명하려는 것에 저항하라. 그리고 하향식 관점에서 이 증상에 대해 잠시 생각하라. 구체적인 결론을 내야 한다고 느끼지 말고 열리고 호기심 어린 방식으로 증상에 그저 의식을 두라. 무슨 생각이 떠오르는지 알아차리라. 문제 중심 생각이든 해결 중심 생각이든 상관없다. 그 생각들로 실험을 고안하거나 그것에 대해 잘 아는 사람과 상의하여 검증하고 싶은 가설이라 여기고 숙고해 보라.

◎ **상향식 과정에서 시작하기**: 지금 그 증상의 감각 자체, 즉 증상의 신체적 세부사항에 주의를 기울이라. 감각은 신호이고, 상향식 관점에서 우리는 그 감각과 직접적으로 작업할 수 있다. 이번에는 이 감각이 억눌리거나 제지되거나 억제되고 있는 움직임일지 모른다는 가설을 가지고 즐겨보라. 잠시 증상의 세세한 사항들을 다시

1장 바디풀니스의 여덟 가지 핵심 원리

확인하라. 정신적인 해결책을 강요하는 대신, 증상을 없애는 것이 아니라 여러분의 신체부위가 움직임을 통해 자기 이야기를 하도록 작은 움직임을 허용하라. 예컨대, 만약 증상이 조임tightness이라면 더 조이도록 놔두라. 왜냐하면 긴장이 이미 뭔가를 하고 있거나 말하고 있기 때문이다. 만약 증상이 쑤시는 것이라면 그것을 여러분의 몸이 직접 표현하게 해주면 어떨까? 복잡하지 않다. 설명하지 말고 주의를 최대한 집중해 그저 그 신체부위가 조금 움직이게 놓아두라. ⊙

제4원리: 에너지 보존

모든 물리적 체계처럼 몸은 제한된 자원으로 작동한다. 우리는 그만큼의 에너지만 가지고 있기 때문에, 만약 짧은 시간 안에 에너지 수요가 높아지면 몸은 일부 대사 과정을 끊고 절약한 에너지를 더 중요하다고 여겨지는 활동에 쓴다. 예컨대, 만약 우리가 위험에 처하면 몸은 싸우거나 도피하는 데 더 많은 에너지를 공급하기 위해 소화 작용, 면역계 활동, 생식 대사를 차단할 것이다. 이렇게 에너지 자원을 재배정하는 것은 단기 생존을 위해 대단히 중요하다. 그러나 만약 우리가 스트레스나 위협을 자주 느낀다면 이런 기제의 만성적인 활성화가 적절한 소화, 질병 예방, 생식 능력을 손상시킬 수 있다.

몸이 지속적으로 에너지를 보존하는 또 하나의 방법은 습관을 형성하는 것이다. 습관은 의식적인 행위로 시작되어 자동적으로

될 때까지 충분한 시간 동안 연습되는데, 자동적인 행위는 에너지 소모가 **훨씬** 적다. 의식은 대사의 측면에서 보면 **아주** 값비싼 것이다. 그래서 우리는 지금 당장 주의를 기울일 만큼 중요하다고 여기도록 학습한 것을 위해 에너지를 비축하려고 한다. 잠시 동안, 자전거 타기처럼 어떤 것을 배우는 행위를 떠올려보라. 처음 자전거 타기를 배울 때는 정신을 바짝 차리고, 균형 잡기, 제동하기, 조종하기, 페달 밟기, 길 찾기 등등 관련한 모든 변수를 한꺼번에 살피게 된다. 처음에는 이렇게 하는 것이 버겁고 피곤할 수 있다. 자전거 타기가 일상적이고 '쉬워지기'까지 시간이 걸리고 의식적인 연습이 필요하다. 그렇기 때문에 습관은 축복이자 저주다. 조종하고 기울이고 제동하고 페달 밟는 법을 배우는 데 값비싼 의식적 시간을 어느 정도 들인 뒤에 그 과정에 별로 주의를 기울이지 않고도 자전거를 타고 마을을 가로지를 수 있게 되는 것은 정말 축복이다. 우리는 몸의 한쪽에서 자동적인 습관을 실행하는 동안에 의식을 돌려 이야기를 하거나 풍경을 보거나 교통신호를 파악할 수도 있다. 이렇게 동시에 여러 가지 일을 처리할 수 있는 신체 능력은 지속적으로 일어난다. 우리는 항상 신체적으로 한 번에 많은 일을 하고 있는데, 그중에 몇 가지만 적극적으로 살펴보고 있을 뿐이다.

습관의 저주는 우리가 자신에게 더 이상 좋지 않은 것 또는 원래부터 나쁜 것을 무심코 실행할 때 작동하기 시작한다. 관조 전통에서는 끊임없는 생각, 판단, 분리 등 마음의 습관을 대면하고 녹이는 것을 수련이라고 말한다. 새로운 습관을 만드는 또 다른 방법은 심리치료다. 심리치료는 마음속 깊이 저장되어 우리에게 더 이상 도움이 되지 않는 자동도식automatic schema, 정서, 경향성을 표면으로 떠올리고, 반성과 통찰이라는 어렵고 의식적인 작업을 사용해 치료적 변화를 일으키는 작업이다. 일상적으로 고함과 구타가 뒤따르는 가정 폭력을 경험하는 가정에서 자라는 아이를 상상해 보자. 이 아이는 목소리가 커질 때마다 몸을 웅크리고 얼어붙는 것을 학습했을 가능성이 크다. 성인이 되어서도 이런 몸의 습관은 큰소리만 나면, 심지어 야구경기에서 아주 기뻐하는 함성이 날 때도 반복된다. 우리 몸의 습관은 움직임 기억과 같다. 몸의 습관은 특정한 방식으로 움직이고 반응하는 경향성을 나타내면서 우리를 가두고 혼란스럽게 할 수 있는 일종의 **신체 상자**body box 다. 우리는 이런 신체 상자에서 나올 '의지력'이 약하다고 자주 한탄한다. 에너지 보존의 원리는 몸에 깊이 밴 습관을 극복하고자 의지를 사용하는 것이 생각보다 더 복잡할 수 있음을 보여준다.

바디풀니스 관점에서 수련은 (생각 및 정서적 습관과 함께 짜여 있는) 우리 몸의 습관을 표면화하면서, 의식적으로 호흡하기, 움직이기, 감각하기, 관계 맺기를 통해 새로운 선택을 만들어낸다. 의지를 가지고 자기 자신한테 변하라고 말하는 것만으로는 충분하지 않을 것이다. 변화는 대가가 비싼 편이다. 왜냐하면 변화는 습관을 극복하기 위한 의식적·행동적 노력을 모두 요구하기 때문이다. 어떤 사람들은 '변화의 저항자change resistant'라는 별명으로 불릴 수 있다. 그러나 그들이 자기 방어 또는 집세 내기처럼 다른 데에서 다른 목적을 위해 얼마나 많은 에너지를 쏟는지를 고려해 보면 변화의 대가가 너무 비싸다는 것을 알 수 있다. 변화할 때는 상대적인 안전, 용기, 에너지가 필요하지만, 이런 조건이 채워진다면 결과는 그만한 가치가 있다. 기대하건대, 변화를 위한 조건에 누구나 다가가기 쉬워진다면 모두가 공공선을 위해 작업하게 될 것이다. 이런 방식으로 우리는 건강한 정신적·정서적·신체적 습관을 더욱더 창의적이고 사회에 공헌하는 쪽으로 사용하게 되는 축복을 약속받게 될 것이다.

에너지 보존을 위한 수련

다음부터는 양치질할 때 조금 바꿔서, 평소 사용하지 않는 손으로 양치질을 해보라. 이것은 양치질을 다르게 하는 훈련이 아니라 자동적인 신체 습관이 얼마나 멋진 것일 수 있는지를 알아차리는 연습이다. 우리는 이때 습관을 바꾸는 일이 얼마나 어렵고 혼란스럽기까지 한지, 그것을 위해 얼마나 많은 주의와 에너지를 써야 하는지를 경험한다. 여기서 심화된 수련은 걷기 또는 먹기와 같이 모든 일상적인 활동의 패턴을 알아차리는 것이다. 만성적인 손상과 같은 경우(말하자면, 몸이 손상되도록 학습되어 온 것)에는 그런 신체 습관 중 일부를 해체하고 다른 습관으로 대치해야 할지도 모른다. 그것은 아주 많은 노력을 요하는 작업일 수 있다. 그래서 우리는 때때로 변화를 주저한다. 그러나 의식적으로 호흡하기, 움직이기, 감각하기, 자기와 타인 그리고 세계와 관계 맺기를 기반으로 자신을 돌보는 일, 곧 자기 자비self-compassion는 그 과업을 위해 많은 에너지를 공급해 줄 수 있다. ⊙

제5 원리: 단련

신체적·정서적·인지적 웰빙을 지지하는 신체 습관을 만들고 유지하려면 연습 또 연습하고 단련해야 한다. **단련**은 상당히 다양하고 극적인 언어 상자를 사용할 수 있는 단어다. 단련은 통달, 처벌, 집중, 자제, 전념, 탐구와 관련될 수 있다. 여러분에게 단련된 몸은 무엇을 의미하는가? 바디풀니스의 관점에서 이 질문과 놀며 이것을 성찰해 보자. 해부학적 관점에서 단련은 운영 효율성을 극대화하는 것으로, 에너지 보존과 관련된다. 세리나 윌리엄스와 마이클 조던 같은 운동선수라면 수년에 걸쳐 집중 수련을 했기에 단련이 쉬워 보일 수 있다.

몸의 에너지 보존 필요성은 한동안 몸을 쓰지 않으면 역량을 잃기 쉽다는 점과도 연결된다. 운동하지 않은 근육은 힘을 잃을 것이고, 그러면 효율적으로 움직일 능력도 잃을 것이다. 되살리지 않는 인지 능력은 시간이 갈수록 약화될 것이다. 실제로 몸은 '쓰지 않으면 잃는다Use it, lose it' 원리로 움직인다. 아마도 그것은 모든 영적 전통이 신체 단련은 물론이고 수련, 수련, 수련의 중요성을 강조하는 이유일지 모른다. 영적 전통들은 새롭고 건강한 습관을 쌓기 위해, 그리고 중요한 것을 위해 충분한 여분의 에너지를 보존하기 위한 방법으로 깨어서 하는 행동을 강조한다. 그리고 반복, 또 반복한다. 그럼으로써 새로운 습관이 형성된다. 그 습관이 단련된 몸을 창조해 어떤 것을 더 쉽게 하는 효율성을 창출하는 것이다.

단련은 '능숙함grace'의 바탕이 되는 것 같다. 새로운 신체 활동을 처음 배울 때, 못에 망치질을 하는 것이든 수영을 배우는 것이든 처음에는 서툴고 어색하게 느껴진다. 움직임이 비효율적이고, 하고 나면 쉽게 피곤함을 느낀다. 연습할수록 움직임은 더 능숙해지고 심미적으로 만족스러워진다. **Grace**라는 단어가 움직임 미학과 영적 성취라는 뜻을 모두 표현하고 있음은 이상한 일이 아니다.

단련을 위한 수련
〰〰〰〰〰〰〰〰〰〰〰〰〰〰〰〰〰〰〰〰〰

이 실습은 생각 성찰에 관한 것이다. 도중에 메모를 해도 좋다. 날마다 여러분은 무엇을 습관적으로 하고 있는가? 우선 구강위생처럼 좀 더 분명한 일상의 신체 활동(예컨대, 치실질!)을 생각해 보자. 그다음에는 이야기할 때 상대방의 눈을 어떻게 쳐다보는지와 같이 덜 분명한 것으로 옮겨가라. 일상생활에서 몸을 챙기는 방식과 방기하는 방식처럼 자동화되어 있는 세계에서의 존재 방식을 돌아보라. 우리는 하루 종일 좋은 습관과 나쁜 습관을 수행한다. 여러분은 돈을 쓰는 수행은 힘들지만 텔레비전 시청을 많이 '수행하거나' 요가를 하는 데는 능숙할 수도 있다. 시간을 내어 여러분이 무엇을 반복적으로, 그리고 자동적으로 하는 경향이 있는지 평가해 보라. 자신을 판단하려 하지 말고 그저 알아차리라. 이 연습을 하는 동안 여러분의 몸에서 어떤 일이 일어나는지 주의를 기울여 보라. 여러분은 특정한 습관을 좀 더 의식적으로, 다소 자주 수행하고 있음을 볼 것이다. 그렇게 여러분의 의식에 떠오르는 것을 품고 돌보며 그것을 가지고 작업해 보라. ◉

제6원리: 변화와 도전

수십 년 전부터 과학자들은 우리가 어릴 때 세포가 열심히 기능해 마침내 성숙한 유기체를 만드는 새로운 세포가 많이 생산되고 발달하며(성장) 그 뒤에는 세포의 죽음이 세포의 재생보다 약간 빠르게 진행되면서 조금씩 퇴행한다는, 결국 세포의 죽음이 가속화되고 죽음을 초래한다는 견해에 대해 재고하기 시작했다. 최근까지 신경과학자들은 약 25세 이후에는 새로운 뇌세포가 성장하지 않는다고 믿었다. 원래는 성인기가 되면 모든 능력이 거의 고정되므로, 느리지만 점점 빨라지는 쇠퇴를 기다리는 것 외에 달리 할 일이 없다고 여겼다. 그리고 나서 과학자들은 **신경가소성**neuroplasticity을 발견했다. 체세포가 결국 세포의 치유와 재생을 능가하는 방식으로 소모된다는 점은 여전히 사실이지만, 우리가 평생 세포 차원에서 근본적으로 변할 수 있다는(신경가소성) 충분한 증거가 발견되었다. 이 용어의 정의는 신경세포(뉴런)에 국한되지만, 가소성 변화의 원리는 몸 전체에서도 일어나는 듯하다. 변화는 물론이고 성장까지 평생에 걸쳐 끊임없이 일어난다.

단련의 원리는 '쓰지 않으면 잃는다'는 사실을 강조하지만, 어떻게 사용하느냐에 따라 구조화되는 방식과 기능하는 방식을 바꿀 수 있다는 것 또한 사실이다. 우리의 직접 경험이 뇌와 신체의 나머지 부분에 지속적으로 입력됨으로써, 이를 통해 세포들은 우리 내부에서 자율조직의 변화는 물론 이를 위한 세포의 양까지도 변화시킨다. 이 입력은 어떤 유전자들의 스위치 역할을 한다. '**유전적으로 결정된**'이라는 말은 우리의 산 경험들이 지속적으로 어떤 유전자가 활성화되어 자신을 표현하고 어떤 유전자는 그렇지 않을지에 실제로 영향을 끼친다는 사실을 주목하는 연구에 의해 바뀌고 있다(이와 관련한 연구 분야를 **후성유전학**이라고 한다).

다양한 발달단계 동안 〔직접 경험을 통한〕 또 다른 입력 유형은 '과잉생산과 가지치기'를 수반한다. 아동의 뇌는 물론이고 청소년의 뇌에서도 엄청난 수의 새로운 신경세포가 사실 너무 많이 생산된다. 무슨 일이 일어나느냐 하면, 우리의 직접 경험, 즉 행동과 행위가 이런 새 신경세포 중 어떤 세포를 자극해 점화시키고 서로 연결시키는 반면에 어떤 세포는 자극하지 않는다. 사용되지 않은 세포는 에너지 보존을 위해 소멸된다. 이렇게 어떤 신경세포들은 사용되지 않아 시들어가는 동안에 어떤 신경세포들은 서로 연결이 강해지는데, 이를 통해 세포 차원에서 새로운 기술이 정착되는 것이다. 노화란 새로운 세포의 과잉생산 속도가 둔화되고 변화하는 사용 패턴의 측면에서 작업할 새로운 세포가 점점 줄어드는 것과 같다. 그러나 우리는 항상 새로운 체세포를 생산하고 있다.

상향식 과정과 더 친숙해질수록 우리는 변화가 말 그대로 몸의 경험에서 비롯됨을 알 수 있다. 우리가 유전적인 한계 안에서 운영되는 것은 맞지만, 예전에 생각했던 것보다는 제약을 덜 받는다. 우리는 얼마나 많은 양의 새로운 세포를 생산하는지에 어느 정도는 직접 영향을 끼칠 수 있다. 오늘날 우리는 일생 동안 새로운 것을 배울 수 있고, 능력을 더 오래, 심지어 고령까지 유지할 수 있다는 사실을 알고 있다. 우리의 일상 경험은 이렇게 확장된 유전적 한계 안에서 얼마나 충분히 기능할 수 있는지를 결정한다. 우리는 계속 변화하고 성장하는 우리의 능력에 어떻게 영향을 끼칠 수 있을까? 여기서 핵심어는 도전이다. 무언가를 변화시키려면 현재의 상황에 도전해야 한다. 바디풀니스는 우리의 현재 상황에 도전하는 정교한 예술이다.

제6원리를 위한 수련은 다음 제7원리 다음에 함께 진행될 것이다.

제7원리: 새로움을 통한 대비對比

앞에서 살펴본 바와 같이 세포 차원에서 일어나는 새로운 것에 대한 학습은 새로운 신경세포를 키우는 작업은 물론 세포들 사이의 연결성을 키우는 일을 수반한다. 전체 몸 차원에서 새로운 어떤 것에 대한 학습은 기존에 학습된 프로그래밍에 도전하는 경험을 하는 것이다.

연구자들은 주로 우리의 자각 아래 깊은 층에서 내부와 외부 환경을 주시하는 신경계가 차이를 감지할 때 학습 과정이 시작된다는 사실을 발견했다. 그것은 우리가 경험하고 있는 어떤 것이 변하거나 새롭고 알려지지 않은 어떤 것이 나타날 때 발생한다. 이 새로움은 뇌의 일정 부분을 '깨우고', 새로운 자극에 주의를 집중해 그것에 대한 감각 자료를 모은다. 이것은 안전할까? 새롭게 입력된 자료는 우리가 알아차리기도 전에 먼저 위험 여부 평가를 위해 점검된다. 이어서 우리의 개인사적 기억 은행과 비교된다. 이것을 전에 경험한 적이 있는가? 익숙한가? 만약 익숙하다면 신경계가 '다 겪어본 거야'의 길로 내려가서 거기에 주의를 많이 기울이기를 멈출 것이다(익숙한 것이 어떻게 당연시되는가에 대한 신경 차원의 근거다). 그러나 만약 그것이 익숙하지 않다면 그것은 익숙했던 것과 대비를 일으키고, 그다음에 의식의 뇌에 불이 켜져서 새로운 경험 쪽으로 감각을 집중하기 시작한다. 우리는 의식적으로 새로운 경험 자료를 받아들이고 충분히 마음이 끌리거나 감정을 쏟게 되면서 이 새로운 경험을 기억에 새길 것이다. 이는 곧 우리가 방금 어떤 것을 배웠다는 말이다. 이것은 또한 우리가 신경 쓰지 않으면 배우기 어려운 이유를 설명해 주기도 한다.

대비를 통한 학습의 이해는 에드먼드 제이콥슨Edmund Jacobson 이라는 내과의사가 **점진적 이완법**progressive relaxation 이라는 수련을 발달시키는 기초가 되었다. 그는 사람들이 처음에 긴장된 근육을 더 긴장시켜 감각 대비를 일으킬 때 훨씬 더 깊이 이완할 수 있다는 사실에 주목했는데, 그렇게 함으로써 몸을 깨우고 움직여서 〔긴장을〕 내려놓는 법을 배우게 한다.

우리가 어떻게 변화하는가와 관련한 두 번째 이론은 학습에 관한 앞의 첫 번째 이해에서 나온다. 간단히 말해, 우리는 계속 같은 방식으로 작동하면 새로운 것을 전혀 배우지 못한다. 학습은 현재 상황에 대한 약간의 도전이 있는 환경에서 일어난다. 발달심리학자 레브 비고츠키Lev Vygotsky는 이를 **근접발달영역**zone of proximal development이라 불렀다. 이 영역에서 학습이 일어나는데, 안전영역comfort zone에서처럼 편안히 쉬는 것도 아니고 괴로울 만큼 압도되거나 안전영역에서 너무 멀지도 않기 때문이다. 근접발달영역 내에서의 새로운 경험은 약간의 에너지가 소모되기는 하지만, 도전적이면서도 감당할 수 있기에 효과적인 학습이 이루어진다. 이 경험들은 재미있을 수도 있다. 이런 학습은 새로운 성장과 함께 구조적·기능적 신체 변화를 활성화하고 웰빙을 증진할 수 있다. 새로운 학습에 도전하는 데 에너지를 쏟는 것이 치료적 변화를 위한 토대가 됨은 물론이고 점점 건강한 노화의 비결로 떠오르고 있다. 에너지 보존에 대한 강하고 민감한 집착을 극복하기 위해서는 우리 자신에게 도전도 해야 한다. 책이 전개되면서 우리는 대비와 도전이라는 쌍둥이 개념을 바디풀니스의 필수 요소로서 자주 챙길 것이다.

변화, 도전, 대비, 새로움을 위한 수련

◎ 사전을 펼쳐 뜻을 모르는 단어 하나를 찾으라. 그 단어의 뜻을 읽고 그 단어를 문장으로 연습해 익히라. 동시에 여러분의 몸이 이 활동을 어떻게 다루고 있는지 알아차리라. 몸이 각성되어 있는가? 고요한가? 과민한가? 첫 단어를 배울 때 어떤 연상이 떠오르는지 알아차리라. 이제 두 번째 단어를 찾고 배우는 동안 몸으로 평소에 하지 않는 엉뚱한 자세를 잡아보라. 엉뚱한 자세를 유지한 채 새 단어를 문장 속에 넣는 것을 즐겨보라. 몇 주 안에 여러분이 그 새 단어를 어떻게 기억했는지(혹은 하지 않았는지) 다시 확인해 보라. 엉뚱한 자세와 각각의 단어를 기억하는 능력 사이에 무슨 관계가 있었는가? 여기서 나의 조언은 엉뚱함은 새로움과 같고 학습에 더 기민하게 관여할 것이라는 점이다.

◎ 잠시 여러분이 무언가를 배우려다 막히거나 좌절을 느꼈던 때, 또는 말을 하려고 하는데 소리가 나오지 않았거나, 도망가려고 하는데 발이 움직이지 않았다거나, 한 번도 배운 적 없는 미적분 시험을 보는 것처럼, 여러분이 무언가를 하려는데 할 수 없었던 오래된 꿈과 같은 상황을 회상해 보라. 여러분이 배우려고 시도했던 때나 꿈을 기억할 때 몸이 어떻게 느껴지는지 알아차리라. 아마 이런 회상은 여러분이 할 수 없거나 어떻게 하는지 모르는 상황에 압도된 대면 경험일 것이다. 지금 깨어 있는 여러분의 몸이 이 회상을 어떻게 처리하는지 알아차리라. 일어나는 반응을 따뜻하고 판단하지 않은 상태의 주의력으로 지켜보라. ⊙

제8원리: 연상과 정서

신경계가 들어오는 감각 정보를 받을 때, 경험의 의식적 자각의 이전과 의식 아래 깊은 층에서 이 감각들을 자신의 기억 저장고와 연결시켜 비교해 보고 거기에 신경을 쓸지 여부를 결정한다고 했다. 어떤 대상에 대한 우리의 정서적 경험을 나타내는 용어인 **돌봄**caring은 웰빙에 아주 기초적인 것이어서, 몸은 들어오는 사건들에 대해 우리의 통제 밖에서, 그리고 우리의 자각 아래 깊은 층에서 자동적으로 정서 처리를 시작한다. 또한 구체적인 사건을 기억할 수 있을 만큼 성숙해질 때까지 세상이 기본적으로 안전한지, 사람들은 믿을 만한지, 실험과 놀이는 해볼 만한 가치가 있는지 등에 대한 무수한 정서적 기억이 우리에게는 이미 저장되어 있다. 그리고 우리 몸은 그에 맞춰 세상에서 움직인다.

뇌는 끊임없이 연상 작용을 하며, 이로써 정서적·신체적·인지적 기억은 우리의 미래 행동을 이끌 수 있게 된다. 백일몽을 꿀 때는 이 연상의 기반을 직접 경험할 수도 있다. 할머니 집 현관이라는 시각적 기억으로 시작해, 방충망 너머에서 풍겨오는 할머니의 콜라드 그린 요리 냄새라는 후각적 기억으로 옮겨갈 수 있다. 냠냠! 그러다가 깜박하고 저녁에 먹을 시금치를 사지 않았다는 것을 기억하고, 그다음에 어젯밤 언니와 다투었던 저녁 식탁으로 간다. 윽! 어느 한 전환점에서 그 몽상은 다른 방향으로 갈 수 있다. 방충망을 통해 풍기는 냄새가 매번 잊어먹는 우리 집의 망가진 방충망을 기억나게 할 수도 있다. 연상은 느낌의 파도를 타는 경향이 있다. 이때 연상은 정서적 무의식에서 오는 또 다른 유형의 몸 신호다. 때로는 이렇게 침묵의 신호를 듣는 것이 생각으로 문제를 풀려고 할 때보다 더 고급 정보를 줄 수 있다.

지그문트 프로이트는 이 과정을 치료적 변화를 위해 활용될 수 있는 방법으로 이해한 최초의 임상가였다. 그는 이것을 **자유연상**free association이라 불렀다. 자유연상에서 그는 내담자에게 그냥 말하기 시작하고, 계속 말하며, 무엇이 올라오는지 보라고 한다. 자주 올라오는 것은 심리적 변화를 불러오기 위해 작업될 수 있는 묻혀 있던 연상들(정서적 기억들)이다. 바디풀니스를 수련할 때 우리는 느낌의 파도 위에서 연상이 일어나는 이 자연적 과정을 이용할 것이다. 우리의 행동을 조정하는 정서적 연결에 접근하는 방법으로 **신체적 자유연상** 수련을 익힐 것이다.

'emotion(정서)'이라는 단어는 문자 그대로 '나가다 to move out',

밖으로의 움직임e-motion이라는 뜻이다. 먼저, 우리는 무언가 의식하기 전에 자극을 저장한 정서 기억과 관련짓는다. 그런 뒤에 여전히 자극을 알아차리기에 앞서 반응을 준비한다. 정서는 자극에 반응해 행동을 조직하고 조형하며 가능하게 한다. 이것을 정서 처리라고 한다. 우리가 정서에 따라 행동에 옮기려 할 때에야 그것을 자각하게 된다. 만약 **수행통제**executive control 능력을 가지고 있다면 우리는 그 정서에 따라 움직일지, 혹은 그 움직임을 억제할지를 의식적으로 결정할 수 있다. 아이들은 두 살 때까지 떼쓰기가 심한데, 이는 정서에 대해 수행통제를 할 만큼 뇌가 아직 성숙하지 않았기 때문이다. 이때 양육자들이 외적 수행통제로서 기능한다. 예를 들면, "안 돼. 동생을 깨물면 안 돼" 같은 말로. 이러는 동안 아이는 훈육된 경험을 충분히 내면화해서 물고 싶은 충동에 대해 스스로의 수행통제 능력을 기른다.

정서는 우리를 아래서 위로 움직인다. 하향식 과정은 일상생활에서 우리의 정서를 조형하고 허용하고 억제하며, 정서가 적이나 친구가 되게 해준다. 바디풀니스 수련은 정서가 친구가 되게 돕는 수단으로써 이 움직임의 원리를 이용하는 것이다.

연상과 정서를 위한 수련

사실 우리는 이미 이 원리로 작업하고 있다. 그러니 어떻게 그것을 확장할 수 있는지 보자. 요령은 설명 대신 연상을 찾는 것이다. 약간 고통스러운 기억으로 시작하라. 시간을 갖고 그 사건을 묘사하듯이 상세하게 기억하라. 그렇게 하면서 여러분의 직접 경험에 무엇이 떠오르는지 알아차리라. 다섯 살 때 농장에 여행 갔던 것을 기억할 때 여러분 형제의 이미지가 떠오르는가? 몇 주 전 길을 건널 때 차에 치일 뻔했던 일을 기억할 때 복부에서 초조한 느낌이 일어나고 있는 것이 느껴지는가? 연상은 흔히 감각과 연결되어 있어서 소리, 이미지, 냄새, 긴장, 관련 기억, 또는 감정으로 떠오른다. 연상은 여러분이 기억하고 있는 것과 반드시 연결되지 않는 것처럼 보일 수도 있다. 범주화하거나 의미를 찾으려 하지 말고 그냥 연상이 떠오르게 하자. 감각, 각성의 변화, 또는 작은 움직임처럼 몸에서 떠오르는 연상들에 대해 세심한 주의를 기울이라. 연상을 환영하라.

이제 약간 유쾌한 기억으로 전환해 같은 실습을 수련하라. 이 실습은 고통에 대해서 작업하는 것만큼 중요할 수 있다. 우리 중 많은 이들이 긍정적인 경험을 두려워하며 제한하는 것을 배워왔기 때문이다. ⊙

원리의 종합

이 여덟 가지 요소는 바디풀니스를 다스리는 수칙으로 간주될 수 있다. 각 요소는 있는 그대로의 몸이 세계에서 어떻게 스스로를 구조화하고 기능하는지를 관조하는 데서 나온다. 언젠가는 반드시 죽을 수밖에 없는 한계뿐만 아니라 변화할 수 있는 자유를 가진 몸은 우리에게 어떻게 바디풀니스의 상태로 살 수 있는지

가르쳐준다. 진동, 균형, 피드백 순환 과정, 에너지 보존, 단련, 변화와 도전, 대비와 새로움, 연상과 정서에 관여함으로써 바디풀니스 수련을 위한 기초가 다져진다.

여덟 가지 원리는 모두 '움직임movement'을 통일된 주제로서 공유한다. 진동은 우리의 근거지home base를 찾고자 연속체를 따르는 움직임을 수반하고, 그 근거지가 변할 수 있다는 것까지 알려준다. 균형은 고요함이 미시적 차원에서는 절묘하게 균형을 이루는 노력을 요구함을 보여준다. 피드백 순환 과정에서 우리는 행위 중인 몸 안에서 생각과 감각의 움직임을 통합함으로써 균형을 유지한다. 에너지 보존에서 우리는 제한된 에너지 자원에 대한 관점으로 능숙함과 효율성을 위해 우리의 자원을 어떻게 사용할 수 있는지를 고려한다. 우리는 가벼운 스트레칭, 때맞은 낮잠이나 상쾌한 산책 같은 단련된 움직임을 이해하고 수련함으로써 능숙함과 효율을 이룰 수 있다. 변화를 원하거나 변화가 필요할 때 이것은 안전영역 밖으로 움직이는 것을 의미한다. 거기서 스스로를 깨우기 위해, 그리고 새로운 노력으로 향하는 길잡이로서 그 변화의 새로움을 이용할 수 있다. 마지막으로 우리는 정서 및 연상과 함께 올라오는 자연스러운 움직임을 복잡한 세상 속으로 항해하는 데 필요한 에너지와 동기에 접근하는 수단으로 활용할 수 있다.

다음 장에서는 문자 그대로의 몸의 본질과 그것이 암시할 수 있는 유용한 은유 사이를 계속 오갈 것이다. 이렇게 몸은 우리의 두려움을 줄일 뿐만 아니라 웰빙을 촉진하며 바디풀니스의 삶을 살게 하는 방식으로, 우리의 개인적·집단적 정체성의 중심임을 드러낸다.

◎ 어떤 결정, 특히 작은 결정을 내리려고 하는 시점에, 결정에 앞서 잠깐 몸의 감각을 확인해 보라. 예컨대, 만약 여러분이 친구 집에 좀 더 오래 머무르는 것과 집에 가는 것 사이에서 선택을 하려고 한다면 잠깐 시간을 내어 내면에서 일어나는 작은 소리에 귀 기울여 보라. 여러분이 알아차린 감각들이, 이를테면 지금 집으로 가는 것을 상상할 때 장이 조여지는 감각이 의사 결정을 도와줄 강한 신호처럼 느껴질 수도 있고, 또는 그냥 우연한 내적 경험처럼 느껴질 수도 있다. 초능력자같이 가려운 팔을 유별난 것으로 해석하려고 하지 말라. 그냥 의사 결정을 하기 전과 그 과정 동안에 여러분의 몸에 귀를 기울이는 데 익숙해지자. 더 많이 들을수록 여러분의 몸이 어떻게 여러분의 선택과 '함께 움직일지'에 대해 더 많이 배울 것이다. 이는 권위를 갖는 몸의 지식과 정서 지능을 길러줄 것이다.

◎ **5~10분간의 수련**. 편안하게 앉으라. 몇 분간 여러분 몸 안에서 바깥으로 주의를 의도적으로 왔다 갔다 해보라. 주의가 안으로 갈 때 다양한 감각을 그냥 알아차리라. 그 감각이 유쾌하든 중립적이든 고통스럽든 시끄럽든 조용하든 상관없다. 준비가 되었다고 느껴질 때 주의를 바깥으로 보내 주변 환경을 시각적으로 알아차리라. 방 안이나 바깥에 있는 다양한 대상에 편안하게 시선을 두라. 무엇에 주의를 기울이는지는 중요하지 않다. 이 수련은 안과 밖으로 움직이는 주의력의 흐름을 알아차리기 위함이다. 시간을 50 대 50으로 나눌 필요는 없다. 주의력을 안팎으로 왔다 갔다 하는 것이

어떤지 그저 알아차리라. 선호하는 것이나 반응이 떠오르면 그냥 알아차리라. 주의를 안에 두는 것과 밖에 두는 것 중 어느 것이 더 좋은가? 어느 상태가 더 안전하게 느껴지나? 더 익숙한가? 이런 주의력의 패턴을 그냥 알아차리라.

◎ 다음 며칠간 어떤 것이 여러분의 주의를 끌 때 잠시 하던 것을 멈추고 몸 안에서 일어나는 것에 주의를 기울이라. 여기에 압력, 저기에 찌릿찌릿함, 바로 거기에 작은 쑤심 등 가능한 한 몸이 지속적으로 만들어내고 있는 미묘한 신호를 느끼라. 잠시 이런 신호를 알아차리고, 그것에 대해 생각하기를 삼가라. 감각을 해석하려 하지 말고 좋고 싫음의 판단을 멈춘 채, 그저 그 감각을 듣고 그 결과로 일어나는 연상을 알아차리라. 어떤 곳은 감각이 몰려 있는 반면, 어떤 곳은 거의 아무 일도 일어나지 않는 사막 같음을 알아차릴지도 모른다. 우리 몸의 어떤 부분에는 다른 부분보다 감각신경세포가 더 많이 분포되어 있다. 우리는 시간이 가면서 어떤 부분은 무시하고 어떤 부분은 풍부하게 자신을 훈련시킬 수 있다(신경가소성). 아마 그렇게 하라는 말을 들어서거나, 악기 연주를 배우는 것과 같이 의식적인 연습, 쾌락을 강화하거나 고통을 피하려는 노력의 결과로 그럴 법도 하다. 그러나 지금은 아무런 판단이나 설명도 하지 말고 모든 감각에 골고루 주의를 기울이라. 이것은 여러분의 신체 자각 습관에서 벗어나 몸의 어떤 부분을 무시하거나 어떤 부분에 집착하게 만드는 오랜 습관에서 벗어나도록 도울 것이다.

◎ 이 연습은 우리 몸에 대해 해석과 판단이 만들어내는 경향성, 바디풀니스를 방해하는 행위를 밀어낸다. 낮 동안 여러분이 여러

분의 몸이나 다른 사람의 몸을 (소리를 내서, 또는 머릿속으로) 비평하는 경우를 알아차릴 수 있는지 보라. 비평가가 될 때 우리는 자신 또는 타인을 향해 엄지를 치켜세우거나 내린다. 따라서 몸을 비평하는 것은 그것에 대한 선호를 판단하는 것이다. 여기서는 여러분의 몸을 사랑하고 돌보는 것과 몸을 일종의 대상으로 평가하는 것 사이의 차이를 식별하는 방법을 배운다. 그 차이는 이렇게 들릴 수 있다. "나는 오늘 기분이 좋아." 또는 "나는 오늘 내 모습이 마음에 들어." 아니면 "내 엉덩이는 너무 커." 또는 "내 몸매는 그녀보다 나아." 이런 비평을 그저 알아차리라. 당장 그것을 바꾸려 하지 말고, 비평의 빈도, 유형, 연상되는 느낌을 알아차리라. 비평의 세부 사항을 그저 관찰하라. 여러분은 마음속으로 "나는 지금 나/타인의 몸을 비평하고 있다는 것을 알아차린다"라고 말하고 싶을지도 모른다. ◉

2장   바디풀니스의 해부학

아는 것은 힘이다. 이 장의 목표
는 의미 있는 방식으로 우리 몸에 대한 학습을 돕는 것이다. 단순
히 신체부위의 명칭과 기능을 외우기보다는 몸의 지혜와 가르침
을 스스로 준비하기 위한 바디풀니스 프로젝트로써 우리 자신을
기억할 수 있다. 이렇게 있는 문자 그대로의 형태를 살펴보는 것
은 하나의 틀을 공부하는 것과 같을 수 있고, 바디풀니스 수련에
활기를 불어넣어 준다. 이 앎은 우리가 세포에서 시작해 전체 유
기체까지 몸을 구성하는 조직의 다양한 차원을 보면서 시작된다.
각각의 차원에서 상호의존성, 중도, 진동, 교류, 투과성과 같은 관
조적 개념이 가시화될 것이다. 우리는 몸을 아는 다양한 방식을
인식하는 수단으로서 문자 그대로의 방식과 은유적인 방식 사이
를 다시금 오갈 것이다. 또한 문화와 혈통에 의해 우리에게 전해
내려오는 은유 사이를 오갈 뿐만 아니라 현재 순간에 대해 몸으

로 작업하면서 자연스럽게 떠오르는 은유적인 연상도 알아차릴 것이다.

세포

우리의 첫 번째 바디풀니스는 생명의 최소 단위인 세포에 관한 것이다.

처음으로는 '**나는 커서 무엇이든 될 수 있다**'라는 놀라운 가능성 꾸러미인 줄기세포가 있다. 이렇게 기본적이며 미분화된 세포들이 몸에서 개개의 특정 세포를 생성해 결국 전체 유기체를 이룬다는 사실에서 **줄기**stem라는 용어가 나왔다. 달리 말하자면, 우리는 인간 형태의 가능성을 가지고 있지만 아직 표현되지는 않은 하나로 결합되어 분화되지 않은 존재로서 시작된다. 생물학에서는 이런 원세포를 몸에서 어떤 것이든 될 수 있다고 하여 **전능세포**totipotent cell라고 부른다.

수정 후 몇 차례의 세포 분열 과정 다음에 분화에 전능한 태아 줄기세포들은 새로운 2세대 줄기세포들을 만들 뿐만 아니라 근육, 뼈, 신경 등 특정한 유형의 세포들까지 복제하며 무기한으로 자기 재생을 하면서 몸 전체의 창조 과정을 시작한다. 이 2세대 줄기세포는 모든 것이 아니라 많은 것이 될 수 있다는 뜻에서 만능세포pluripotent cell라고 하는데, 이는 일생 동안 우리 몸, 주로 골수와 장기 안에 깊숙이 모여 세포 차원에서 몸을 보수하고 재생하는 작업을 한다. 이 2세대 줄기세포들은 특화될수록 더 한계를 가지게 된다. 예컨대, 내장에 있는 줄기세포는 내장 내벽만 더 만들어낼 수 있다.

후기 분열에서 생성된 단연 많은 수의 세포인 체세포somatic cell (그리스어로 **소마**soma는 몸을 뜻한다)는 시초부터 혈액, 심장, 손톱처럼 한 유형의 세포로 결정되어 특정한 것이 된다. 체세포는 특정한 정체성 때문에 닳고 아프고 죽고, 결국 우리 한 개인의 죽음을 불러올 것이다. 줄기세포와 달리 체세포는 죽고 지속적으로 대체되도록 설계되어 있다. 어떤 세포는 다른 세포보다 이 과정이 더 빨리 이루어진다. 예컨대, 피부세포는 빨리 닳아서 대략 30일마다 재생되는 반면, 어떤 골세포는 그 과정에 수년이 걸리기도 한다. 세포 차원에서 우리의 죽음은 보통 체세포의 죽음이 세포의 탄생을 능가하는 과정이다(뇌에서 아주 흔히 일어난다). 은유적으로 줄기세포가 에덴동산에 사는 것과 같다면, 체세포는 에덴동산에서 지상의 삶과 죽음을 향해 나아가는 것으로 비유된다.

줄기세포와 체세포에는 관조적 은유가 풍부하다. 우리가 처음에 미분화되고 '전능한' 상태로 시작된다는 사실을 배울 때, 우리 정체성의 본질에 대해서 무엇을 알 수 있을까? 또 그런 전능한 상태가 각각의 특징을 가질 만큼 다르면서도 상호의존성을 갖는 많은 요소로 분화된다는 기약이 있다면 우리는 도대체 어떤 존재란 말인가? 그 가능성이 실행되고 우리가 눈과 팔과 귀를 가진 특정한 누군가가 될 때 개인적 정체성과 함께 죽음에 갇히게 된다. 이렇게 우리가 자아이며 무아라는 불교 개념을 처음 이해할 수 있는 곳이 바로 세포다. 우리는 모든 것(또는 아무것도 아님)인 동시에 특정한 어떤 것이다. 우리가 죽을 때 체세포와 줄기세포는 소멸하지만, 줄기세포 중 일부는 생식세포(정자 또는 난자)를 만든다. 또 그 일부는 다른 사람의 줄기세포와 '짝을 지어' 또 하나의 몸을 창조하는 전능세포를 생산함으로써 그 자체가 줄기세포와 체세포를 함유하고 만들게 되는 것이다. 죽을 수밖에 없는 우리의 수많은 체세포 덕분에 우리 다수는 우리의 줄기세포를 다른 사람의 줄기세포와 섞일 수 있는 장소를 만나게 된다. 체세포는 또한 일생 동안 우리의 전능세포/자아들과 만능세포/자아들을 상호의존적으로 보살피고 양육했을 것이다. 생명은 계속된다. 세포는 계속된다. 죽지 않는 세포는 죽는 세포의 지지 덕분에 생명을 유지할 수 있고, 그 반대도 마찬가지다.

우리의 줄기세포와 체세포가 아이를 만들어내려고 협력하든 안 하든 상관없이 우리 몸은 전능성과 만능성을 가지고 있지만, 잠재력potency에 한계도 있다. 우리는 당연히 아프고 죽고, 그럴 수밖에 없다는 이유로 몸을 비난하고 두려워할지 모른다. 이 특정한 '몸적 자아somatic self'는 우리의 전능한 세포와 자아를 품고 돌보는 유일한 수단이다. 이런 의미에서 필멸의 몸은 덜 제한된 신체적 자아를 품고 표현하는 수단이다. 어떻게 우리 잠재력의 모든 차원을 체화하고 표현하는 방식으로 **지금**의 삶을 사느냐 하는 것은, 어쩌면 우리가 깨달음이나 자기실현 또는 능숙함의 상태라고 부르는 것을 이해하는 방식에 대한 물리적 기초가 될지 모른다.

줄기세포든 체세포든 어떤 세포의 구조를 가만히 들여다보면 바디풀니스의 은유를 더욱더 발견하게 된다. 모든 세포는 세포막이라 부르는 세포벽으로 둘러싸여 있는데, 이는 그 안에 있는 중요한 것을 에워싸고 보호한다. 세포벽은 쉽게 서로 영향을 주고 세포대사가 일어나도록 그 바로 옆에 내부 구성성분을 유지함으로써 세포의 완전성을 보장한다. 효소, 단백질, 호르몬 등을 사용하는 대사 과정의 결과가 전체 유기체의 지속성을 보장해 줄 것이다.

세포막은 두 가지 상반되는 것처럼 보이는 기능을 수행한다. 세포막은 필요한 것을 안에, 필요 없는 것을 밖에 유지해야 한다. 동시에 외부의 필요한 것을 안으로 들어오게 하고, 내부의 필요 없는 것을 내보내야 한다. 예컨대, 모든 세포는 자신의 대사 폐기물을 버리고 세포막 너머로 분산시켜서 혈류를 통해 흘러가도록 해야 한다. 만약 세포가 이 작업에 실패하면 자가 중독으로 죽을 것이다. 또한 세포는 외부의 산소와 포도당을 비롯해 세포 연료로 사용될 다른 맛있는 것들을 흡수해야 한다. 그렇지 않으면 세포는 굶어 죽을 것이다. 이런 이유로 세포막은 반투과성임이 확인되며, 그 반투과성은 경계를 통해 교류하는 것을 가능하게, 그리고 꼭 필요하게 한다.

몸의 가장 근본적인 구성요소인 세포는 가장 강력한 관조적 은유들 중 하나를 담고 있다. 바로 반투과성이 그것이다. **선택적 투과성**이라고도 부를 수 있다. 우리 생명체의 핵심적인 본질은 주고받음, 분별력, 교류라는 신체적 토대 위에 세워져 있다. 우리는 경계가 있지만 막혀 있는 것은 아니다. 보다 서정적인 방식으로 표현하자면, 세포는 자아와 무아 사이의 어떤 경계도 가지고 있지 않다. 우리는 스스로를 붙들고 있으면서도 주변에 있는 것과의 관계 속으로 선별적으로 자아를 놓아둔다. 자아를 붙들고 있음으로써 [나라는] 유기체 전체의 지속 가능성에 기여하는 일을 할 수 있다. 또한 외부와 교류함으로써 우리 공동체의 웰빙에 기여할 수도 있다.

생물학자들은 호흡의 은유를 사용해 이 과정을 설명한다. 그들은 필요한 자원을 섭취하고 더 이상 필요 없는 것을 내보내는 이 과정을 세포 호흡이라고 한다. 틱낫한과 같은 불교 스승은 이것을 **상호존재**interbeing라고 부른다. 몸의 각 세포는 다른 모든 세포들과 그 세포들이 헤엄치고 있는 체액과 **어울려 존재**한다. 세포의 반투과성이 관계, 상호의존성, 상호연관성을 이해하는 틀로 기능할 수 있다. 우리는 이런 개념들이 존재의 본질을 포착하는 우리의 정신 능력에서 온다고 추정할지도 모르지만, 이런 원리들은 매순간 신체적인 형태로 매우 실제적으로 구현된다. 바디풀니스 상태가 되면서 우리는 더욱더 즉각적으로 유용한 차원에서 이 상호존재를 경험하기 시작할 수 있다.

받아들이기와 내보내기 수련

서거나 앉거나 누워서 편안한 자세를 취하라. 몇 분간 몸을 점검하고, 감각에 귀를 기울인 채 감각을 그저 경험하도록 내버려 두라. 지금 상태 그대로 여러분의 몸에 알맞다고 느껴지는 작거나 간단한 움직임이 있는지 보라. 준비가 되면 자기 자신에게 "받아들이기"라고 몇 번 말해보라. 그리고 여러분 몸에서 무엇이 일어나는지 그저 알아차리라. 이 말을 할 때 어떤 이미지, 소리, 기억, 감정이 떠오르나? 여러분은 이 말과 관련해 어떤 역사를 가지고 있나? 지금 여러분은 공기, 빛, 소리를 받아들이는 여러분의 몸을 어떻게 경험하고 있나? 그다음에는 자기 자신에게 "내보내기"라고 몇 번 말해 보라. 특히 이 말에 여러분의 몸이 어떻게 반응하는지, 그리고 어떤 연상이 떠오르는지 알아차리라.

준비가 되었다고 느껴질 때 "밖에 두기", "안에 두기"라는 말과 함께, 여러분에게 떠오르는 투과성(또는 그것을 방해하는 것)에 대한 다른 은유로 이 과정을 반복해 보라. 여러분의 몸으로 다시 돌아와 감각을 점검하고 작고 단순한 움직임으로 감각에 반응하며 실습을 마무리하라. 여러분이 경험했던 것과 떠오른 연상들을 간략하게 기술해 보기 바란다. ⊙

조직

우리 몸에서 통틀어 '매트릭스'를 이루는 세포 무리와 세포 주변의 유동체는 비슷한 것끼리 붙어 다니게 하는 방식으로 특화되어 가족처럼 집단으로 더 효율적으로 작동한다. 이때 그들은 특정한 기능을 수행할 수 있고, **조직** tissue이라는 이름을 얻는다.

몸에는 네 가지 기본 조직 유형이 있다. 상피조직, 결합조직, 근육조직, 신경조직이 그것이다. 상피조직은 몸 표면을 감싸고(피부를 생각하라), 체강 내부 막을 형성하며, 유분과 땀, 효소, 호르몬을 분비하는 선glands을 형성한다. 몸에서 가장 풍부한 조직인 결합조직은 기관들을 묶어서 몸을 보호하고 지지한다(뼈, 근막, 인대, 힘줄을 생각하라). 근육조직(심장, 내장, 이두박근 등)은 수축하고 늘어나 움직임을 가능하게 해준다. 신경조직은 효과적인 행위들의 교향곡으로 신체 활동을 조정하는 전기화학적 자극을 일으키고 전달한다(신경을 생각하라).

인체의 조직을 연구할 때 우리는 조직이 떠맡는 수많은 활동을 열거하면서 시작할 수 있다. 조직은 덮고, 주름을 만들고, 분비하고, 묶고, 거르고, 보호하고, 지지하고, 움직이고, 조정한다. 무언가 분비하는 기능을 하는 조직을 선腺(샘)이라 부른다(갑상선과 땀샘을 생각하라). 이 모든 선의 활동은 다 함께 몸이 **항상성**을 유지하게 해준다. 항상성은 미리 정해진 최적의 설정점 주위를 맴돌며 가장 기본적인 수준에서 균형을 유지해야 하는 우리의 필요와 관련된다. 인체는 섭씨 37도의 체온을 '원한다'. 혈액은 산염기 평형(pH 지수)이 약 7.40(7.0은 pH 중성으로 물과 같다) 주변에 유지되기를 원한다. 혈당은 통상 100밀리리터당 90밀리그램을 차지한다. 몸은 산소와 이산화탄소 간의 정확한 비율을 필요로 하는데, 이것은 각성과 활동 수준에 따라 순간순간 차이를 보이며 평형을 유지한다. 스트레스의 주된 생물학적 정의는 체온이 오르거나 혈당이 떨어지는 것처럼 내적인 항상성이 틀어지게 만드는 현상이다. 몸의 조직은 스트레스 요인이 생물학적 평형 상태를 압도해 우리가 아프지 않도록 끊임없이 작동한다. 그것은 항상성을 확립하고 유지한다. 이런 의미에서 항상성은 우리가 평정과 매 순간 은유적 평형을 경험하기 위한 기제일지 모른다.

최근 들어 과학은 항상성이라는 단어가 부정확한 명칭일지 모른다는 사실을 인식하기 시작했다. **항상성**homeostasis이라는 단어는 homeo(같은)와 stasis(가만히 서 있는)에서 유래했다. 조직들은 가만히 있는 것이 아니라, 한 다리로 서 있는 동안 우리 몸이 미세하게 균형을 조정하듯이, 범위가 아주 작을지라도 끊임없이 범위들 사이를 앞뒤로 진동하며 능동적 관여 상태에 있다. 사실, 연구자들은 이제 건강을 몸의 조직이 균형을 유지하기 위해 앞뒤로 진동하며 끊임없이 능동적으로 이동하는 데 얼마나 능숙한가라는 기능으로 생각하기 시작했다. 예컨대, 의료 연구자들은 이제 심장 건강에 대해서도 가장 영향력 있는 지표 중 하나로 심박변이도HRV, 곧 뛰는 심장이 변화하는 환경에 따라 민감하게 속도를 올리고 낮출 수 있는 능력을 본다. 우리가 균형에서 벗어나는 것을 피하려는 것이 아니라(왜냐하면 우리는 그렇게 변화하기 때문에) 균형으로 돌아오는 것에 능숙하기를 원하는 것이다. 이것을 보면 심리치료자 셸던 콥Sheldon Kopp에 의해 널리 알려진 관조적 가르침이 떠오른다. 콥은 그의 고전적인 책 『하나로 돌아오다Back to One』에서 숫자 세기 명상 기술을 배우고 있는 젊은 수도승들에 관해 이야기한다. 하나, 둘, 셋, 넷… 숫자를 세다가 생각이 마음을 방해하면 1부터 다시 시작해야 하는 것이다. 수도승 몇 명이 열둘, 혹은 심지어 스물까지 셀 수 있다고 서로 자랑한다. 뒤에 있던 한 조용한 수도승이 머리를 흔들며 자기는 넷 위로는 거의 못 가고 늘 하나로 돌아와야 한다고 말한다. 무리가 모르는 사이에 스승이 듣고 있다가 그 조용한 수도승에게 다가가 어깨에 손을 올리고 그 수행을 깊이 이해하는 것은 반복적으로 **하나로 돌아갈** 수 있는 그 수도승이라고 알려준다. 신진대사상으로 하나로 돌아가는 것은 집으로 오는 것과 다소 유사하다. 집을 떠나는 것과 돌아오는 것 둘 다 가치가 있다.

몸의 조직 측면에서 보면, 건강은 정지된 것이 아니며 오히려 변화에 적응하면서 대사 작용이 이루어지는 것과 같이 한 다리로 서 있는 운동 능력에 가깝다. 더 중요한 것은 건강은 움직이는 바닥 위에 서 있는 자세로 반복해서 돌아올 수 있는 능력과 관련이 있다는 점이다. 이런 사실을 알게 되면서 사람들은 이제 **생체적 응**allostasis이라는 용어를 사용하고 있다. 그 용어는 우리가 변화의 과정을 통해 안정성을 유지할 수 있다는 생각을 중심에 두고 있다. 여기서 다시 우리는 변화와 진동을 바디풀니스 이해의 기반으로 경험한다.

얼마나 많은 변화가 건강한 것이고, 얼마만큼이 지나친 것인가? 우리 몸은 균형을 유지하기 위해 얼마만큼 변할지 지속적으로 협상하고 있다. 연구자들은 신체 운동이 근육 발달과 건강에 중요한 것처럼, 스트레스 중 '긍정적 스트레스eustress'는 조직을 운동시켜 활동적이고 강하게 유지해 주기 때문에 건강에 매우 중요하다는 것을 발견하기 시작했다. 그런데 만약 스트레스가 너무 크거나 심지어 더 나빠지거나 너무 오래 지속되면 '부정적 스트레스distress'가 문제를 일으킬 수 있다.

변화는 건강에 필수적이지만, 거기에는 대가가 따른다. 변화가 너무 갑작스럽거나 강렬하거나 만성적이라면 더욱 그렇다. 반면에 만약 대부분 시간 동안 신체적으로 편안해서 우리의 조직이 충분히 운동이 되지 않으면 균형을 회복할 수 있는 능력을 잃을 수 있다는 증거가 많이 나오고 있다. 이런 의미에서 균형은 보통의 일상적인 스트레스 요인을 사용해 우리의 조직을 운동시키고 세포의 잠재력을 최적화함으로써 스스로에게 도전하는 것뿐만 아니라 그런 식으로 사용될 수 없는 스트레스를 최소화하려고 시도하는 작업을 포함한다.

문자 그대로, 그리고 은유적으로, 우리에게 큰 변화가 요구될 때 그것에 준비가 되도록 우리 몸, 우리 존재는 끊임없이 조금씩 변화하는 능력을 연습하게 되어 있다. 이 장의 다음 부분에서는 '많은 것'에 대처할 수 있기 위해 '적은 것'에 관여한다는 이 개념이 기반으로 소개될 것이다.

연구에 따르면, 관조나 정좌 명상 또는 움직임 명상은 과도한 스트레스에 일종의 예방주사를 놓아준다. 우리는 다음 장들에서 호흡과 의식적인 움직임과 연결되는 감각 자각같이 까다로운 바디풀니스 수련으로 들어가 그러한 수련이 스트레스에 찌드는 상태를 예방하고 더 빨리 회복시킬 수 있는지 볼 것이다.

신체의 조직 차원을 떠나기 전에 한 가지 더, 염증이라는 생리적 과정에 대해 철저한 검토가 필요하다. 염증은 몸이 어떤 종류의 상처나 병원균이 존재한다는 것을 감지할 때 생긴다. 염증은 어떤 영역에 독소나 박테리아가 국소적으로 들어 있을 때 면역세포가 독소나 박테리아를 더 쉽게 무력화해 몸 전체로 퍼지지 않게 함으로써 우리를 보호하고 방어하며 생체적응 상태로 되돌려준다. 염증은 상처가 난 곳의 혈관을 팽창시키고 박테리아를 죽이는 세포를 유출해 상처를 낫게 한다. 이런 활동은 열, 홍반, 부종, 때로는 통증을 일으킬 수 있다. 부종은 상처나 병원균이 가능한 한 작은 영역에 고립되게 해준다.

상처를 치유하고 상처가 퍼지지 않도록 상처를 고립시키는 전략은 몸과 행동 전체에 반향을 일으킨다. 예컨대, 심리학자들은 우리가 위협적인 감정에 대해 '벽을 세워 차단하고' 두렵거나 모순되는 생각과 기억을 무의식 속으로 밀어 넣는다는 것을 오래전부터 알고 있었다. 만약 우리가 지속적으로 감정을 유독한 것으로 경험하고 분리하려고 한다면 우리 몸은 마치 자가면역질환을 앓는 것처럼 반응할 것이다. 마치 어떤 감정이 독인 것처럼 계속 감정을 공격하며 자기 자신을 공격하는 것이다.

심리치료에서 이런 만성적 구획화compartmentalization는 **방어**라는 이름으로 진행되는데, 여기서 우리는 오래 분리된 상처가 활성화될 때 두려움에 차서 공격적으로 반응한다. 관조 전통에서는 흔히 이것을 우리의 자아ego라 하는데, 자아는 분명히 염증을 일으킬 수 있다. 만약 우리가 원래 상처에 의해 만들어진 패턴을 다룰 자원을 찾지 않으면 느낌과 생각은 고립되고 붓고 고통스러운 채로 남는다. 안전한 환경에서 자아/염증을 이완함으로써 염증을 가라앉히며 오래된 상처를 부드럽고 용감하게 점검하는 것이 심리치료와 관조적 수련의 과업이다. 감지된 독소를 고립시키는 것은 임시적으로 유용할 수도 있고 고통스러울 수도 있다. 만약 이런 행위가 만성적이면 염증도 그렇다. 이제 만성적인 염증은 모든 질병과 질환 조건은 아닐지라도 자가면역질환, 알레르기, 일부 심장질환, 그리고 심지어 일부 암 등 많은 질병의 뿌리에 있는 것으로 간주된다. 만성 염증의 은유는 신체조직뿐만 아니라 생각과 느낌에도 해당할 수 있다. 바디풀니스 프로젝트는 우리가 균형으로 돌아오는 데 감정과 생각을 사용할 수 있게 하는 방식으로 감각을 추적하고, 호흡하고, 움직이고, 타인과 관계 맺기를 의식적으로 하는 작업이다. 이 책의 장들이 이어지는 동안 우리는 이 과정으로 다시 돌아오고, 바디풀니스라는 수단을 통해서 치유를 위해 우리의 자원을 어떻게 향상시킬지 연구할 것이다.

균형 잡기 수련

실험을 하며 조금 즐겨보자. 편안하게 설 수 있으면 서보라. 앞뒤로, 양옆으로 왔다 갔다 하며, 그리고 뒤꿈치를 들었다 내렸다 하며 무게를 옮기는 것으로 시작해 보라. 왔다 갔다 하는 어떤 지점에서 균형 잡기가 어려운지를 알아차리라. 여러분 몸의 자연스러운 비대칭이 그대로 존재하게 하라. 예컨대, 오른쪽보다 왼쪽이 더 빨리 불안정해진다고 해서 왼쪽이 잘못되었다고 생각할 필요는 없다. 가능하면 왔다 갔다 하는 움직임을 즐겁게 하라. 넘어지기 전에 균형 잡기를 최대한 즐겨보자.

실험을 계속하고 싶다면 잠시 한 발로 서 있는 놀이를 해보자. 하나, 둘, 셋, 넷… 수도승들이 숫자를 셀 때처럼 목적은 한 다리로 오래 서 있는 것이 아니라 다시 한 다리를 들어올리기 시작할 때 여러분의 몸을 알아차리는 것이다. 여러분이 한 다리로 서 있기 위해 무슨 근육이 활성화되는 것 같은가? 이 근육들에 자각을 집중하며 주의로 근육을 지지할 때 무슨 일이 일어나는가? 균형 잡기 놀이를 할 때 무슨 이미지, 기억, 소리, 또는 느낌이 떠오르나? 다리를 바꾸고, 둘 사이의 작거나 큰 차이를 알아차리라. 한쪽 다리는 안정적인데, 반대쪽 다리는 움직이고 있다. 안정성과 가동성은 여러분이 작업할 수 있는 아주 중요한 신체 은유다. 한쪽 다리로 서

2장 바디풀니스의 해부학

있는 것을 마치면 **균형**, **안정성**, **가동성**이라는 말에 주의를 기울일 때 떠오르는 말이나 이미지를 기록해 보라. ⊙

기관

세포 무리들이 함께 뭉쳐 조직을 형성하는 것처럼 다양한 조직 무리들도 합쳐서 분명한 모양과 형태를 취하고 특정한 기능을 수행한다. 이럴 때 구성조직을 **기관**이라 부른다. 예컨대, 피부는 조직일 뿐만 아니라 가장 큰 기관이기도 하다. 피부 안에는 털, 손톱, 신경, 정맥과 동맥, 지방조직, 피지선, 표피, 진피, 탄력섬유가 있다. 피부는 모든 기관처럼 많은 기능을 수행하며, 우리의 생존에 핵심적이다. 피부는 체온을 조절하며 피부 아래에 있는 조직을 타박상, 박테리아, 해로운 광선으로부터 보호해 주고 메마르지 않게 해준다. 피부는 또한 비타민D와 같은 필수 성분을 저장하고 합성한다. 뇌도 기관으로 간주되며 신경계를 위한 거대한 연결망(연결의 중심점)으로 생각될 수 있다. 일반적으로 심장, 간, 폐, 위 등 나머지 기관은 몸통에 모여 있다. 바디풀니스 프로젝트의 일환으로 다양한 기관의 위치와 기능을 배우는 것을 고려해 보라(부록 A).

기관은 함께 살고 수행하는 다른 세포, 조직, 선腺들의 집합인 만큼, 비유적으로 절, 교회, 사원, 모스크와 같은 지역 공동체로 볼 수 있다. 이러한 조직의 상위 차원은 몸이 소화, 호흡, 심장의 혈액 분출처럼 소통을 위해 느리게 순환하는 유동체와 빠른 전자기파를 모두 사용하는 좀 더 복잡한 몸 전체의, 몸적 과정이 필요할 때 발생한다. 기관에 근거한 관조적 은유는 멀고 먼 곳에서 자원을 모으고 조정하고 다른 특화된 구조에 대한 특별한 지식과 기술을 신뢰하는 몸의 필요와 연관된다. 그런 필요 안에서 모종의 다양하고 복잡한 공동체 정체성을 발달시킬 요구가 일어난다. 나중에 기관을 다시 살펴보고, 기관이 우리에게 공동체에 대해, 공동의 목적을 위해 어떻게 함께 일하고 수행할지에 대해서 가르쳐줄 수 있는 것이 무엇인지 들여다볼 것이다.

계통

우리가 전체 유기체가 되기 전 구성조직의 마지막 수준은 계통이다. 짐작하겠지만 계통은 공통된 기능을 가진 기관의 조합이다. 계통은 소화계, 신경계, 근육계, 골격계, 내분비계(뇌하수체, 췌장, 갑상선처럼 모든 종류의 다양한 분비선을 생각하라), 심혈관계, 림프계, 피부계(피부는 계통이기도 하다), 호흡기계, 비뇨기계, 생식기계가 있다. 부록 B에 각 신체계통의 작업이 나열되어 있다.

신체의 계통 차원에서는 대단히 중요한 바디풀니스 원리들이 더 선명하게 다루어지기 시작할 수 있다. 첫 번째 원리인 진동은 신체의 생리가 중도라는 개념의 청사진을 창조하는 방식일 것이다. 인간의 신체계통은 확장과 수축 사이를 왔다 갔다 하는 경향이 있다. 심장은 펌프질한다. 심장이 확장될 때 혈액이 쏟아져 들어오고, 수축할 때 혈액이 나간다. 근육은 수축하고 늘어난다. 폐는 공기로 팽창하고 공기가 빠져 오므라든다. 위와 장은 팽창하고 수축하며(연동운동) 음식을 영양소로 처리하고 노폐물을 제거한다. 일부 기관은 항상성을 조절하는 화학물질을 짜낸다. 앞서 언급한 것처럼 뇌파는 일종의 진동으로 교향곡의 지휘자처럼 기능하는 전자기의 전후 변조다. 신체계통은 사회체계의 기능을 반영할 수 있다. 복잡성이 계속 발달함에 따라 또 하나의 광범위하게 특화된 협응층이 진화한다. 그 협응은 다양한 진동의 형태를 띤다.

기본적으로 우리의 신체계통은 세포에서 계통 수준까지 다 동기화된 방식으로 맥동한다. 생명은 하나의 연속체를 따라 수축하고 확장하며, 그 연속체에는 두 개의 종점(극단)과 한 개의 중간 지점이 있다. 우리는 확장과 수축의 양 극단 사이에서 움직이며, 중간 어딘가에서 대부분의 시간을 보낸다. 이것이 우리가 수많은 도표에서 보는 그 유명한 종 모양 곡선이 나오는 곳이다. 그 종 모양은 극단에 머무는 것은 극히 희귀하고 중심을 지나는 시간이 많은 존재 상태를 나타낸다. 양극단의 사이와 중간에 있거나 정지해 있는 것처럼 중간 지점은 정상적으로 느껴지는 경향이 있다. 그러나 몸에서의 건강은 멈춰 있거나 중간에서 시간을 보내는 것이 아니다. 왜냐하면 건강은 중간에 매달려 규칙적으로 흔들리고 있기 때문이다.

골격계통을 살펴볼 때, 안정성과 가동성이라는 주제가 다시 계통 차원에 들어간다. 부분적으로 뼈는 뼈에 붙은 근육의 수축과 확장을 통해 움직이는 지렛대로 기능한다. 모든 종류의 다양한 움직임을 만들어낼 수 있는 다중의 지렛대 역할을 하는 관절이 있다. 이 관절들 중 어떤 것은 우리를 더 안정적이게 해준다. 팔꿈치와 무릎이 그 예다. 경첩관절이라 불리는 팔꿈치와 무릎은 경첩처럼 앞뒤 한 방향으로만 움직일 수 있다. 이것은 그 관절이 무게를 견디고 수직 자세를 유지할 수 있게 해준다. 다른 관절들은 가동성을 만들어낸다. 어깨와 엉덩이에 있는 구상관절이 가장 눈에 띈다. 그 관절들은 세 방향으로 다 움직이게 해준다. 흥미롭게도 상대적으로 안정적인 관절이 상대적으로 가동적인 관절과 번갈아 나타나는 것을 볼 수 있다. 팔에서 어깨가 더 가동적이라면, 팔꿈치는 더 안정적이며, 손목은 더 가동적이고, 손가락은 경첩관절이다. 이는 다리에서도 마찬가지다. 은유적으로 우리는 매우 안정적인 것에서 매우 가동적인 것까지, 중심을 찾고 거기에 발을 딛고 앞으로 기울여 새로운 방향으로 출발하는 것까지 연속체를 따라 왔다 갔다 할 수 있을 때 가장 잘 기능한다.

우리는 신체계통이 서로 분리되어 있고 개별적으로 독자적인 일을 한다고 생각하는 우를 범하기 쉽다. 신체조직의 모든 다른 차원에서 본 바대로 이 관점은 편리할지는 모르나 잘못된 것이다. 사실 대부분의 신체계통은 서로가 없이는 잠시도 기능할 수 없는 상호의존적인 방식으로 함께 연결되어 있다. 어떤 연결은 다른 연결보다 강력하다. 예컨대, 활동을 조정하는 법을 이해하기 위해 감각을 사용하는 신경계는 움직임을 만들어내는 근육계와 아주 긴밀하게 연결되어 있어서 생물학자들은 이를 **신경근육계**라고 부른다. 심장 근육의 수축 속도를 올리는 것이든 친구의 터치에 기대려고 어떤 골격근을 줄이는 것이든, 감각신경은 반응 행위를 만들어내는 근육과 항상 연결될 것이다. 그리고 그런 행위가 더 많은 감각을 일으키고, 그러면 순환 과정이 강화된다. 바디풀니스는 이 '감각운동' 순환 과정에 대해 작업하는 데 특화되어 있다. 바디풀니스는 감각운동 순환 과정을 강화하는 방법으로 감각 자각을 촉진하는데, 이 과정은 외상과 스트레스 상황에서 방해를 받는다. 바디풀니스는 또한 세계에서 우리의 행위가 효과적이고 만족스럽다는 감각을 회복하게 해주는 의식적인 움직임 반응을 지지해 준다. 이에 관해서는 6장에서 더 살펴볼 것이다.

또 하나의 강력한 동맹은 신경계를 내분비계 및 면역계와 결합하는 작업이다. 뇌 화학, 선에서 분비되는 호르몬과 효소, 그리고 면역계의 세포 사이의 피드백 순환 과정이 여러 순환 경로를 통해 온몸을 빠르게 통과해 끊임없는 세포의 대화를 만들어낸다. 이런 대화는, 스트레스의 내분비 신호에 반응해 소화계와 면역계가 꺼지는 것처럼 항상 체계가 위험, 현재 상태, 몸의 요구, 몸 밖에서 무엇이 일어나고 있는지 가늠하도록 도와주는 정보를 전달한다.

우리는 또한 내장(내장 기관과 계통), 그리고 중추신경계의 정서 중추들 사이에 긴밀한 협력 관계를 조직한다. 신경과학자들은 이것을 **내장변연계 순환 과정**viscerolimbic loop이라 부르는데, 이는 '직감gut feeling'을 입증하기 위해 사용되는 어려운 단어다. 기본적으로 우리는 알아차리기도 전에 중뇌와 내장 사이에 왔다 갔다 하는 피드백 순환 과정으로부터 많은 감정을 형성한다. 예를 들면, 변화하는 환경으로 대사가 변할 때, 부신이 스트레스 호르몬을 분비하기 시작하고, 뇌의 중간과 중심 부분이 두려움이라는 감정 상태를 만듦으로써 행동 반응을 조정한다. 두려움이라는 감정은 두려운 것으로 지각되는 무엇에든 반응하며 우리의 행동을 지휘해 준다. 이어서 아드레날린에 근거한 두려움 반응은 자기 방어를 위해 더 많은 에너지가 가동될 수 있도록 다른 내장계통을 끄라고 지시한다. 배가 꽉 조이는 듯한 느낌은 아마 여기서 오는 듯하다.

상호의존

정신신경면역학psychoneuroimmunology은 계통 사이의 이런 강력한 연계를 이해하는 데 특화된 행동의학의 신생 분야다. 더 정확하게는 정신신경**내분비**면역학psychoneuroendoimmunology이라고 해야 한다. 내분비계 또한 정신신경면역계와 긴밀히 연관되어 있기 때문이다. 이 연구 분야는 기본적으로 정서, 신념, 그리고 그 밖의 인지적·심리적 상태가 면역 기능, 신경계 민감도, 스트레스 수준에 미치는 영향과 그 역방향의 영향을 탐구한다. 이 분야 연구 결과의 핵심은 여러분이 어떻게 생각하고 느끼는지가 건강에 매우 중요하다는 사실이다. 신체적·정서적·정신적 건강은 몸의 계통, 나아가 온몸 자체에 '**상호존재한다**inter-are'.

행동의학에서 또 하나의 탐구 영역은 심장, 폐, 장에서 나오는 가지들을 지닌 미주신경vagus nerve인데, 이 신경이 얼굴, 턱, 후두의 근육과도 강력하게 연결되어 있다는 사실이 밝혀졌다. 이 신경 부분들은 우리가 사회적 관계를 맺거나 또는 서로 간의 이해를 돕고 갈등을 해결하기 위해 타인이나 자기를 진정시킬 수 있도록 타인과 직접적인 의사소통을 사용하는 데 중심 역할을 한다고 여겨진다. 스티븐 포지스Stephen Porges 교수는 신경과 행동을 연결 짓는 다미주 이론polyvagal theory을 개발한 것으로 유명하다.

미주신경은 세 부분으로 되어 있다. 첫 번째 부분은 눈, 귀, 얼굴 근육, 목소리를 움직이며 말하기(스타일과 톤), 듣기, 충분히 접촉하는 표정을 통해 타인과 관계를 맺고 잘 지낼 수 있게 해준다. 미주신경의 이 윗부분(복측服側 미주신경복합체ventral vagal complex라고 한다)을 움직이고 연습함으로써 관계 안에서 비폭력적 태도를 좀 더 의식적으로 연습하기 시작할 수 있다.

연구에 따르면, 만약 우리가 갈등을 겪고 있는 누군가와 문제를 풀기 위해 〔미주신경 첫 부분의〕 사회적 관여를 사용할 수 없다면 두 번째 부분이 나서기 시작한다. 교감신경계 안에 내장된 미주신경의 중간 가지는 심장박동 속도를 올리고 더 많은 공기로 폐를 준비시키며, 우리를 불안하게 하고 높은 각성 상태에 두는 스트레스 호르몬을 분비함으로써 싸움 또는 도주와 같은 방어체계를 활성화한다. 이렇게 몸이 활성화된 상태에서는 자기 방어가 우리의 현실이 된다. 이때 우리는 도망가거나 몸을 웅크리거나 소리를 지르거나 혹은 폭력적이 된다. 이런 행위들은 사회적 관여보다 더 원시적이고, 대사의 측면에서 더 많은 스트레스를 일으킨다. 하지만 가끔은 이런 행위들이 우리를 위험에서 구해주는 유일한 전략일 수도 있다.

미주신경의 세 번째이자 가장 아래 부분은 배측背側 미주신경복합체dorsal vagal complex라고 하는데, 이 부분은 우리가 관계 복구나 자기 방어에 대한 모든 희망을 잃은 것 같을 때 가는 곳이다. 이

1부 바디풀니스의 몸

신경 가지는 우리가 심장을 정지할 위험에 처할 정도로 아주 낮은 수준으로 생명 기능을 낮춘다. 이는 기절, 쓰러짐, 일종의 긴장성 마비, 긴장 해리성 고요상태catatonic and dissociative calm를 만들어내기 때문에, 포유류가 죽은 것처럼 보이는 상태에 해당할 것이다.

심리학자들은 그 아랫부분의 미주신경이 **학습된 무기력**learned helplessness이라는 개념과 관련이 있을지도 모른다고 생각한다(이 용어를 인터넷에서 검색해 보라. 이 용어를 발견하고 발전시킨 것에 관한 이야기는 아주 흥미롭고 섬뜩하다). 이 이론적 개념에 따르면, 만약 고통을 줄여줄 만한 것이 아무것도 없는 상황에 반복적으로 노출되면 우리는 점차 그냥 포기하는 것을 학습할 것이다. 본질적으로, 우리는 우리의 환경에 대해 근본적으로 할 수 있는 것이 아무것도 없다고 믿기 시작하며 환경에 수동적이게 된다. 심지어 정말로 스스로를 도울 수 있다는 증거가 있는데도 무기력에 익숙해지는 것이다. 아동 학대를 받으며 사는 것, 빈곤, 전쟁, 억압 속에서 성장하는 것은 이런 결과를 낳는다.

관조적 수련은 시간이 흐르면서 학습된 무기력으로 괴로워하는 사람들에게 내면의 상태, 특히 장의 미주신경 및 뇌의 정서 중추와 연관된 정신적·정서적 상태에 대한 통제력을 증진시켜 주는 새로운 경험을 제공해 줄 것이다. 경험을 해석하는 우리의 습관적인 방식에 도전함으로써, 그리고 가장 기초적인 수준에서 실천주의를 연습함으로써, 말하자면 의식적인 움직임을 가지고 무언가를 이룸으로써 학습된 무기력에 맞설 수 있다. 이는 단순히 매듭을 푸는 데 좀 더 오래 작업하는 일과 유사하게, 이해받았다고 느낄 때까지 어려운 상호작용을 함께 해나가도록 스스로를 자극함으로써 시작할 수 있다. 그만큼 효과적일 수 있는 방법은 말하기와 듣기, 정서 상태의 보내기와 받기 사이를 왔다 갔다 할 수 있는 부분인 복측 미주신경복합체를 강화하는 바디풀니스 수련을 찾는 것이다. 몸과 직접적으로 작업함으로써, 아마도 더 깊이 숨쉬고, 더 감응하면서 움직이고, 입을 열어 이야기를 해내는 작업을 배움으로써 피할 수 없고 방어해야 한다고 가정하는 고통이 만성화되지 않도록 우리의 경험을 직접 바꿀 수 있다. 또한 어쩔 수 없는 고통 앞에서 다른 사람에게 도움을 청하는 일은 더 강하고 효과적인 실천주의를 만들어내는 수단으로서, 다른 사람과의 유대를 더 깊게 해줄 수 있다.

움직임의 연속체

앞서 신체 구성의 계통 수준에서 본 것처럼 신체의 다양한 계통은 함께 작동함으로써 우리에게 지속성 또는 연속성을 제공해준다고 할 수 있다. 호흡, 소화, 순환, 대사가 모두 협응할 때 우리는 일련의 연속체를 따라 조화롭게 작동한다. 거실에서 몇 분간 춤을 출 때 우리의 골격계, 순환계, 호흡기계, 근육계는 다 함께 움직임의 연속체를 만들어낸다.

관찰할 수 있는 움직임은 반사라는 원시적인 수준에서 시작된다. 우리가 점프하고 회전할 때 넘어지거나 균형을 잃지 않게 근육을 수축하는 자동적인 반사가 나타나기 시작한다. 어린 시절 학습된 원시적인 모터 플랜motor plan§을 통해 뛰어오르고, 손뼉치고, 왼다리와 오른다리를 번갈아 딛고, 춤 파트너에게 손을 뻗을 수 있다. 트위스트를 출 때나 문워크moonwalk나 삼박자 왈츠 스텝을 밟을 때, 십 대 이전에 배운 더 복잡한 움직임이 나타나 우리를 즐겁게 해준다. 이 움직임 연속체의 창의적 끝자락에서 그 음악, 그 순간, 우리 기분, 미소 짓는 춤 파트너, 그리고 커피 탁자에 부딪히지 않으려는 노력 등의 시너지를 유쾌하게 표현하는 움직임이 자발적으로 만들어진다.

앞에서 말했듯이 움직임은 생명의 근본으로, 움직임이 없는 것은 곧 죽음이다. 움직임은 원시적이고 자동적인 것에서 매우 자발적이고 창의적인 것까지의 연속체를 따라 작동된다. 몸은 단세포 유기체부터 다계통 생명체에 이르기까지의 계통발생적 진화로 나타나는 다양한 연속체를 다시 보여준다. 이 연속체들은 단세포 수정란에서 이 책을 읽고 있는 성인까지 우리의 개인적인 발달의 여정도 반영한다. 움직임 연속체는 의식과 의지의 바깥쪽, 그 밑바닥 층에서 일어나는 자동적·유전적 작용으로 시작되며, 대단히 창의적이고 의식적인 행동으로 끝난다.

저명한 움직임 교육자 마사 에디Martha Eddy는 **소매틱 무브먼트** somatic movement와 **마인드풀 무브먼트**mindful movement라는 실습 과정을 개발했는데, 아마 이런 아이디어와 관련될 것이다.[1] 그녀는 관조의 틀 안에서 의식적으로 감각하기와 의식적으로 움직이기를

§ '모터 플랜'이란 진화에서 어떤 움직임을 연습하고 완성하려는 유전적으로 미리 프로그래밍된 강력한 동기를 일컫는 생물학 용어다. 모터 플랜에 관한 자세한 내용은 이 책 5장을 참고하라.

2장 바디풀니스의 해부학

수련함으로써 움직이는 몸이 실천주의의 진입점이 될 수 있다고 말한다. 이것은 의식적인 움직임의 기초부터 작업하는 것이 행위의 동기를 직접 경험할 수 있게 해줄 뿐만 아니라 어떤 영향력 있는 활동가가 사용할 수 있는 에너지와 기술을 조절하는 능력을 향상시켜 주기 때문이다. 책 후반부에서 이런 생각에 대해 더 깊이 살펴볼 것이다.

단순히 살펴보더라도 우리 몸의 원시적인 작동들이 사라지지 않고 잘못되지도 않았다는 것을 알 수 있다. 그 원시적인 작동 방식은 우리 생애를 통해 계속 작용하고 있으며, 더 복잡하고 체계적인 운용체제의 지지 기반을 이룬다. 우리는 원시적이면서도 복잡하다. 그렇지 않으면 거실에서 즉흥적인 춤을 출 수 없다. 그렇다고 더 원시적이고 자동화된 자아가 더 '진화된' 의식적인 자아보다 '못한' 것은 아니다. 그것들은 분리되어 있지 않다. 그것들은 생명의 화합인 개체적·집합적 연속성 모두를 표현하는 하나의 상호의존적인 연속체상에 존재한다. 그것이 바디풀니스다.

몸의 구조와 기능을 사실 그대로의 수준과 은유적 수준에서 모두 연구함으로써 수련을 위한 길잡이가 만들어질 수 있다. 이렇게 전수되어 내려오는 몸 수련법을 검토하고, 그것이 여전히 우리에게 도움이 되는지 알아볼 수 있다. 한편 새롭게 떠오르고 현재진행형인 강력한 몸의 지식을 통해 그것을 조정할 수 있다. 또한 바디풀니스와 우리의 관계로 실험하면서 우리의 욕구와 흥미를 다루는 자기 고유의 방법을 만들기 위한 수단으로 다음과 같은 수련 제안을 활용해 볼 수 있다.

◎ 이 바디풀니스 관조 수련은 바닥에 누울 수 있으면 누워서 하라. 몸을 점검하는 것으로 시작하고, 작고 단순한 움직임을 가지고 조율해 보라. 준비가 되었다고 느껴질 때 몸을 이리저리 확장하고 수축해 보자. 할 수 있는 한 멀리, 팔과 다리를 넓게 길게 뻗고, 그 다음에 어떤 속도든 여러분에게 알맞게 느껴지는 속도로 태아 자세처럼 몸을 웅크리는 것을 반복해 보자. 이런 움직임을 만들기 위해 함께 움직여야 하는 모든 근육과 뼈를 느껴보자. 이 둘 사이를 몇 번 반복해 보면서 다양하게 떠오르는 감각, 이미지, 기억, 또는 다른 연상을 알아차려 보자. 몸을 확장하는 것이 무섭게 느껴지나? 아니면 아주 기분 좋게 느껴지나? 몸을 작게 만들고 웅크리는 것이 편안하게 느껴지나? 아니면 가두는 느낌을 주나? 연상에 맞고 틀린 것은 없다. 그저 알아차리라. 작업하기에 유용할지도 모르는 어떤 은유가 떠오르는가?

◎ 앞서 논의했던 미주신경의 세 가지(일명, 포지스 다미주 이론)는 우리가 관계에서 갈등을 어떻게 다루는가에 대한 유용한 은유를 제공한다. 필요하면 펜과 종이를 활용해 잠시 이 세 가지 전략을 성찰해 보자.

① 첫 번째 전략은 눈을 맞추고 차분하고 연결된 목소리로 이야기하면서 누군가와 연결을 유지하는 것이다. 이 전략은 말하기 능력뿐만 아니라 듣기 능력을 요한다.
② 두 번째 전략은 더 화가 나서 공격적이 되거나 도망가고 후퇴함

으로써 긴장을 높이고 자기를 방어하는 것이다.

③ 세 번째 전략은 힘을 빼는 것, 에너지와 동기를 잃어버리는 것이다. 졸리거나 산만해지거나 무감각, 우울, 무기력감을 느끼는 것이다.

잠시 이 세 가지 전략 각각에 주의를 기울여 보자. 어쩌면 그 전략들을 사용했던 때가 기억날 수도 있다. 여러분은 이 중 어떤 전략을 가장 많이 사용하는가? 가장 적게 사용하는 것은? 성별, 나이, 권력 지위에 따라 특정한 사람과 특정한 전략을 사용하는 경향이 있는가? 한 전략이 다른 전략보다 더 나은 것은 아니다. 우리는 상이한 상황에 맞는 전략을 맞춰야 한다. 그러나 싸움/도주 그리고 실신 전략은 연결을 유지하는 전략보다 더 대가가 비싸고 몸에 스트레스를 준다. 각각의 전략, 기억, 습관 또는 몸이 치르는 대가에 대해 기록을 해도 좋다. 그런 다음에는 펜을 내려놓고, 이 세 가지 전략 각각의 예시에 주의를 기울여 보자. 각각의 전략에 주의를 기울일 때 몸의 감각과 움직이고 싶은 충동에 주의를 기울여 보라. 마치 어린 아이를 안는 것처럼 주의를 기울이며 깨어서 몸의 반응을 자각하라.

◎ 거실로 돌아가 이번 장의 앞부분에서 논의했던 춤의 연속체에 대한 감을 느껴보자. 먼저 그냥 몸을 움직이고 싶게 만드는 음악을 틀어보자. 그러고 나서 할 수 있으면 발이 바닥에 닿는 것을 느끼며 두 발로 가만히 서 있으라. 이제 발목 앞쪽 근육의 힘을 살짝 풀어보자. 그러면 아마 앞으로 넘어지기 시작할 것이다. 넘어지기 시작할 때 '정향 반사righting reflex'가 나타나기 시작하는 때를 알아차리

라. 넘어지지 않으려고 자동적으로 한발 앞으로 내딛을 때 발목 뒤쪽, 다리, 등, 목의 근육이 수축해 여러분을 바로 세워줄 것이다. 모든 복잡한 움직임은 이런 반사를 토대로 만들어지며, 주로 여러분을 안전하게 지키기 위해 함께 작용한다.

이제 단순한 모터 플랜 몇 가지를 시도해 보자. 여러분은 앉기, 기기, 걷기를 배울 때 이 모터 플랜들을 끊임없이 연습했다. 이 모터 플랜들은 이제 제2의 천성이 되었다. 음악을 즐기는 방편으로 그런 움직임과 의식적으로 그냥 놀아보라. 가장 일반적인 모터 플랜은 뻗기, 밀기, 꽉 잡기, 당기기다. 그런 모터 플랜이 얼마나 쉽게 익숙한 몸짓이 되는지, 개인적인 의미를 가질 수도 있는지 알아차리라. 밀기는 앉은 자세에서 일어서기 위해 바닥에 손을 짚고 미는 것을 배우는 것에서 발달할 수 있고, 나중에는 여러분이 누군가한테 뒤로 물러서라는 신호를 주고자 할 때 하는 "그만!"이 될 수도 있다. 뻗기는 "이리 와!"처럼 느껴질 수 있다. 꽉 잡기는 무언가를 잡고 "내 거야!"라고 말하는 기억을 떠올리게 할지도 모른다. 이런 오래된 모터 플랜들은 기본적인 심리 상태와 일치하며, 진화적으로 함께 발달하는 듯하다.

이제 여러분이 아이였을 때 비밀리에, 혹은 공개적으로 연습했던 춤 움직임을 가져오라. 여러분이 완벽하게 춘 춤이 린디 합Lindy Hop 이든 힙합이든 잠시 시간을 가지고 여러분의 문화적·사회적 과거를 즐겨보라. 이런 춤 움직임은 단순히 즐거움을 줄 뿐만 아니라 우리가 한 집단의 구성원임을 확인해 준다. 어쩌면 그 움직임들을 맨 처음부터 배워야 할 수도 있지만, 반사와 모터 플랜이 그 움직임들을 (바라건대) 예술적인 방식으로 조합해 줄 것이다.

마지막으로 음악에 따라 '자유롭게' 움직여 보라. 배운 움직임이 나오게 하지 말고, 무엇이든 나오는 대로 하게 놔두라. 배웠던 것처럼 보이지 않아도 된다. 사실 배워본 적이 없는 듯 보이는 춤이 최고의 춤이다. 미리 생각하려고 할 때('이제 뭘 하지?') 혹은 쑥스러움이나 자의식 같은 감정이 일어날 때('나는 분명 바보처럼 보일 거야') 움직임은 제대로 발휘되지 못한다. 가능하면 그런 비평들에 대해 그냥 생각과 감정이라고 이름 붙이고, 여러분의 몸을 자유롭게 움직이는 직접적인 경험으로 돌아가라.

어떻게 느껴졌는가? 그것은 의식적인 움직임 수련, 움직임 연속체를 경험함으로써 바디풀니스를 계발하는 짧은 경험이었다. 진행될수록 실습이 복잡해질 것이다.

◎ 신체계통(심혈관계, 근육계, 소화계 등)을 탐험할 때는 흔히 호흡기계통이 자각에 접근하기에 아주 용이해 시작하기에 좋다. 편안한 자세를 찾아보라. 서거나 앉거나 누워도 좋다. 몇 분간 여러분의 호흡에 주의를 내려놓으라. 가슴 또는 복부가 올라갔다 내려가는 것, 콧구멍 주변의 미세한 감각들처럼 호흡기계통에서 나오는 것 같은 작은 움직임이나 감각을 알아차리라. 호흡과 함께 몸에 일어나는 미세한 것부터 더 큰 것까지 다양한 움직임을 알아차릴 수 있는지 보라. 만약 좀 재미있게 느껴지면 여러분이 알아차린 그 미세한 움직임을 약간 확대할 수 있는지 보라. 잠시 여러분의 호흡기계통과 그냥 함께 있어보라. 호흡기계통이 하고 있는 어떤 것과 그

것이 다른 계통과 어떻게 상호작용하는지에 주의를 기울여 보라.

◎ 다른 계통으로도 이 수련을 해볼 수 있다. 예를 들면, 맥박을 느끼고 심장박동을 추적할 수 있다. 다양한 근육 무리를 긴장시켰다 이완시켰다 번갈아 할 수 있다. 여러분이 얼마나 차분한지, 혹은 얼마나 흥분했는지 신체적인 세부사항, 이를테면 뛰는 심장, 초조한 느낌, 또는 이완된 날숨과 느슨한 근육과 같은 세부사항에 주의를 기울임으로써 신경계를 간접적으로 느낄 수 있다.

◎ 소화기계통에서는 마시거나 먹는 행위에 세밀한 주의를 기울여 음식이나 물이 바깥에서 여러분 안으로 옮겨가는 과정의 세부사항을 알아차릴 수 있다. 소화기계통에서는 음식이나 물이 복부로 내려가는 것에 주의를 기울일 수 있다. 많이 먹어서 위가 빵빵하게 팽창하기 전에 만복감을 정확하게 감각할 수 있는 것은 좋은 식습관과 상관관계가 있다. 또한 화장실에 갈 준비가 되었을 때 장의 아랫부분과 결장이 수축하고 이완하는 것(연동운동)을 느낄 수 있다. 소화관의 자연스러운 과정과 협력할 수 있는 것이 소화기계통의 행복에 기여하는 것이다. ◉

바디풀니스 수련

바디풀니스로 현존하기

Bodyfulness Practice
Presencing Bodyfulness

3장 감각하기

시인 윌리엄 블레이크William Blake
는 오감이 충분히 발달하지 않아 세계에 완전히 열리지 않으면 몸
은 영혼의 감옥이 될 것이라고 말했다. 그는 '영혼의 창'은 눈만이
아니라 오감 전부라고 했다. 통념상 우리는 시각, 청각, 촉각, 미
각, 후각, 이렇게 오감을 가지고 있다. 이는 해부학적으로 정확히
따져보면 조금 다르다.

감각의 종류

제6감각이 있다는 주장은 논쟁의 여지가 있지만, 그것이 직관
은 **아니다.** 직관은 분명히 일어나지만, 우리의 감각 중에서 어떤
감각이든 더 미묘한 방식으로 사용할 수 있는 능력과 관련될 가

능성이 가장 크다. 예컨대, 친구가 화났다고 말하지 않아도 우리는 그것을 직관할 수 있을 것이다. 왜냐하면 의식적으로든 무의식적으로든 친구의 얼굴 근육에 나타나는 아주 미묘한 변화에 세심한 주의를 기울이고 있기 때문이다. 우리는 항상 상대의 정서적 경험과 관련된 미세한 움직임을 (상대가 의식적으로 자각하는지 여부와 상관없이) 읽고 있다. 직관할 때는 오류가 발생하기 쉽지만, 자신과 타인의 미묘한 행동과 상태를 감지하는 것은 동조 상태의 부모나 연인은 물론 훌륭한 심리치료사의 기술적 토대다. 우리는 다른 사람들보다 일부 특별한 사람들에게 더 깊이 이해받는다고 느낄 가능성이 크다. 그들은 몸이 내보내는 더 작고 더 조용한 신호에 실제로 섬세한 주의를 기울이고 민감하게 반응한다. 직관은 분명 강력한 몸의 지혜로 우리를 돕는다. 바디풀니스는 이 중요한 감각 기술을 쌓는 작업이다. 잠시 후 미묘한 감각하기라는 이 개념으로 다시 돌아올 것이다.

진정한 제6감각은 우리 몸의 위치와 움직임을 자각하는 **운동감각**kinesthesia[1]이다. 몸에는 운동감각에 특화된 감각신경세포가 있기 때문에 이것은 실재한다. 운동감각을 기반으로 하는 감각신경세포는 뼈에 붙어서 공간을 통한 움직임을 만들거나 공간에서 자세를 잡기 위해 수축하는 근육과 연결되어 있다.[2] 다리로 차는 것을 생각해 보라. 발차기가 일어나려면 우선 다리가 어디에 있는지(몸통 아래, 옆으로), 그 다리에 무게가 치중되어 있지 않은지, 다리가 구부러져 있는지 바로 펴져 있는지, 그리고 근육 수축이 얼마나 이미 일어나고 있는지를 우리에게 알려주는 감각으로부터 근육이 피드백을 받아야 한다. 우리가 훌륭한 발차기를 조직

2부 바디풀니스 수련

하기 시작할 수 있기도 전에 이 모든 필요가 고려되어야 한다. 손가락 구부리기, 지지대 없이 똑바로 앉기, 방을 가로질러 걷기 등도 동일한 과정으로 일어난다.

운동감각은 공간에서 우리가 어디에 있는지, 몸이 어느 쪽으로 향하고 있는지, 어떤 근육이 수축하고 있는지를 알려준다. 운동감각과 연합되어 있는 감각신경세포는 관절 안과 주변, 근육 자체에 내장되어 있다. 5장 '움직이기'에서 운동감각을 더 다루겠지만, 지금은 우리의 안과 밖에서 무엇이 일어나고 있는지에 관한 정보, 즉 이 모든 감각이 작동하면 반응 행위를 조직하기 위해 사용되는 정보가 중추신경계에 제공된다는 사실을 아는 것으로 충분하다.

운동감각 수련

운동감각을 시험하고 발달시키기 가장 좋은 방법 중 하나는 어린아이와 노는 것이다. 가능하다면 아이와 함께 바닥에서 구르고, 레슬링을 하고, 공중제비를 하고, 밀고, 잡으면서 놀아보자. 대등한 조건에서 놀 수 있도록 여러분의 몸을 열악한 조건으로 만들라. 이런 종류의 자극은 아동 발달에 아주 중요하지만, 여러분에게도 신나는 바디풀니스 프로젝트가 될 수 있다. 만약 주변에 어린 아이가 없다면 그네 타기, 개와 놀기, 합기도나 현대무용 등의 수업 듣기 같은 다른 선택지도 있다. 다른 사람과 함께 거실 바닥을 굴러다니는 것도 좋다! ⊙

우리가 여섯 가지 감각을 가지고 있다고 생각할 때, 우리의 대사와 각성 상태를 주시하는 몸 내부 깊은 곳에서 일어나고 있는 감각, 즉 **내수용감각**interoceptors은 여전히 무시되고 있다. 목이 마른가, 추운가, 배고픈가, 아니면 고통스러운가? 성적 흥분을 느끼나? 심장이 빠르게 뛰고 있나? 우리 몸의 내부는 고유한 방식으로 움직인다. 그래서 언제, 얼마나 움직일지를 알아야 한다. 내부 감각은 몸이 스스로를 돌보는 능력에 필수적이다. 2장에서 언급했던 미주신경이 우리 내부에서 일어나고 있는 것을 감독하는 감각 신경의 좋은 예다. 내수용감각은 내적 웰빙의 감독을 돕는 것 외에도 정서 지능 및 훌륭한 의사 결정 능력과 상관관계를 보인다. 우리 내부 상태를 더 많이 추적할수록 말 그대로 우리가 무엇을 느끼는지를 알며, 무엇을 느끼는지를 많이 알수록 무엇을 원하는지 알 수 있을 뿐만 아니라 타인의 느낌도 이해할 수 있다. 이것을 (이를테면) 제7감각이라 부르면 어떨까? 해부학적으로는 말이 된다. 방금 이야기한 다양한 감각을 정리한 도표를 부록 C에서 볼 수 있다.

직감 수련

직감은 흔히 우리의 감정을 만들고 안내한다. 감정적인 상황에서 여러분의 내부 감각, 즉 복부, 가슴, 근육의 수축에 최대한 주의를 기울이라. 그 감각에서 감정의 이름표를 찾지 말라. 만약 이름표가 자연스럽게 떠오른다면, 그래도 괜찮다. 하지만 설명하려고 애쓰기보다는 그냥 참고하라. 감정을 그저 신체적인 사건으로 경험하도록 내버려 두고, 그 감정이 여러분을 어떻게 움직이기를 원하는지 알아차리라. 그 감정으로 주먹이 힘껏 쥐어지나? 그 감정 때문에 웃음이 나오는가? 그 감정을 느끼니 떨리는가? 여러분이 느낌, 감각, 움직임 사이의 이런 연결을 더 많이 표면화할수록 여러분의 감정과 함께 더 기민하고 충만한 바디풀니스를 하게 된다.

감각의 주시 대상

만약 일곱 가지 감각에 대해 좀 더 살펴보고 싶다면, 그 주시 monitor 대상에 따라 감각을 분류할 수 있다. 외부 세계를 주시하는 감각이 있는데, 흔히 외수용감각 exteroceptor 이라고 한다. 시각과 청각이 여기에 속한다. 미각과 후각처럼 [내부와 외부의] 경계를 주시하는 감각이 있다. 우리는 미각을 통해 바깥에 있다가 입을 통해 안으로 들어오는 것을 감각하고, 후각을 통해 코에 들어오는 공기 중의 분자를 들이마신다. 압력에 민감한 촉각도 우리 피부와 접촉하는 것을 감지하므로 여기에 해당할 수 있다. 운동감각도 여기에 넣을 수 있다. 우리 몸과 주위 공간의 관계를 추적하기 때문이다. 마지막으로, 몸 내부에서 일어나는 내수용감각이 있다. 몸은 생존과 번성을 위해 이렇게 외부 환경 및 경계, 내부까지 주시해야 한다. 우리의 바디풀니스 수련은 실제적으로, 또 비유적으로 이것들을 다 염두에 둘 것이다. 바디풀니스는 다른 몸 수련법과 다소 다를지도 모른다. 바디풀니스 수련은 몸의 내부 감각에 주의를 기울이는 것(흔히 말하는 신체 자각)을 장려하는 경향이 있다. 내부 감각이 중요하기는 하지만, 바디풀니스는 모든 유형의 감각 과정에 가치를 두며, 다른 유형의 감각들 사이의 협력적인 균형을 도모한다.

사실, 어떤 특정 감각 유형에 대한 선호는 정신적·정서적 불안정을 야기할 수도 있다. 너무 오랫동안 외부에 주의를 두면 타인과 사물을 과민하게 주시하다가 불안감을 갖거나 문제의 원인을 밖으로 돌리기 쉽다. 주의를 경계에 너무 오래 두면 몸 안으로 들고 나는 것에 대한 지나친 걱정을 불러일으킬 수 있다. 지나친 내부 초점은 건강염려증hypochondriasis, 신체 강박body obsession, 사소한 감각에 대한 과도한 염려 등을 야기할 수 있다. 초점 맞추기와 진동하기를 자유롭게 할 수 있는 균형감과 주의력은 웰빙의 비결이다. 그래야 한 가지 감각이 다른 유형의 감각들을 점검하고 균형을 맞출 수 있다.

내부, 경계, 외부 감각 수련

잠시 감각 유형들을 경험해 보자. 먼저 눈을 감고 내부 감각에 주의를 기울여 보자. 그저 알아차리는 것으로 시작하라. 그다음에 의도적으로 신체 내부의 다양한 부분, 예컨대 심장박동, 폐의 팽창과 이완, 체온, 통증과 즐거움의 감각 등에 주의를 두라. 그리고 나서 눈을 떠 주변을 둘러보고, 주변의 소리를 들어보자. 잠시 동안 여러분 주변의 대상들과 공간의 물리적 세부사항에 주의를 기울이며 여러분의 외부를 보고 듣는 것을 그저 즐기라.

그런 다음에 몸의 자세에 주의를 돌리라. 무릎이 구부려졌는지 뻗었는지, 몸의 어떤 부분이 수직이고 어떤 부분이 수평인지, 그리고 몸의 어떤 부분이 가구나 바닥에 닿아 있는지를 감각을 통해 알아차리라. 다른 자세들 간의 차이를 느낄 수 있도록 자세를 바꿔볼 수도 있다. 마지막으로 피부를 자각하라. 피부에 닿은 옷감의 느낌, 그리고 바닥 또는 가구의 지지에 몸을 맡긴 압력 지점을 알아차리라. 팔 또는 몸의 다른 부분을 가볍게, 그리고 힘을 줘서 만져볼 수도 있다. 잠깐 다양한 자세로 바꿔보면서 자세에 따라 감각이 어떻게 변하는지 알아차리라. 어떤 유형의 감각이 더 쉽거나 더 익숙한 것 같은가? 어떤 감각이 더 혹은 덜 흥미로운가? ◉

얼마나 민감하게?

지금까지 무엇을 어떻게 감각해야 하는지 살펴보았다. 이제 얼마나 많이 또는 적게 감각해야 하는지 살펴보자. 우리가 너무 적거나 너무 많은 감각 입력으로 곤경에 빠질 때 감각 입력의 지혜가 중도를 따르는 것은 자연스러운 일이다. 인간의 감각은 이 세상에 있는 정보의 스펙트럼 중에 작은 일부만 포착할 수 있다. 시각을 예로 들어보자. 빛은 파장에 따라 여러 형태로 온다. 그러나 우리의 눈은 '가시광선'만 포착할 수 있게 만들어져 있다. 정교한 기계의 도움이 없이 우리 감각기관으로 적외선이나 자외선 파장을 포착하는 것은 불가능하다. 저 바깥에 있는 모든 것을 포착할 수 있는 감각기관이 우리에게는 없다. 이 사실에 겸손해진다.

우리는 개가 우리보다 더 잘 들을 수 있고, 상어가 우리보다 더 냄새를 잘 맡을 수 있다는 것을 안다. 에너지 보존 때문에 생명체들은 유기체의 필요 및 흥미와 관계되는 정보만을 포착하는 데 특화된 감각기관을 진화시킬 뿐이다. 우리 감각이 포착하는 것은 우리가 현실이라고 생각하는 것이다. 그러니 현실은 상대적이며 유기체마다 다르다.

사실, 신경계의 가장 중요한 기능 중 하나는 한정된 정보 수집 에너지를 더 최적화할 수 있도록 불필요한 정보를 **제거하는** 것이다. 우리는 신경계에 퍼져 있는 일련의 감각 필터를 통해 이 작업을 한다. 이런 필터는 에너지 보존의 원리에 따라 감각을 걸러낸다. 나의 의식적인 자각은 비싸기에, 지금 주의를 기울일 가장 중요한 감각은 무엇인가? 우리의 감각 필터는 자각의 전경과 배경 사이로 감각을 끊임없이 움직이면서 거기서 그것을 무시할지, 잠재의식적으로 처리할지를 걸러낸다. 우리는 신경가소성(즉, 우리가 수련하는 것)을 통해 이런 필터 중 일부를 어느 정도 통제한다. 커피숍에서 배경의 소음을 걸러서 친구의 목소리를 주의 깊게 들을 수 있는 능력은 감각 필터에 대한 우리의 괜찮은 통제력의 한 예가 될 수 있다. 단련된 방식으로 주의를 다양한 감각의 전경과 배경 사이로 진동할 수 있는 능력은 우리가 수련할 바디풀니스의 주요 기술 중 하나다. 어떤 면에서 우리는 운동으로 감각 필터를 탄탄하게 만들고, 결과적으로 감각 운동선수가 된다.

알다시피 과다한 감각 입력은 감각에 능숙한 선수에게도 압도적이고 불안정할 수 있다. 누구나 감각 과부하를 경험하고 시끄러운 식당이나 붐비는 시장에서 나오고 싶었던 적이 있을 것이다. 감각 과부하는 고문의 형태로(요란한 음악, 계속 깨어 있게 하는 것) 자주 사용되어 왔다. 주의력 결핍 장애ADD와 그 친척뻘인 주의력 결핍 과잉 행동 장애ADHD, 그리고 아마도 자폐증은 적어도 부분적으로는 중추신경계의 감각 처리 문제에 기인한 것으로 여겨진다. 감각 필터가 제대로 작동하지 않아서 과다한 감각 입력에 쉽게 압도되고 그것을 이해할 수 없는 것, 말하자면 전경과 배경이 교체됨으로써 무엇이 정말 중요한지 결정하지 못하는 것이다.[3] 만약 여러분이 친구의 목소리를 전경으로 놓을 수 없다면, 그래서 방 안의 온갖 소리가 똑같은 비중으로 여러분 귀에 들어온다면 어떨지 상상해 보라. 그것은 완전히 혼란스러운 소음이 되고, 심한 스트레스가 될 것이다.

감각 결핍도 마찬가지로 해로울 수 있다. 독방 감금과 유아기에 아이를 방치하는 것처럼 너무 적은 감각 입력도 고문의 형태가 될 수 있다. 감각이 풍부한 환경, 즉 다양하고 흥미로운 자극이 있는 환경이 정서 지능과 인지 지능, 그리고 문제 해결 능력을 강화할 뿐만 아니라 회복탄력성에도 기여하는 것으로 밝혀지고 있다. 감각 결핍은 명상을 하는 동안 내부와 외부의 환경을 고요하게 할 때처럼 생산적으로 작용될 수도 있다. 하지만 극도의 감각 결핍은 일시적이어야 한다. 인공 감각 박탈 장치를 이용한 연구에서는 감각 자극이 너무 오래(여러 시간) 박탈되었을 때 대부분의 피험자가 환각을 느끼고 조절력을 잃기 시작하는 것으로 나타났다.

상이한 감각 입력 사이의 균형 또한 웰빙의 핵심일 수 있다. 중도와 마찬가지로, 우리는 대부분의 시간을 중간 정도의 다양한

3장 감각하기

감각 입력 양과 함께 지내며, 강렬한 자극에는 거의 견딜 수 없거나 아주 짧은 시간만 지탱할 수 있다. 우리는 고요한 순간을 이용함으로써 정신없이 바쁜 하루에서 회복할 수 있고, 시끄럽고 정신없는 가족 모임에서 즐길 수도 있다. 감각에 지나치게 파묻히지 않고 그것과 관계를 맺을 수 있다. 그것이 핵심적인 관조 수련이다. 감각 자극의 유형 및 양의 균형을 맞춤으로써 감각은 우리 몸에서 진행 중이며 늘 변화하는 자기 '감각'의 하나로 경험될 수 있다. 때로는 우리가 그것을 환영하며 깊이 관여될 수 있고 또 그 순간이 지나면 흘려보낼 수 있다. 바디풀니스는 우리가 다루는 감각의 양과 유형이 자양분이 되고 유용한 정보를 줄 수 있도록 주의력의 초점을 변화시키는 의도적인 운동 능력을 수반한다.

감각, 자각, 주의

감각을 다루는 작업은 감각에 의식적으로 주의를 기울이고 있는 것을 전제로 한다. 예컨대, 제대로 보려면 눈 주위의 미세한 근육을 사용해 수정체에 초점을 맞춰야 한다. 이런 능동적인 초점 맞추기는 일곱 가지 감각에서 다 일어나므로 감각하기는 많은 경우에 근육의 노력을 요하는 능동적 관여 과정으로 이해될 수 있다. 이 개념은 자각과 주의의 차이를 이해하게 해준다. 자각은 일종의 의식의 배경 상태를 이룬다. 그 배경에서는 대개 몸 기반 자동적인 진동이 일어나 우리의 내부와 외부 상황을 살핀다. 주의는 더 많은 의식적인(그리고 흔히 근육의) 노력을 요하는 훨씬 더 능동적인 작업이다. 우리는 어떤 자극을 배경에서 전경으로 끌어와 의식적인 자각에 초점을 맞춤으로써 항상 어떤 것에 주의를 기울인다. 어떤 감각에 주의를 기울일 때 우리는 능동적으로 그 감각을 전경으로 끌어와 고조된 의식 상태에서 경험할 수 있다.

질 높은 주의력은 대개 우리의 중도에, 종 모양 곡선의 종 부분에 자리하며 다른 환경에 따라 진동한다. 충분히 주의를 집중할 수 없으면 무딤, 졸림, 산만함, 어색함을 느낀다. 이런 상태는 흔히 몸 전반의 낮은 긴장도tone와 일치한다. 주의가 너무 강하게 꽂혀 있으면 좁은 시야tunnel vision, 과민성, 불안감을 경험하기 쉽다. 이런 느낌들은 흔히 몸의 과도한 긴장도와 함께 간다. 매우 높은 긴장도나 낮은 긴장도 어느 쪽에서나 감각과 함께 우리의 상황을 작업하는 능력은 절충될 수 있다. 특정 상황에서는 이런 극단적인 상태로 가야 한다. 이를테면, 잠들기 위해 주의를 내려놓거나 위험의 원천에 주의를 고정하는 것이다. 그러나 바라건대, 대부분의 시간은 중간 지대에 있어야 할 것이다.

어떤 종류의 명상이든 주의력의 질을 높이는 능력을 훈련한다. 주의력 근육의 통제력을 얻기 위해 작업하는 것은 운동 훈련과 유사하다. 바디풀니스를 훈련하면 그 결과 자유자재로 주의를 집중하고 집중하지 않는 능력과 더불어 더 발달되고 미묘하고 예민한 감각을 얻게 된다. 우리는 수련하며, 주의력의 긴장도를 향상시키고, 주의력을 위한 운동선수가 된다. 명상의 관점에서 수도자들과 수녀들은 주의력 올림픽의 대표선수라 할 수 있다. 바디풀니스 수련은 이 은유를 아주 진지하게 여기며, 실제 근육 훈련을 주의력 근육의 훈련과 관련된 것으로 본다. 이후의 장들에서 이런 견해를 더 다룰 것이다.

3장 수련
〰〰〰〰〰〰〰〰〰〰〰〰〰〰〰〰〰〰〰〰〰〰〰〰〰〰

◎ 다음에 자리에 앉아 느긋하게 식사할 때, 시간을 내서 음식이 몸에 들어갈 때 음식의 향과 맛을 알아차려 보라. 이때는 당신 바깥에 있던, 당신과는 다른 어떤 것이 이제 당신 안으로 들어와 여러 방식으로 당신이 될 것에 대해 미각과 후각이 "예"(또는 어쩌면 "아니오")라고 말하는 순간이다. 음식을 입 안에 넣고, 씹고, 삼킬 때 어떤 연상과 은유가 일어나는가? 이런 감각 경험에 대해 우리가 자주 사용하는 말이 '**음미하기**'다.

◎ 하루 중에 시간을 내서 당신이 다른 것보다 더 많이 사용하는 감각은 어떤 것인지, 그리고 언제 사용하는지를 알아차려 보라. 예컨대, 직업상 컴퓨터 앞에서 일한다면 눈을 많이 사용할 것이다. 건설 노동자라면 대다수 사람보다 공간에서의 몸의 위치와 근육 수축을 많이 확인하게 될 것이다. 이 감각을 지나치게 많이 사용하는 것처럼 느껴질 때가 있나? 대부분 여러분 바깥에 주의를 기울이며 보낸 하루에서 여러분은 어떻게 회복하는가? 혹은 매우 내적인 상태에 오래 있었다면? 어떤 유형의 감각을 전혀 사용하고 있지 않다는 것을 알아차리는가? 하루 중에 다양하고 더 균형 잡힌 감각의 팔레트를 제공해 줄 실험으로 재미를 느낄 활동에는 어떤 것이 있는가?

◎ 이 수련은 유진 겐들린Eugene T. Gendlin이 개발한 포커싱Focusing 기법에 기반을 둔다. 개인적이고 조용하며 방해받지 않는 공간을 준비하며 시작하라. 이제 앞서 한 것처럼 잠시 여러분 몸 안을 점검하는 것으로 시작하라. 유익하다고 느끼는 만큼 면밀하게 각 부분에 주의를 기울여 보라. 그리고 스스로에게 물어보라. "지금 무엇이 나의 자각을 원하는가?" 그것은 신체 감각일 수도 있고, 몸에 어떤 식으로 기록되어 다뤄지고 있는 주제일 수도 있다. 몸 상태 또는 주제와 접촉하라. 그렇게 하면서 몸 상태나 주제를 스스로 묘사하고 몸에 주의를 기울이라. 몸에서 무엇이 올라오는지 알아차리고, 그것에게 여러분이 듣고 있다고, 그리고 함께하기 위해 작업하고 있다고 말해주라. 몸에서 일어나는 것과 그저 함께 있는 것이 괜찮은지 호기심을 가지고 보라. 그것의 관점에서 내면의 소리를 들으라. 그것이 감정 또는 기분을 가지고 있는가? 여러분이 듣고 있다는 것을 그것이 알게 하고, 그것이 말하고 싶은 것이 더 있는지 보라. 그러고 나서, 이제 멈춰야 할 시간이지만 곧 다시 들으러 오겠다고 알려주라. 몸에게 이 주제에 대해 말해준 것에 감사하라. 그런 후에 여러분에게 집중했던 경험이 여러분 안에서 계속 작업을 이어가도록 그저 놔두라. 그것을 분석하거나 분류하려고 하지 말라. 여러분이 일상으로 돌아갈 때 이 깊은 경청이 지지와 영감을 제공하기 위해 배경에서 작용할 것임을 그저 믿으라.

◎ 다음에 친구나 가족과 같이 있을 때, 그들이 여러분에게 말할 때, 특히 그들에게 중요하거나 감정적인 어떤 부분을 이야기할 때 그들에게 특별한 주의를 기울여 보라. 그들의 얼굴 표정, 목소리

톤, 자세와 몸짓, 그리고 그들이 말하고 움직이는 속도의 작은 세세한 부분을 진짜로 받아들이라. 여러분이 받아들이고 있는 것을 분석하려 하지 말고, 여러분이 단지 그들의 말뿐 아니라 그들이 어떻게 느끼는지도 듣고 있음을 보여주는 방식으로 반응하도록 여러분 자신이 이끌도록 놔두라. ◉

4장   호흡하기

　　　　　　　　　　　　의식적인 호흡 수련은 우리가
알 수 있는 것보다 더 오랫동안 치유 전략으로 사용되어 왔다. 이
런 수련법은 오랫동안 많은 사람에게 신체적·정서적·심리적·영
적 건강과 웰빙에 이르는 왕도의 하나로 간주되어 왔다. 바디풀
니스는 그러한 왕도를 걷는다. 숨breath의 라틴어 어근인 'spir'는
'inspiration(들숨)'과 'expiration(날숨)'과 같이 'spirit(영)'이라는
단어에 상응한다. 많은 전통에서는 숨과 영이 하나라고 느낀다.
오늘날도 여전히 의식적인 호흡 수련법은 질릴 정도로 수없이 많
다. 그중 어떤 수련법은 서로 모순되기까지 한다. 그럼에도 의식
적인 호흡은 바디풀니스를 충만하게 이끌기 위한 강력하고 자기
조직적이며 비교적 간단하지만 놀랍도록 효과적인 수단으로 지
속되고 있다. 호흡 수련법의 효능은 우리가 이미 매일 매 순간, 일
분에 열두 번 숨을 쉬고, 생의 마지막 순간까지 숨을 쉰다는 사실

에 있다.

의식적인 호흡의 힘을 이해하려면 우선 평범한 일상적인 호흡과 어떤 효과를 일으키기 위해 일시적으로 하는 호흡 수련을 구별할 필요가 있다. 예컨대, 출산 요법뿐만 아니라 일부 요가 전통에서는 고통을 씻고 관리하거나 에너지를 올리기 위한 수단으로 강하고 빠른 호흡이 사용된다. 그러나 이런 호흡법을 매일 하라고 권장하는 사람은 아무도 없다. 결국 여러분이 어떤 특화된 임시적 호흡 수련법이 (만약 있다면) 여러분에게 가장 도움이 되는지를 확인해 볼 것이다. 이번 장은 여러분에게 어떤 호흡 수련법이 가장 잘 맞는지 평가하도록 도와줄 것이다. 일상에서 매일의 경험과 더불어 호흡하는 매 순간의 과정에 주안점을 둘 것이다. 다시 말해, 다른 것에 주의를 기울일 때 주로 배경에서 작동하는 좋은 기본 호흡 습관을 개발하고자 한다.

생리학 연구가 이 주제에 대해 의견을 내놓는다. 매일 좋은 호흡을 하는 것의 신체적 이점은 철저하게 문서화되어 왔다. 신체적 이점은 면역 기능 개선, 각성 조절, 부비강 문제 경감, 호르몬·효소·신경전달물질의 균형, 혈액가스 안정, 활력 증진, 소화 및 순환, 적절한 기관 기능의 촉진, 노폐물 대사 촉진, 자세 정렬, 근육 긴장 감소, 운동성과 가동성 증진으로 요약될 수 있다. 이런 신체적 효과는 결국 심리적 웰빙, 특히 기분의 영역에서 부정적인 감정의 감소와 긍정적인 감정의 증가, 감정 조절, 사회적 관여 능력에 깊은 영향을 미치는 것으로 볼 수 있다. 그런데 좋은 호흡이란 어떤 것인가?

일반적으로 '좋은 호흡'은 세 가지 요소를 수반한다. ① 들숨과 날숨의 균형, ② 온몸에서 편안하고 유동적인 흐름, ③ 변화하는 내부와 외부의 사건에 신속하고 효과적으로 적응할 수 있는 능력. 좋은 호흡의 이 세 가지 특징은 순환계의 생리에서 기원한다.

들숨과 날숨의 균형으로 시작해 보자. 여기서 우리는 앞서 살펴본 생물학적 설정점이라는 개념으로 돌아갈 수 있다. 우리 몸에서 혈액가스, 특히 산소와 이산화탄소의 비율이 항상 균형을 이루는 것은 매우 중요하다. 그 비율은 변화하는 환경에 반응해 잠시 조금 바뀔 수 있지만, 기본적으로 함부로 건드릴 수 있는 설정점이 아니다. 만약 이 두 가스가 균형을 잃게 되면 pH 균형이 변하고, 그러면 강산성 또는 강알칼리성이 된다. 스쿠버 다이버와 아폴로 13호의 우주비행사[1]의 경우처럼 극단적인 경우에는 이 pH 불균형이 사람을 금방 죽일 수 있다. 그런데 흔히 숨을 너무 많이 들이마시거나 너무 많이 내쉬는 습관으로 인해 미세한 불균형이 만성적이 될 수도 있다. 들숨과 날숨의 만성적인 불균형은 신체적·심리적 건강에 많은 질병과 부정적인 영향을 초래할 수도 있다. 들숨과 날숨의 균형을 맞추지 않으면 우리는 아프게 된다. 호흡은 균형 상태에 있을 때 건강한 삶의 가장 훌륭한 수단 중 하나일 수 있다.

다음으로, 호흡은 최소의 노력으로 쉽게 흘러 들어오고 나가야 한다. 휴식 상태에서 들숨은 실제로 노력을 요한다. 대개 폐 아래쪽을 받치는 반구형 덮개인 횡격막 근육을 수축시켜야 하기 때문이다. 횡격막 근육이 수축되면 횡격막 반구는 수동적으로 폐가 부풀게 하고 공기가 쉬 들어오게 하여 차츰 평평해진다. 운동을 하거나 강렬한 경험을 하는 동안에는 숨을 더 깊이 들이쉬기 위해 호흡기계가 (목 주변의 갈비뼈 사이의) 다른 근육을 동원한다. 반면에 날숨은 풀어놓는 행위다. 공기 대부분이 폐를 떠나가도록 근육을 이완하고 중력이 작용하게 한다. 중력은 이런 일에 정말 능하다. 운동이나 강렬한 경험을 하는 동안에만 공기를 적극적으로 밀어내야 한다. 우리는 모든 세포 활동에 산소를 연료로 사용하기 때문에 이렇게 왔다 갔다 하는 진동으로 공기에서 새로운 산소를 가져온다. 이런 세포 활동의 산물로 몸이 과도한 이산화탄소를 발생시키는데, 이산화탄소는 축적되고 또 날숨으로 배출되어야 한다. 우리가 기능하는 데는 산소와 이산화탄소가 다 필요하다. 따라서 휴식 상태와 더 격렬한 경험 동안 모두 근육 활동의 수축과 이완이 이 과정의 효율성을 촉진하거나 억제할 수 있다. 천식이나 공황 발작을 경험한 사람이라면 누구나 알 수 있듯이, 스트레스나 웰빙은 수축과 이완의 강도, 그리고 날숨과 들숨의 교차 타이밍을 통해 예측된다.

좋은 호흡의 마지막 특징은 변화하는 사건과 관련해 호흡을 바꿀 수 있는 능력이다. 간단히 말해서 이는 그 순간의 요구에 따라 필요할 때 더 많은 산소에 접근하고, 필요하면 더 많은 이산화탄소를 내보낼 수 있다는 뜻이다. 우리는 길을 달릴 때 더 깊이 숨을 들이쉴 수 있나? 잠잘 시간이 될 때 내려놓고 이완 상태로 충분히 숨을 내쉴 수 있나?

스트레스나 어떤 질병, 심지어 다양한 심리적 문제는 흔히 변화하는 환경에 맞게 바꿀 수 없는 고정된 특정 호흡 패턴과 결부된다. 예컨대, 충분히 깊은 호흡에 익숙하지 못해 어려운 상황을 더 나쁘게 느끼거나 (성적 쾌감과 같은) 즐거운 상황에서 흥이 깨질

지도 모른다. 호흡이 몸 안팎의 상황과 잘 조화를 이룰 때 우리는 더욱더 바디풀니스 상태로 삶을 항해하게 된다.

신체 건강과 좋은 호흡의 관계는 매우 분명해 보인다. 반면 심리적 건강과 좋은 호흡의 관계는 겉으로 잘 드러나지 않는다. 그렇다고 무시할 수는 없다. 예컨대, 많은 이론가와 임상가는 호흡이 강한 감정이나 불편한 상태를 피하려는 의식적·무의식적 시도의 영향을 받는다는 데 동의한다. 또한 연구자들은 우리가 호흡을 제한할 때 지각적 감각을 약화시키고, 따라서 불안이나 두려움, 무감각을 초래한다고 확신한다.

신경과학자들은 뇌의 주요 정서 중추인 변연계가 호흡 패턴에 중요한 역할을 한다는 사실을 발견했다. 호흡 기능은 변연계, 후각 영역, 언어 중추 도처에 존재하며, 감정이나 감각, 발성에 호흡을 연결한다. 연구자들은 급격하고 얕은 호흡이 불안과 두려움이라는 감정을 **유발**할 수 있다는 사실을 발견했다. 이런 호흡은 그 자체가 불안, 공황, 일어나고 있을 일에 대한 부정적인 해석을 유도할 수 있는 부정적 나선형을 만들어낼 수 있다. 어떻게 숨 쉬는가는 어떻게 대처하는가와 상관관계가 있다. 좋은 소식은 긍정적인 감정, 특히 웃음이 호흡과 그 후의 대처에도 긍정적인 영향을 끼친다는 사실이다.

태아는 자궁에서 엄마의 호흡을 듣고 그 호흡으로 몸이 흔들리며 숨 쉬는 패턴을 배우기 시작한다. 이 학습 과정은 아이가 양육자의 품에 안겨 그들의 호흡 리듬에서 안전한지 아닌지, 고요한지 흥분했는지, 불규칙한지 안정적인지를 직접 감각하면서 계속된다. 아이는 주변 사람들의 호흡 패턴을 말없이, 그리고 의식적인 주의 없이 직접적으로 내면화한다. 아이가 자라 성인이 되어가면서 지금 자기가 누구이고 어디에 있는지에 따라 어떻게 숨쉴지를 스스로 선택할 수 있게 된다. 우리의 숨, 우리의 영혼에 대한 의식적인 선택은 바디풀니스의 충만한 삶으로 향하는 문을 연다. 의식적으로 숨 쉬는 사람이 되기 위한 선택은 끊임없이 특별한 노력을 요구한다.

호흡하기, 감각하기, 감정 표현하기의 관계는 단지 정서적 '유창성 fluency'뿐만 아니라 인지 지능에도 매우 중요하다. 좋지 못한 호흡 습관과 불균형한 호흡은 우리의 정서 상태를 감각하고 그에 따라 적절하게 행동할 수 있는 능력을 감소시킬 수 있다. 좋은 호흡 습관은 정서 안정과 긍정적인 느낌을 촉진한다. 이 때문에 호흡은 신체적·심리적 조절이나 역작용을 일으키는 데 강력한 동인이 될 수 있다. 바디풀니스 수련에서는 신체적·심리적 상태가 상호의존적으로 일어나며, 따라서 우리의 수련에서 의식적인 호흡이 중심적인 역할을 할 것이다.

특화된 호흡 수련

현재의 여러 심리치료와 관조 전통들은 특정한 호흡 수련이 몸의 에너지 수준을 높이고 호흡의 적응력을 높이며 몸의 자연스러운 흐름을 활성화함으로써 (정신적, 정서적, 신체적) 질병의 증상을 완화하는 데 도움이 될 수 있다고 끊임없이 주장한다. 그러나 이를 달성하기 위해 사용되는 기법들에는 논란의 여지가 있다.

일부 고전적인 몸 중심 심리치료사들은 입을 벌려 깊고 빠르게 호흡하는 것이 깊이 묻혀 있는 느낌들에 대한 방어기제를 뚫고 정화함으로써 정서적 방어를 극복할 수 있게 해준다고 믿는다. 또한 이 기법은 감각이 없거나 접촉이 끊긴 사람들에게 감각을 고조시켜 준다고 한다.

증가된 호흡량과 속도를 사용해 감정을 해방시키고 에너지를 높인다는 생각은 몸으로 작업하는 다른 심리치료사들의 관점과 대조를 이룬다. 지금 많은 사람들은 깊고 빠른 호흡법이 위험할 수 있으며, 심리적인 스트레스와 위기를 유발할 수 있고, 과호흡 때문에 불안 발작을 촉발할 수도 있다고 믿는다. 일부 치료사와 임상가는 주의와 인내를 통해 **부드럽게 달래서 드러내야** 한다고 제언한다. 기계적이고 억지스러운 방법을 통해 호흡을 바꾸려는 시도는 아마 호흡 습관 자체에는 별 영향을 주지 못할 것이다. 왜냐하면 이런 일시적인 방법이 오랜 시간에 걸쳐 발달해 온 근본적인 패턴을 바꾸지는 못하기 때문이다. 차라리 우리는 의식적으로 주의를 기울이는 순간 동안 호흡이 자유롭게 일어나도록 수련하는 편이다. 탄트라와 요가 전통에는 매우 구체적이고 상세한 호흡 수련법이 아주 많다. 그중 어떤 것은 더 자극적이고 카타르시스를 주며, 또 어떤 것은 더 차분하고 원기를 회복시켜 준다.

종합해 보면, 이 모든 전통은 일반적으로 다음의 두 가지 전략을 향하는 듯하다. 하나는 활기를 북돋고 활성화하고 심리적 장벽을 뚫고 나가는 의식적인 호흡을 옹호하며, 다른 하나는 진정시키고 허용해 주고 이완한다. 표현은 다를지 몰라도 두 전략은 모두 가동성과 활력을 중요하게 여긴다. 표면상으로 그 둘은 대

4장 호흡하기

조되고 심지어 모순되는 것처럼 보인다. 그러나 두 패러다임 역시 우리의 호흡 자체(들숨이라는 다소 각성되는 생리와 날숨이라는 이완하고 흘려보내는 생리)와 상당히 유사한 것 같다. 아마 우리는 몸의 지혜를 따라 선택해 바디풀니스의 방식으로 이런 두 유형의 수련법을 모두 사용할 수 있을 것이다.

특정 호흡 수련을 선택하는 방법

잘 구성된 특정 호흡 수련 기법은 바디풀니스 도구의 유용한 부분으로 사용될 수 있다. 그러나 어떤 사람에게 효과가 있는 것이 다른 사람에게는 그렇지 않을 수 있고, 변화하는 상황에 따라 다양한 순간에 여러 가지 호흡법을 선택할 것이다. 예를 들면, 때로는 신체 건강을 위해서, 때로는 정서 안정을 위해서, 또 때로는 영적 탐색을 위해서 호흡법을 사용한다. 우리는 목적에 따라 다양한 호흡법을 선택하지만, 어떤 호흡법에서든 감각을 추적하고 안정성과 가동성을 함께 느낄 수 있는 능력을 유지하는 방식으로 호흡하는 것이 중요하다.

여러분 몸의 지혜와 원리가 이끄는 대로 현명하게 선택하려면 다양한 전통에서 전해 내려오는 호흡법으로 여러분을 도와주는 몇 가지 실용적인 지침을 따를 수도 있다. 아니면 그 호흡법을 수정하거나 여러분만의 호흡법을 만들 수도 있다.

• **자신의 호흡 패턴을 파악하라**. 차분한 상태와 스트레스를

받은 상태에서 여러분의 호흡을 관찰하라. 호흡을 분석하거나 판단하기보다는 묘사하라는 의미다. 호흡이 느린지 빠른지, 깊은지 얕은지, 배에서 더 많이 일어나는지 가슴에서 더 많이 일어나는지 등을 그저 알아차리라. 평가에는 다음과 같은 측면이 포함될 수 있다: 호흡의 3차원성, 다양한 신체부위(특히 몸통) 전체를 흐르는 움직임의 흐름, 들숨과 날숨의 균형, 호흡 시 노력의 패턴, 호흡 속도, 감정과 각성 상태와 호흡의 연관 방식, 호흡이 그 상태를 지지하는지 아니면 방해하는지 확인하기. 무엇보다 평범한 상황뿐만 아니라 도전적인 상황에 있을 때 여러분의 호흡을 알도록 하라. 여러분이 선택한 호흡법이 자기를 알도록 돕는가?

• **자연스러운 진동과 협력하라.** 호흡은 오고 간다. 이 생물학적 진실에 일치되게 맞추는 것이 건강한 호흡을 다시 만들고 소화계, 심혈관계, 내분비계, 신경계의 진동과 같은 다른 신체 진동을 조절하는 수단으로 호흡을 사용하는 법을 배우는 데 도움을 줄 것이다. 경험에 비춰볼 때, 이것은 들숨과 날숨 사이의 오고 감처럼 협력적으로 느껴진다. 50 대 50 똑같은 비율로 숨을 들이쉬고 내쉰다는 뜻은 아니다. 예를 들면, 흔히 날숨이 들숨보다 시간이 더 걸린다. 그러나 들숨과 날숨이 연결되고 서로 지지하는 것을 느껴야 한다. 아마 이런 신체적 균형이 정서적 균형과 심리적 균형도 예측할 것이다. 여러분이 선택하는 호흡법이 이런 협동적인 오고 감을 느끼게 해주는가?

• **스스로에게 자기 조절을 가르치라.** 여러분의 호흡 습관을 안정시켜 주고 패턴을 다시 만들어주는 의식적인 호흡법을 배우면 학습 환경 밖에서와 일상의 스트레스 상황에 적용할 수 있어

아마 여러분에게 도움이 될 것이다. 이런 호흡법은 필요할 때 언제 어디서나 사용될 수 있는가? 온종일 좋은 호흡을 수련할 수 있는 것은 시간이 흐르면서 역기능적인 호흡 패턴을 자기 주도적으로 해소하는 데 큰 도움이 된다. 또한 좋은 호흡은 지시에 의존하기보다 스스로 조절할 수 있게 한다. 여러분이 고려하고 있는 호흡법이 이를 돕는가?

• **관계 속에서 호흡하라.** 호흡은 전염성이 있다. 여러분이 숨 쉬는 방식이 주변 사람들이 숨 쉬는 방식에 영향을 주어 일종의 호흡 공동체를 만들어낸다. 이런 의미에서, 여러분이 여러분의 가족, 친구, 동료들이 혜택을 얻을 수 있는 자원으로서 좋은 호흡을 하는 사람이 되기를 바란다. 이 모델링 효과가 여러분이 자리 잡고 있는 사회체계 안에서 그 자체의 치유 추진력을 행사할 수 있다. 여러분이 선택한 호흡법이 이를 돕는가?

• **느낌과 함께 호흡하기를 배우라.** 감정과 호흡은 서로 공동으로 조절되므로, 감정적인 순간 동안 의식적으로 호흡하기를 자원으로서 사용할 수 있다. 여러분이 '실제로' 어떻게 느끼는지에 관여함이 '얼마나 많이 혹은 얼마나 조금 느끼는지'보다 더 중요하다. 이렇게 호흡법은 감정을 불필요한(또는 진짜가 아니거나 바람직하지 않은) 수준까지 과장하기보다는 감정 처리를 지지하는 데 사용될 수 있다. 여러분이 고려하는 호흡법이 이를 돕는가?

• **호흡법을 상향 조절과 하향 조절을 위한 자원으로 활용하라.** 들숨과 날숨이 자연적으로 함께 일어나는 것처럼, 활성화하는 의식적인 호흡법과 진정시키는 의식적인 호흡법을 다 배우고 활용할 수 있다. 이렇게 호흡은 건강한 몸의 유기적인 진동을 다시 만

들어낸다. 여러분이 고려하고 있는 호흡법이 이를 돕는가?

• **의식적인 호흡 변화를 위한 시간을 허락하라.** 여러분의 호흡 패턴에 인내심을 가지라. 호흡은 대개 자율신경계에 의해 조절되므로, 오랫동안 각인된 호흡을 수련하고 바꾸는 데는 시간이 걸린다. 몸에 깊이 밴 호흡 패턴에 지속 가능한 변화가 일어나려면, 계속 일어나고 있는 호흡에서 균형을 향상시키기 위해 의식적인 호흡을 수련하는 데 몇 달이 걸릴 수 있다. 수업이나 피정에서 하는 호흡 수련은 강력하거나 흥미진진할 수 있다. 하지만 그 호흡 수련이 호흡의 변화를 지속하는 데 도움이 되는가? 여러분이 하려고 생각하는 호흡법이 이를 인정하는가?

균형 잡힌 호흡 수련

특정한 호흡법을 현명하게 고르도록 도와주는 위의 지침을 고려해 볼 때, 시시각각 우리를 움직이는 각각의 호흡을 촉진하는 데 그 지침을 어떻게 활용할 수 있을까? 어떻게 버스 정류장에서, 모임에서, 연인의 팔 안에서, 또는 아이를 안을 때 더 좋은 호흡을 할 수 있을까? 나는 여기서 '균형 잡힌 호흡 수련'[2]이라 부르는 방법을 제시하고자 한다. 그것을 배움으로써 처음에는 좀 더 중립적인 상태에서, 나중에는 스트레스 상황에서 혼자 수련할 수 있다. 여러분이 자기 상태를 조절하거나 타인의 상태를 보조해야 할 때 이 호흡 수련을 쉽게 적용할 수 있다. 아래 순서에 따라 1~2분 내지 더 길게 연습하라. 이 호흡 수련은 움직이면서는 물론 다양한 자세(앉기, 서기, 눕기 등)에서 연습하면 가장 효과적이다. 도움이 되고 수월하게 느껴질 때까지 연습하라. 이것을 수련하기 가장 좋은 시간 중 하나는 잠에서 막 깨고 있을 때, 또는 막 잠에 들려고 할 때다. 이런 순간에는 신경계가 좀 더 나긋나긋하기 때문이다. 이 수련은 결국 좋은 호흡 습관이 된다. 여러분은 이 수련을 쉽게 짧은 토막으로 배우겠지만, 될 수 있으면 빨리 그 토막들이 매끄러운 전체로 연결되기를 원할 것이다.

◎ 그냥 들숨으로 시작한다. '들숨'에 주의를 기울이는 동안 날숨이 스스로를 돌보게 그냥 놔두라. 앞에서 배운 대로 들숨은 노력을 요한다. 들숨 단계의 과업은 근육 수축을 과하지도 모자라지도 않도록 가능한 한 효율적이게 만드는 것이다. 횡격막의 수축을 가장 쉽게 하기 위해 복식호흡이라는 것을 할 것이다. 복식호흡은 호흡이 골반 바닥까지 다 내려가는 과정이 느껴지도록 하는 것이다. 여러분은 분명 공기를 아무 데로가 아닌 폐 속으로 들이쉬지만, 폐 속으로 숨이 들어간다는 은유를 통해 배를 움직임으로써 횡격막 반구형이 더 쉽게 납작해질 수 있고, 그것이 폐를 수동적으로 확장해 폐가 공기를 쉽게 빨아들이게 된다. 이는 또한 조절되지 않은 감정 및 불안과 연관되는 흉부호흡 패턴을 피하게 해준다. 매번 들숨이 복부를 좀 더 둥글고 가득 차게 만드는 것처럼 잠시 들숨을 쉬어보자. 들숨이 골반통 속으로 내려가는 길을 다 느낄 수 있는 것처럼. 처음에는 그것을 실제로 느낄 수 있도록 더 큰 숨으로 들이쉬고, 그다음에는 좀 더 보통의 호흡량으로 들이쉬어 보라. 기억하라. 이것은 매번 얼마나 많은 공기를 들이쉬는가에 관한 것이 아니다. 꼭 '공기를 더 많이 들이마시면 더 좋다'는 것이 아니다. 여러

분이 얼마나 수월하고 우아하게 숨을 들이마시는가에 관한 것이다. 들숨은 긴장을 풀고 복부를 동원할 때 자연스럽게 일어난다. 여러분이 원하는 만큼 시간을 가지고 복부가 여러분과 함께 움직이는 들숨 쉬기를 이리저리 해보며, 다른 신체부위를 이완함으로써 들숨을 지지하게 하라. 다양한 자세로 숨 들이쉬기 놀이를 해보라. 들숨에 집중할 때 어떤 은유가 떠오르는가? 온 힘을 기울이거나 너무 애쓰지 않고 이 작은 노력을 들이는 것이 괜찮은가? 노력이 쉬울 수 있는가? 이 수련법을 활용해서 들숨을 통해 살아 있음을 확인하고자 끊임없이 작은 노력을 하는 것이 무슨 의미인지에 대해 여러분이 가지고 있을지 모를 묻혀 있는 연상을 드러내라.

◎ 이제 날숨 차례다. 앞에서 언급했듯이 휴식 상태에서 숨을 내쉬는 것은 내려놓는 행위다. 우리 중 누군가는 내려놓음이라고 하면 무너짐, 무기력, 통제 상실을 떠올리며 날숨을 무섭게 여길지 모른다. 그래서 날숨 수련을 이용해 중력과의 능동적 협력과 무기력한 수동적 포기의 차이를 의식적으로 계발하는 것이 중요할 수 있다. 직접적인 경험은 마치 날숨에 갈비뼈 하나하나가 더 가까이 쉬고 있는 것처럼,[3] 그리고 여러분의 무게가 의자나 바닥에 지지를 받고 있는 것처럼 느껴질 것이다. 숨을 내쉴 때 몸통의 무게를 실제로 느끼라. 시간이 갈수록 그 느낌은 몸에 정지 상태의 편안함을 제공하고 중력이 도움이 될 수 있음을 직접 경험하게 할 수 있다. 이제 얼마 동안 날숨에 집중해 보자. 그리고 들숨이 스스로를 돌보게 그냥 두어보자. 다양한 자세로 날숨을 쉬어보자. 숨을 내쉬며 노력을 푸는 것에 집중해 보자. 숨을 놓을 때 마지막에 조금 더 풀어놓을

수 있나? 만약 등을 대지 않고 앉아 있다면(이 자세를 추천한다), 몸을 효율적으로 세워주기 위해 척추 옆에 붙어 있는 작고 짧은 근육만 남겨두고 등과 어깨, 가슴의 모든 대근육이 이완될 수 있다. 날숨은, 어떤 일은 노력을 멈춤으로써 성취될 수 있다는 근거를 보여준다.

◎ 이제 들숨과 날숨을 통합된 연습으로 함께 해보자. 배를 살짝 부풀렸다가 무게가 바닥의 지지를 받는 느낌으로 내려놓는 것을 번갈아 해보자. 그저 들숨의 효율적인 활성화와 날숨의 즐거운 이완을 수련하는 것이 많은 이에게 충분할 수 있다. 처음에는 (요령을 알기 위해서) 단독으로 연습할 수 있으며, 시간이 갈수록 여러분의 현재 상태를 접촉하고 관리하고 생산적이게 만드는 방식으로 이 방법을 적용할 수 있다.

◎ 원한다면 들숨과 날숨 사이 전환의 순간에 작업하는 균형 잡힌 호흡의 고급 수련법을 배울 수 있다. 먼저, 들숨에서 날숨으로의 전환으로 작업해 보자. 제한된 들숨은 흔히 몸통을 좁고 올라간 형태로 쥐어짜서 호흡이 똑바로 올라가고 내려오는 것처럼 느끼게 만든다. 들숨에서 날숨으로 '둥글게 내쉬는' 전환이 여러분의 몸이 호흡 파동과 함께 삼차원으로 흐르게 해줄 수 있다. 들숨의 정상에 둥근 형태가 있어서 들숨이 밀리는 것이 아니라 날숨으로 쉽게 '굴러 넘어갈 수 있다'고 상상해 보는 것이 도움이 될 것이다.

◎ 다음의 고급 수련은 날숨의 끝에 대해서 작업하는 것이다. 우리는 자신을 고요하고 안전하게 경험할 때 날숨의 끝에 자연스럽게

아주 약간 멈추는 경향이 있다. 그 멈춤의 순간에 우리 몸은 다시 숨을 들이쉬기 위해 '영감을 받기를' 기다린다. 고급 날숨 수련은 이를 이용해 이 자연스러운 멈춤이 저절로 일어나도록 허용한다. 억지로 하려고 하면 생리적인 멈춤을 깨트리고 자연스러운 주기의 이완을 방해하기 때문에, 억지로 하지 않는 것이 중요하다. 멈춤이 나타나면 그저 지켜보고 맞이하라. 그리고 여러분의 몸이 생리적 힘으로 다시 숨을 들이쉬도록 스스로를 조직하는 것을 가만히 지켜보라. 두 고급 수련에서 무슨 연상이 떠오르는지 알아차리라. 의식적으로 깨어 있는 호흡은 모두 잠재적으로 강력하고 유용한 관조 상태를 불러일으킨다.

◎ 준비가 되면 들이쉬기, 굴러가기, 내쉬기, 멈추기, 네 가지 수련을 조합해 보라. 즐기라! ⊙

위에서 제시한 균형 잡힌 호흡 수련은 바디풀니스를 계발하기 위한 하나의 가능한 놀이 프로젝트다. 호흡은 지문처럼(그리고 말할 것도 없이 우리의 온몸도) 고유하다는 점을 기억하는 것이 중요하다. 자신이 어떻게 숨을 가장 잘 쉬는지는 자신이 제일 잘 안다. 호흡에 대한 자신의 실험을 믿고, 전수되는 수련법과 여러분이 발명한 수련법을 사용하는 것에 대해 자신의 판단을 신뢰하라.

호흡 수련의 목적

앞서 언급했듯이 의식적인 호흡 수련은 다양한 목적을 따른다. 따라서 현재 여러분의 목적을 알면 호흡작업을 증강할 수 있다. 아래에는 호흡작업 수련으로 성취하고자 하는 것에 대한 네 가지 모델, 즉 관계 모델, 에너지 모델, 조절 모델, 의식 모델이 있다. 네 가지 모델 모두 균형 잡힌 호흡 수련으로 시작하고, 거기서 더 도전적으로 맞춤형 수련을 만든다. 여러분의 필요와 목표에 따라 네 가지 모델을 서로 바꿔 사용할 수 있다.

관계 모델

호흡은 개인적 과정일 뿐만 아니라 사회적 공동 과정이다. 자궁에서 시작되어 일생 동안 지속되는 우리의 호흡 패턴은 타인이 무엇을 하고 있는지로부터 영향을 받는다. 앞에서 언급한 것처럼, 유아기 발달에서 아기의 자율신경계는 주변 사람의 호흡을 '듣고' 양육자의 호흡 패턴에 자신의 호흡 패턴을 조화롭게 맞추며 타인의 호흡 특징에 길들여진다. 성인의 관계에서 호흡은 타인과의 상호작용의 질이 평온한지, 스트레스에 차 있는지, 성적으로 각성되는지, 행복한지, 두려운지에 끊임없이 영향을 받는다. 예컨대, 비언어적 의사소통 연구에 따르면, 서로 좋아하는 사람끼리 상호작용할 때 사람들은 같은 속도로 호흡하고, 같은 순간에 숨을 참거나 한숨을 내쉬는 경향을 보이면서 '2인무' 같은 호흡을 창조해 낸다.

치료사들은 흔히 누군가와 관계를 유지하기 위해서는 호흡하면서 접촉을 왔다 갔다 하는 것(이를테면, 상대방을 바라보고 상대에게서 눈길을 돌리는 것)이 가장 좋다고 한다. 관계가 불편하거나 대립적일 때는 이렇게 하기가 어려울 것이다. 호흡은 종종 연결과 관계를 깨는 방어 전략으로 경직된다. 상호작용하는 상황에서 평화로운 방식으로 호흡하고 있는 사람이 있다면 그 상황 안에 있는 다른 사람들도 그렇게 호흡하도록 영향을 끼칠 수 있을 것이다. 여러분은 관계와 '호흡'의 개선 전략으로 좋은 호흡을 하는 사람이 되는 역할을 실험해 볼 수 있다. 이런 식으로, 잘 조절된 호흡으로 상황에 직접 개입하면 건강한 관계를 만드는 데 도움이 된다.

함께 하는 호흡 수련

이 수련에서 여러분과 함께 호흡하고자 하는 친구나 동료를 찾으라. 서로 나란히 옆으로(어깨를 이어서) 앉아 잠시 각자의 호흡을 있는 그대로 점검해 보라. 호흡을 바꿀 필요는 없다. 이제, 계속 서로 나란히 앉은 채로 각자 손을 상대방의 등 가운데에 올려놓고 짝의 호흡의 움직임을 느껴보라. 먼저, 왼쪽에 앉은 사람이 짝의 호흡에 맞춰 자기 호흡을 바꿔볼 것이다. 1~2분이면 된다. 여러분이 짝과 함께 호흡할 때 여러분 안에서 무엇이 변하는지 알아차리라. 매우 다른 패턴일 수도 있고, 매우 비슷한 패턴일 수도 있다. 호흡하는 방식을 맞출 때 어떤 느낌이 드는가? 비슷하게 숨을 쉬면 어떤 느낌이 일어나는가? 이제 역할을 바꿔 오른쪽에 앉은 사람이 자신의 호흡을 짝의 호흡에 맞춰보라. 어떤 일이 벌어지는가? 마지막으로,

그냥 여러분의 방식대로 호흡하면서 짝의 호흡과의 차이와 유사성을 알아차리라. 여기서 목적은 다른 사람처럼 호흡하는 것이 아니라 여러분이 타인의 호흡과 가까이 접촉하고 있을 때 무슨 연상이 떠오르는지를 알아차리는 것이다. 이런 연상은 관계가 어떻게 작동되는가에 관한 자신의 모델과 관련이 있을 가능성이 크다. ⊙

에너지 모델

심리치료자, 의사, 명상가들은 의식적인 호흡이 몸에서 가용한 에너지와 활력을 높일 수 있다고 주장한다. 에너지 모델은 살아 있음의 자연스러운 상태를 지지해 주는 몸 안의 유동체, 가스, 조직의 파동이나 박동을 재정립하기 위해 의식적인 호흡을 사용한다. 이 모델에서 보면, 호흡 수련은 더 많은 '에너지'를 생성할 수 있다. 비록 **에너지**라는 용어가 흔히 느슨하고 모호하게 정의되어 오긴 했지만, 에너지 모델은 늘 그런 것은 아니고 흔히 정서를 느끼고 표현하는 것과 결부된다. 많은 사람이 최상의 웰빙을 위해서는 항상 에너지를 '올려야' 한다는 보편적인 오류를 범하고 있다. 이제 바디풀니스에 대해 우리가 아는 것은 내면과 외부에서 일어나는 일과 미묘한 춤을 추며 에너지를 올릴 수도 있고 낮출 수도 있음을 실제로 느끼기를 원한다는 사실이다. 정확한 정서 표현은 물론 우리의 에너지를 민감하게 조절해 주는 의식적인 호흡은 신체적·심리적 긴장을 이완하고 자연스럽고 즐거운 경험의 흐름을 허용해 주는 자원이 될 수 있다.

여러분이 원한다면 이리저리 움직일 수 있는 공간을 찾으라. 할 수 있다면 이 수련은 서서 하는 것이 제일 좋을 것이다. 먼저, 배 아래까지 깊이 숨을 가득 들이키라. 중력 속으로 내려놓듯 날숨을 내쉬라. 이것을 잠시, 1분이 넘지 않게 하고, 통증이나 어지러움 등 어떤 증상을 느끼면 멈추라. 이런 식으로 공기를 더 들이마신 다음에, 혹은 더 큰 호흡을 멈출 때, 근육 수축이 들이마신 여분의 산소를 다 쓸 수 있도록 그저 자유롭게 움직이며 즐기라. 이 실습은 더 많은 호흡으로 얻은 여분의 에너지를 호의적인 방식으로 견디는 것을 서서히 배우도록 돕기 위해 준비된 것이다. 여러분은 움직이기 전에 숨을 한두 번만 쉴 수도 있다. 그래도 괜찮다. 많이 쉰다고 더 좋은 것은 아니다. 전체 연습은 몇 분을 넘기지 않아야 한다. 다시 한번 말하지만, 많이 한다고 더 좋은 것은 아니다. 이것은 여러분의 에너지를 위한 새로운 설정점을 서서히 찾는 것이다. 만약 어떤 종류의 호흡기 질환이나 심혈관계 질환을 앓고 있다면 안전을 위해 이 연습을 뒤로 미루는 것이 좋다. (이 실습은 게이 헨드릭스와 캐슬린 헨드릭스Gay and Kathlyn Hendricks의 빛 호흡작업Radiance Breathwork 체계를 재구성한 것이다.)

다음 실습은 누워서 해야 한다. 잠자리에 들기 직전에 하는 것이 더 좋다. 다시 한번 말하지만, 이 수련이 여러분에게 도움이 되는지 아닌지에 관해서는 여러분의 판단을 먼저 신뢰하라. 이 수련에서는 잠들 때 날숨에 조금 더 강조점을 두기만 하면 된다. 날숨이 들숨보다 조금 더 충분해야 진정 효과가 일어나기는 하지만, 완전히 숨을 내쉬는 것이 진정시켜 주는 경향이 있다.

이 수련의 중요한 특징은 숨을 내쉬면서 여러분의 무게가 중력 속으로 가라앉는 것을 느끼는 것이다. 이 내려놓기는 다양한 근육에도 적용될 수 있다. 침대에 닿아 있는 다양한 신체부위의 무게를 그저 느끼라.

아침에 침대에서 일어나기 직전에는 반대로 할 수 있다. 잠시 들숨을 약간 강조하라. 하루를 시작할 때 이것이 여러분의 활기를 북돋는 것을 발견할 것이다. 이 두 수련은 하루 중 여러분이 진정해야 하거나 에너지를 올려야 할 때 활용할 수 있다. 결론적으로, 여러분이 편한 방식으로 자신의 에너지 수준에 대해 작업할 수 있기를 원할 때, 들숨과 날숨은 그것을 이루는 탁월한 수단을 선사한다. ⊙

조절 모델

의식적인 호흡은 우리의 정서적·심리적 상태는 물론 생리적 상태를 조절할 수 있다. 호흡은 신진대사의 신체적 조절에 긴밀하게 묶여 있다. 이는 매번 우리를 진정시키거나 활성화하는 식으로 호흡할 때마다 직접 느껴질 수 있다. 앞에서 본 것처럼, 신진대사는 변화하는 조건에 끊임없이 적응해야 한다. 감정은 그 자체로 대사 속도상의 일시적인 변화의 산물이다. 생물학적인 입장에서, 감정은 안팎의 환경에 적응적인 반응을 형성하기 위한 방법으로 오고 가도록 되어 있다. 감정이 오지 않을 때(억압 또는 억제), 감정이 가지 않을 때(과잉 동일시), 혹은 감정이 현재 상황과 맞지 않을 때 문제가 생긴다. 이런 경우에 감정적·심리적 실조 dysregulation가 일어난다.

호흡작업 수련의 조절 모델은 우리가 감정적·생리적 차원에서 견딜 수 있는 한도 안에 머물도록 돕는 의식적인 호흡을 사용해 지나치게 각성되지도 지나치게 가라앉지도 않은 채로 기능할 수 있게 해준다. 조절 모델에서 호흡은 우리가 현재 상태에 좋은 주의를 기울이며 그 안에서 움직임이 자유롭고 힘이 있는 상태를 유지할 수 있도록 지지해 준다.

호흡 조절 수련

조절 모델과 관련해, 앞의 호흡 수련을 어떤 것에 어려움을 느끼고 그 어려움을 만나기 위해 에너지를 조정해야 하는 일상의 상황에 적용하고자 한다.

다음에 여러분이 약간 도전적인 상황에 있을 때, 잠시 동안 여러분의 호흡을 신중하게 바꾸어보라. 그러면 여러분이 그 도전을 만나는 데 도움이 될 것이다. 이는 여러분의 들숨 또는 날숨을 조금 더 강조하라는 의미일 수 있다. 아니면 균형 잡힌 호흡을 하라는 의미일 수도 있다. 요컨대, 여러분의 상태를 조절하기 위해 의식적인 호흡을 적용하라는 것이다. 도전을 해결하려고 시도하기에 앞서, 제일 먼저 할 것으로 이 수련을 생각하라. 이 수련은 여러분이 도전을 더 효과적으로 만날 수 있게 준비시켜 준다. ⊙

의식 모델

라틴어, 그리스어, 고트어, 아랍어 등 여러 고대의 언어들은 호흡, 공기, 바람이라는 개념과 관련이 있는 혼soul 또는 영spirit을 나타내는 단어를 사용한다. 예컨대, 그리스어로 '프시케psyche' 또는 '프뉴마pneuma'는 **숨, 혼, 공기, 영**과 동의어다. 라틴어에서 그 용어는 '아니마 스피리투스anima spiritus'이며, '호흡' 또는 '혼'을 의미한다. 일본어로 '기気'는 '공기' 또는 '영'을 의미하고, 산스크리트어로 프라나prana는 공명하는 생명력을 뜻한다. 중국어로 **호흡**을 나타내는 글자(气息)는 다 합쳐서 '숨과 자기 또는 마음을 의식하는' 것을 뜻하는 세 글자(气+自+心)로 이루어져 있다.

시대를 거쳐 의식적인 호흡은 마인드풀니스mindfulness, 확장된 자각, 높아진 의식, 그리고 영적인 연결을 이끌어내는 것으로 여겨져 왔다. 많은 경우에 의식적인 호흡은 속도를 늦추고 들숨과 날숨의 세부사항에 면밀한 주의의 기울임을 수반한다. 호흡작업은 또한 타인, 모든 생명, 그리고 있는 그대로의 그 모든 것에 연결되어 있음을 느끼는 자아초월적 상태와도 관련될 수 있다. 마음과 심장을 깨끗이 하고 집중하기 위해 다양한 요가 호흡 수련과 탄트라 호흡 수련을 이용할 수 있다. 많은 경우에 더 일원적인 자기감 및 세계감각과의 연결을 강화하기 위해 그런 호흡법을 활용한다. 다양한 수련이 명상 상태, 정화, 활성화 등 다양한 목표를 촉진하지만, 의식 모델에서는 한 가지 목표로 정해진 수련set practices이 두드러지는 경향이 있다. 공통분모는 더 높은 의식 상태가 드러날 수 있도록 깨끗한 마음과 몸을 추구하는 것이다.

우리 중 열 명이 같은 방에 있을 때, 아인슈타인이 생의 어느 시점에 폐 안에 품고 있던 공기 분자를 그중 한 명이 들이쉬고 있을 가능성이 있다는 사실을 당신은 알고 있는가? 얼마나 멋진 일인가! 우리는 모두 연결되어 있다. 우리는 모두 서로 분자를 교환한다. 또한 우리는 다른 생명체, 특히 식물과 교류한다. 나무가 이산화탄소를 들이쉬고 산소를 내쉰다는 사실을 알고 있는가? 이는 매우 실용적이고 문자 그대로의 차원에서 상호연결의 존재interbeing를 증명해 준다.

잠시 편한 자세로 호흡 명상을 해보라. 먼저 호흡의 정교한 세부사항에 있는 그대로 집중하라. 그리고 그것이 맞게 느껴지면 호흡과 함께 머무르면서 의미 있게 느껴지는 호흡에 관한 연상을 성찰하기 시작하라. 그것은 나무와 여러분의 상호연관성, 타인과 여러분의 연결, 여러분의 신성함에 관한 감각을 수반할지도 모른다. 매 호흡으로 이 연결, 상호연결의 존재에 이를 수 있다. 그것은 여러분의 안과 밖에 다 있다. 호흡은 여러분의 반투과성, 근본적인 진동, 그리고 여러분의 영을 실제로 구현한다. ⊙

의식적인 호흡 수련은 많은 전통을 불러내고 많은 목적에 기여할 수 있다. 우리가 작업하고 싶은 목적을 앎으로써, 그리고 우리의 역사적이며 현재적인 호흡 패턴과 그에 동반해 연상되는 상태에 대해 강한 감각을 소유함으로써, 우리는 더욱더 바디풀니스의 상태로 향하는 길을 호흡할 수 있다. 우리는 근거지를 이루는 균형 잡힌 호흡 수련으로 시작한다. 거기서부터 우리는 우리의 오랜 호흡 방식을 알려주고 그것에 도전할 뿐만 아니라 우리의 생명력, 타인과의 연결을 유지하는 능력, 그리고 더 깨어 있는 상태를 향한 우리의 작업을 향상시켜 주는 새로운 습관을 쌓는 구체적인 실습을 실험할 수 있다.

5장   움직이기

앞에서 언급한 대로, 움직임은
생명을 정의한다. 그래서 몸 움직임과 의식적으로 작업하는 것은
근본적인 방식으로 살아 있음과 바디풀니스에 다가간다. 어떤 종
류이든지 움직임은 자세, 위치, 상태를 변화시키는 무언가를 한
다. 움직임은 우리가 어떤 종류의 행위를 취하는 방식이다. 그래
서 움직임은 신체적·심리적·관조적 가능성을 가지고 있다. 신체
적으로, 감각운동 순환 과정(감각이 신경 경로를 점화해 반응 행위로
바뀌고, 그것이 또 다른 감각을 자극하는 과정)의 구조는 새로운 차원
의 명료함으로 우리의 내적·외적 세계를 이해하도록 이끌어줄 수
있다.

우리 몸은 다른 목적을 위해 매우 다양한 방식으로 움직인다.
우리는 스스로를 보호해야 한다. 발을 헛디딜 때 넘어지지 않게
도와주는 무릎반사부터, 위험에서 도망치도록 조정해 주는 모터

플랜까지 신체의 완전성을 보존하기 위해 움직인다. 또한 우리는 음식 및 물과 같은 필요한 자원에 접근함으로써 자기를 보존하는데, 이를 위해 대개 이동, 즉 여기서 저기로 움직인다. 우리는 윙크하거나 손을 흔들거나 말할 때 성대를 진동시키거나 손가락을 가리킬 때처럼, 소통하기 위해 움직인다. 마찬가지로 가까워질 때 타인에게 기대는 것처럼, 타인과 관계를 맺기 위해 움직인다. 춤추거나 노래할 때마다 창의적인 충동을 표현하기 위해 움직인다. 움직임은 수많은 것을 해내기 때문에 다양한 유형의 움직임이 진화해 왔다.

신진대사 움직임

우리가 만드는 여러 유형의 움직임을 이해하기 위해 연속체를 그려볼 수 있다(그림 1 참조). 그림의 왼쪽에서부터 보면, 여러 다른 생명체는 의식적인 방향이나 의지 없이 자동적으로 하는 움직임을 공유한다. 이런 움직임은 미세하고 유전정보를 통해 미리 정해져 우리에게 오는 경향이 있다. 이 움직임은 흔히 세포, 조직, 기관의 파동 등에서 보이는 확장과 수축처럼 골격근을 사용하지 않고 모종의 박동을 수반한다. 우리는 이런 움직임을 직접 통제할 수는 없지만, 간접적으로 그중 많은 부분에 영향을 끼칠 수 있다. 스트레스 상황에서 심장이 빨리 뛸 때, 멈추어 서서 천천히 깊게 숨을 쉬고 스스로를 진정시킬 수 있다. 이 작업은 흔히 심장박동수를 서서히 감소시킨다. 왜냐하면 심장을 빠르게 뛰게 만드는

신진대사	긴장도	반사작용	모터 플랜	비언어적 의사소통	창의적 움직임
↓	↓	↓	↓	↓	↓
세포 조직 선/기관	얼기 기절	단순 반사 에서 복합 반사	뻗기 밀기 잡기 당기기 내맡기기 걷기	목소리 톤 터치 자세 몸짓 시선	놀이 저절로 일어나는

자동적 ——————————— 반자발적 ——————————— 자발적

속박된 ———————————————————————— 속박되지 않은

덜 의식적인 ————————————————————— 더 의식적인

그림 1. 움직임의 연속체

원인을 통제**할 수 있는** 신체의 방아쇠를 바꾸기 때문이다. 보통 이런 움직임은 직접 관찰될 수 없다. 이런 움직임은 주로 작고 체내에서 자동적으로 일어나기 때문에 대개 은밀하고 개인적이며 타인은 고사하고 자신도 추적하기 어렵다. 이런 움직임은 자동적으로 일어나기 때문에 그 추적을 위해 불필요하게 많은 내수용감각신경을 마련할 필요가 없으므로 에너지가 보존된다.

　심리학적으로 보면, 이렇게 작고 조용한 맥동은 대체로 무의식이라는 프로이트의 생각과 같은 일종의 신체적 무의식일지 모른다. 이렇게 자동적인 행위는 우리 존재, 심지어 우리의 정체성의 기반을 이루면서도 아직 주로 그림자 속에 남아 있다. 프로이

트가 심리학적 무의식을 다뤘듯이, 바디풀니스는 보일 수 있는 것을 밝히면서 신체적 무의식 속으로 여행하는 것이다. 또한 이런 움직임은 우리가 다른 인간, 동물, 생명체와 동질감을 느끼게 해줄 것이다. 왜냐하면 모든 생명은 이런 기본적인 행위를 따라 자신의 패턴을 만들기 때문이다. 인간으로서 우리는 이렇게 묻혀 있는 미세한 움직임과 더 민감하고 친절한 관계를 다지고, 더 직접적으로 작업할 수 있는 능력을 어느 정도 키울 기회를 가지고 있다. 이것이 더 깨어 있는 바디풀니스의 상태를 불러일으킨다고 할 수 있다.

자동적 움직임 수련

조용하고 방해받지 않는 시간을 마련하라. 지속하기 쉬운 편안한 자세를 찾으라. 시선을 안으로 돌리고, 여러분 몸 안에서 일어나고 있는 작고 반복적인 움직임(예컨대, 심장박동)에 주의를 집중해 보자. 심장박동이 정말 세게 뛰지 않는 한 대부분 심장박동을 따라가기란 어렵다. 여유를 가지고, 너무 애쓰지 말라. 그저 들어보라. 그리고 신호가 희미하다고 걱정하지 말라. 원한다면, 보조 수단으로 목에 있는 경동맥이나 손목의 맥박에 손가락을 가져다 댈 수 있다. 손가락을 대고 심장박동 느끼기와 도움 없이 그냥 듣기를 번갈아 하라. 준비가 되었다고 느껴질 때 손이나 손가락으로 심장이 두근두근하는 움직임에 따라 최대한 비슷하게 두드려보자. 의식적으로, 손으로 심장박동을 만드는 움직임이 어떻게 느껴지는지 알아차리라. 어떤 생각, 이미지, 느낌이 떠오르나? 여러분이 원하는 만큼 자주 이 수련을 하라. 심장박동 같은 불수의적 움직임을 복제하기 위해 손에 있는 근육과 같은 수의근을 더 많이 동원할수록, 그것을 추적하고 다룰 수 있는 능력을 점차 키울 것이다.

이 수련을 확장해, 두드리는 속도를 조금 늦추고, 그랬을 때 심장박동이 느려지는지 보라(이는 이완하기, 천천히 호흡하기와 함께 일어난다). 심장의 박동속도를 약간 높이려는 시도도 해보라. 기억하라. 두드리기는 그저 하나의 제안일 뿐이다. 심장은 아주 오래된 지능으로 작동하며 얼마나 자주 뛰는 것이 가장 좋은지를 거의 언제나 알고 있다. 여러분의 심장을 믿으라.

이 수련을 조금 더 확장해, 일할 때 책상에서 혹은 감정적으로 느낄 때와 같은 더 도전적인 상황에서 이 실습을 해보라. 이는 시간이 갈수록 여러분의 신체 상태와 의식적으로 참여하고 그것을 신뢰하는 능력을 점점 키워서 도전적인 상황에 더 민감하게 반응하도록 도와줄 것이다.

또 다른 더 심리적인 변형은 심장박동 자체에 귀를 기울이고 그것이 여러분에게 말하고 있다고 상상하는 것이다. 두근거림 속에 간단한 메시지가 있을 수 있는가? "다 괜찮아, 다 괜찮아" 아니면 "주목해, 주목해" 같은 것? 여러분의 심장박동에 멋진 구절을 갖다 붙이려 하지 말라. 그러는 대신에 주의를 약간 몽롱하게 하고 자각 속에 무엇이 올라오는지 그저 보라. 훌륭한 심리치료라면 다 그렇게 하듯이, 이 실습은 이미지, 느낌, 상징의 형태로 묻혀 있는 자원에 접근하기 위해, 자신의 의식적인 부분과 무의식적인 부분 사이의 장벽을 얇게 줄이기 위해 만들어진 것이다. 이 실습은 생각을 너무 열심히 하면 잘되지 않는다(열심히 생각하기는 흔히 우리 자신의 의식적인 부분과 무의식적인 부분 사이의 장벽을 더 두텁게 만든다). 만약 심장 메시지의 감각을 얻으면 시간을 가지고 그것과 함께 존재하며 직접 관계를 맺고 주의 깊고 자비롭게 여러분의 주의력을 유지하라. ⊙

긴장도tone

움직임을 만드는 데 골격근을 사용하기 시작할 때, 연속체상의 첫 번째 행위는 작고 주로 자동적이며 부분적으로만 우리의 통제하에 있다. 그 행위는, 길고 섬유로 된 근육세포의 본질과 관련이 있다. 근섬유는 개별 근육을 형성하기 위해 한 묶음으로 싸여 있다. 근섬유는 수축할 때 짧아지는데, 이렇게 짧아지면서 뼈를 잡아당겨 공간에서 움직임을 만들어낸다. 근섬유가 완전히 느슨할 때는 **저긴장**hypotonic 상태에 있다고 하는데, 일반적으로 이 상태는 휴식, 잠들기, 내려놓기에 효과적이다. 근섬유가 수축해서 최대로 짧아질 때는 **과다긴장**hypertonic 상태에 있다고 할 수 있다. 이런 상태는 대개 이리저리 움직이기, 들어 올리기, 나르기, 그리고 모든 종류의 일에 효과적이다. 중간 지대에는 적정 긴장 상태가 있는데, 그 상태에서는 근섬유가 단단히 조일 만큼 수축하지만 움직임을 만들기에는 충분하지 않다. 이것은 각성, 준비, 주의가 갖춰진 상태다.

가장 원시적인 방어기제 중 일부는 신체 긴장도와 관련된다.

기절(또는 어떤 종의 경우 죽은 척하기)은 극도의 저긴장을 수반한다. 제자리에서 얼어붙는 것은 과다긴장을 수반하는데, 흔히 반대되는 근육(이를테면, 굴근과 신근)이 동시에 수축해 과다긴장 상태가 뒤따르지만 명시적인 움직임은 일어나지 않는다. 여러 종種의 새끼는 위험에 대한 대처 방식으로 얼어붙기 아니면 기절하기를 사용할 것이다. 그리고 헤드라이트를 받을 때 사슴처럼, 일부 종은 그 방어를 평생 사용한다. 과다긴장에서 나타나는 또 다른 방어기제로는 싸움과 도주라는 두 가지 전형적인 방어수단이 있다. 이 방어기제들은 모터 플랜과 연습을 요하기 때문에, 종이 다 자랐을 때 더 많이 사용되는 편이다. 트라우마 생존자들을 대상으로 일하는 심리치료자들은 흔히 내담자의 신체 긴장도에서 혼란이 있음을 알아차릴 것이다. 생존자들은 과도하게 긴장하거나 긴장이 저하된 방어행동을 반복하는 데 사로잡혀 있다. 생존자들이 차분하지만 각성되어 있다고 느낄 수 있는 신체 긴장도의 넓은 중간 지대를 발견하도록 돕는 것은 회복의 신호가 된다.

신체 긴장도 수련

서서, 앉아서, 그리고 누워서 몇 분 동안 여러분의 신체 긴장도를 실험해 보라. 먼저, 넘어지지 않고 할 수 있는 한 최대한 힘을 빼 극단을 찾아서 그저 털썩 주저앉고 쓰러지고 바닥에 닿는 무게를 느껴보라. 여러분의 주의, 감정, 연상에 무엇이 일어나는지 알아차리라. 그리고 나서는 관찰 가능한 움직임을 많이 만들지 않는 방식으로 긴장시켜 보라. 이때의 연상과 느낌을 알아차리라. 그 후에, 근육이 준비가 되어 있으나 뼈를 당기지는 않는 중간 지대를 찾으라. 이것은 연습이 다소 필요할 수도 있고, 여러분 몸의 일부분은 이미 연습이 더 많이 되어 있을 수도 있다. 이 차분하고 각성된 곳에서 어떻게 느껴지는지 알아차리라. 이 상태에서 어떤 연상을 알아차리는가? ◉

반사

다음 유형의 불수의적 움직임은 반사에 나타난다. 반사는 근육을 사용해 우리를 안전하고 튼튼하게 유지해 줄 뿐만 아니라 더 복잡한 수의적 움직임을 위한 발판이 된다. 반사는 매우 중요하다. 의도적으로 반사를 자극하는 것은 신생아의 발달기적 웰빙을 평가하는 주요 방식 중 하나다. 반사는 슬개골 반사에서 허벅지 앞부분에 있는 사두근이 다음에 무슨 행동을 할지 알아내는 데 시간이 걸리는 뇌를 건너뛰는 것처럼 슬개골에 있는 것과 같은 감각신경 하나를 근육에 있는 운동신경 하나와 연결하며 간단하게 시작된다. 발을 헛딛는 것과 같은 긴급 상황 시에는 감각신경세포가 척수에 들어가 운동신경세포에 직접 연결되어 근육이 빨리 수축되게 하고, 그래서 다리를 길게 늘여(무릎반사라고 한다) 우리를 수직 자세로 유지시켜 줄 것이다. 반사는 협응된 행위로 다른 근육을 함께 모을 때 더 복잡해지기 시작한다. 지향반사 orienting reflex가 한 예다. 정향반사는 갑작스러운 소리나 그 밖의 놀라게 하는 자극 쪽으로 몸을 돌리고 흔히 몸통 비틀기, 고개 돌리기, 팔 들기를 수반한다. 복잡한 반사는 유아기 때의 연습을 통해 뇌 안에서 스스로를 조직화한다.

반사는 빠르지만 멍청하다는 평판을 듣는다. 우리는 무해한 것에 깜짝 놀랄 수 있고, 혹은 반사가 너무 강해서 원래 사건보다 훨씬 더 심하게 우리의 균형을 깨뜨릴 수 있다. 오래 계속되는 심리적 외상에서는 반사가 과잉활동성이 되어 극히 작은 것에 펄쩍 뛰게 만들거나, 아니면 활성화되어야 할 때 침체되어 그러지 못하는 경우가 있다. 신생아와 유아기에는 점점 더 세련된 반사들이 가동되고 서로 균형을 이루게 된다(이를테면, 특정 신체부위에서 굴근반사가 신전반사만큼 강한 것). 반사가 잘 작동할 때는 반사를 이용해 기기와 걷기 같은 전체 행동이 조직화된다. 유아기 발달 단계에서 이러한 몸의 지혜를 얻음으로써 아기는 세상에서 안전을 느낄 수 있게 된다. 신체 놀이와 세상을 탐험하는 동안 반사를 구축하는 것이 이 과정의 핵심적인 부분을 형성한다.

반사 수련

반사를 다루는 바디풀니스 수련은 앞의 실습들과 비슷한 경로를 따른다. 자동적인 움직임은 더 천천히 정교하게 다루어진다. 반사는 신체의 한 부분 또는 몸 전체를 동그랗게 말거나 곧게 펴는 경향이 있다. 반사는 또한 몸을 비튼다. 만약 여러분이 기꺼이 원하고 또한 할 수 있다면 바닥 공간을 깨끗이 치우고 누워보라. 잠시 감각을 점검하고 손가락, 발가락, 손목, 발목, 무릎, 팔꿈치, 어깨, 엉덩이를 원하는 순서대로 천천히 구부려 늘이기 시작하라. 그것을 그저 즐기며, 서서히 이 움직임들을 결합해 구르거나 비틀 수 있는지 보라. 척추를 꼭 포함시키라. 이 과정에서 어떤 느낌이 올라오는지 알아차리라. 최대한 실험적이고 재미있게 하라. 이것은 여러분이 아기 때 했던 것이다. 예컨대, 팔을 늘이는 것이 뻗기가 될 수 있고, 팔을 구부리는 것이 쥐기와 당기기가 될 수 있다는 것을 알아차릴 것이다. 이렇게 해보는 것이 사무실 의자나 운전석에서 하루를 보낸 몸에 기운을 되찾게 해줄 수 있다. 이것은 스트레스와 피로를 줄여주는 것은 물론 기분도 더 좋게 해준다. 이는 의도적으로 반사가 일어나는 방향에 맞춰 몸을 움직이는 것이 집으로 돌아오는 느낌과 유사하기 때문이다. ⊙

반자발적 움직임

이제 호흡에 의해 특징지어지는 반半자발적 움직임을 살펴보자. 우리 폐는 자율신경과 수의신경 둘 다와 연결되어 있어서, 호흡에 신경을 쓰지 않고서도 문제없이 유지될 수 있고, 한편으로는 호흡에 주의를 기울여 아주 근본적인 방식에서 호흡을 의식적으로 바꿀 수도 있다. 이 때문에 사실상 모든 신체 수련뿐만 아니라 모든 주요 영적 전통에서 우리 현재 상태는 물론 장기적인 호흡 패턴에 영향을 주기 위해 의식적인 호흡법을 사용한다. 우리는 4장에서 호흡과 의식적으로 작업하는 수련을 시작했는데, 이 장에서는 의도적인 호흡에 내재되어 있는 움직임의 가능성에 초점을 맞출 것이다.

앞서와 마찬가지로 방해받지 않는 시간, 장소, 자세를 찾으라. 먼저 감각을 점검하라. 이제 호흡에 주의를 돌릴 것이다. 호흡은 쉽게 관찰할 수 있는 반자발적 움직임이다. 앞 장의 실습에서처럼 시간을 두고 그저 호흡을 관찰하되, 호흡을 판단하거나 바꾸려고 하지 말고 호흡 그대로와 함께 있으라. 준비가 되었다고 느껴지면 손을 사용해 호흡 리듬을 부드럽게 따라서 공기 중에 올라갔다 떨어졌다, 혹은 호흡의 박자에 맞춰 왔다 갔다 하게 놔두라. 그 움직임을 의식적으로 따라 하면서 시간을 두고 더 느끼는 것을 배울 수 있다. 좀 더 모험을 해보고 싶다면 의도적으로 이 호흡 물결을 팔, 발, 다리 전체 등 다른 신체부위 속으로 이리저리 보내볼 수 있다. 어떤 지점에서는 호흡 리듬과 함께 의도적으로 움직이며 몸 전체로 확장해 보고 싶을지도 모른다. 이 호흡 움직임과 함께 어떤 연상이 떠오르는가? 어떤 이들에게는 호흡 물결이 올라가고 떨어질 때 대양의 이미지가 떠오른다. 여러분의 몸이 따라 하는 확장과 수축을 알아차리라. 확장할 때 어떤 이미지 또는 느낌이 떠오르나? 수축할 때는? 확장과 수축은 더 복잡한 움직임들이 조직되는 토대로서 몸에서 자주 사용되는 근본적인 진동이다. 또한 확장과 수축은 심리적 연상을 담고 있는 경향이 있다. 커지는 것이 조금 위험하게 느껴지나? 작아지는 것이 기억을 불러일으키나? 하나의 진동이 작업하는 듯싶으면 다른 진동은 내려놓는 것 같은가? 작업하는 것이 어려운가, 아니면 내려놓는 것이 어려운가? 움직임의 신체적 측면과 심리적 측면을 함께 다룸으로써 더 충만한 바디풀니스의

상태를 만들어내는 데 전자가 후자를 지지하고 혹은 그 반대로 정보를 제공하도록 할 수 있다. ⊙

모터 플랜

몸에는 우리가 이리저리 시도해 볼 수 있는 완전히 프로그램되지 않은 흥미로운 움직임들이 있다. 진화에서 자주 이야기되는 인간의 기본적인 움직임에 관한 주장이 있다. 초기에 연습하고 완벽해지면 더 복잡한 움직임을 만들기 위한 다음 발판으로 사용하려는 강력한 동기가 유전적으로 미리 프로그램된다는 것이다. 타당한 주장이다. 생물학은 이런 움직임을 모터 플랜motor plan이라고 하는데, 그런 움직임은 강한 목표 지향성을 가지고 있다. 예컨대, 아기일 때 우리는 어떻게 걷는지 모르지만, 보행 근육을 강화하고 협응하는 방식으로 계속 움직이려는 강한 충동과 몸을 일으켜 세워서 걸음을 내딛으려는 강한 열망을 가지고 있다. 인간에게 모터 플랜은 삶에서 최선의 이익에 부합하는 움직임들을 선호하게 만든다. 우리가 선호하는 모터 플랜 중 일부는 뻗기, 당기기, 잡기, 밀기와 같은 기본적인 움직임에서 발달한다.

(악기를 연주하거나 야구공을 던지는 등) 복잡한 행위에 능숙해지는 가장 좋은 방법 중 하나는 그것이 모터 플랜이 될 때까지 연습하는 것이다. 계속 반복적으로 공을 던지거나 악보를 연주하면 거의 자동적으로 느껴지고 거의 노력 없이 빨리 될 수 있는 것으로 느껴지기 시작한다. 준비된 모터 플랜으로 강속구를 커브볼로, 또는 연속적인 음을 멜로디로 바꾸는 작지만 까다로운 조정

2부 바디풀니스 수련

에 집중할 수 있다. 움직임 습관 대부분은 여기서 유래한다. 그리고 알다시피 습관은 긍정적인 면과 부정적인 면이 있다. 모터 플랜은 오래 지속되고 반자동적이며 비용효과적이게 되어 있다. 나쁜 습관을 깨기 어려운 이유는 그것이 모터 플랜이기 때문이다. 옛말대로, 습관은 최상의 종이자 최악의 주인이다.

흥미롭게도 모터 플랜 개념이 일부 중독이론의 기초를 이룬다. 일부 연구자들은 중독의 신체적 기반이 '프로그램된 뻗기programmed reach'라고 했다. 우리는 도넛을 보고 그것을 알아차리기 전에 팔을 뻗어서 도넛을 잡아 우리 쪽으로 당겨서 입속에 넣는다. 그렇기 때문에 소파에 감자칩 봉지를 열어두지 않고, 스스로 약물용품 가까이에 가지 않으며, 접시에 음식을 조금만 덜어 더 먹는 것을 미리 막는 것이다.

모터 플랜은 삶을 훨씬 쉽게 해준다. 모터 플랜은 우리가 세운 절차들, 이를테면 이를 닦은 후, 그리고 손을 씻기 전에 항상 치실질을 하는 잠자리 의식 같은 것에도 관여한다. 비록 잘 연구된 생각은 아니지만, 장기적인 관계를 맺고 있는 사람들은 아마도 서로 간에 모터 플랜, 공유된 모터 플랜을 창조해 낼 것이다. 아마그것이 농구팀 팀원들이 링을 향해 조화로운 춤으로 움직일 때 그것이 아름다워 보이는 것을 설명해 줄 것이다. 그것은 아기들이 자기 부모가 안아주는 것을 선호하는 이유와도 관련이 있을 것이다. 그들은 애착의 신체적 특성을 나타내는 공유된 모터 플랜을 이미 발달시켰기 때문이다. 그것은 또한 오랜 시간 함께해 온 두 사람이 많은 말을 할 필요 없이 함께 일하기 시작하는 방식을 설명해 줄 수도 있다.

우리가 생후 9개월이든 아흔 살이든 새로운 모터 플랜을 배우는 것은 주의, 각성, 감정을 수반한다. 다시 말해, 만약 우리가 긴장되고 두려울 때 움직임 기능을 실행하기 시작하면 긴장과 두려움이 그 모터 플랜의 일부가 될 수 있다. 우리 몸의 학습체계는 모터 플랜을 창조할 때 모든 현재의 조건을 다 흡수한다. 그래서 만약 긴장된 몸으로 실행하면 필요한 것보다 더 많은 긴장으로 그 움직임을 반복하는 경향을 띨 것이다. 능숙하고 효율적인 모터 플랜은 우리의 진화적 생존에 매우 필수적인 것이어서, 자연이 그것을 어린 시절의 놀이 행동과 짝지었다. 이런 식으로 우리는 비교적 안전하고 재미있는 '가장假裝' 환경 속에서 많은 모터 플랜을 배운다. 이런 현실 때문에 우리 모두는 아이들이 나이가 들 때까지는 텔레비전과 핸드폰을 멀리하도록, 그리고 학교에서 쉬는 시간을 충분히 포함하도록 하는 유년기 놀이터를 옹호하는 활동가로 변한다. 또한 그래서 바디풀니스가 관조적 수련일 뿐만 아니라 놀이 수련도 될 수 있다는 생각이 든다. 바디풀니스의 관점에서, 신나는 아동기를 누리기에 늦은 때란 없다.

우리는 평생 동안 모터 플랜을 발달시킬 뿐 아니라 수정하고 해체해야 한다. 모터 플랜을 발달시키는 데는 정신을 쏟는 의식적인 연습이 요구되며, 그것을 수정하고 해체하는 것도 마찬가지다. 좋은 소식은 바디풀니스 수련이 모터 플랜의 세부사항에 주의를 기울이기 때문에 이것을 도울 수 있다는 점이다. 걷기 명상 등 다른 관조적 수련법도 아마 그렇게 작용할 것이다. 수련자는 매 걸음을 걷는 동안 정교한 세부사항에 주의를 기울일 수 있도록 걸음의 속도를 늦춘다. 모터 플랜 동안 계속 깨어서 주의를 기울이는 것은 시간이 흐르면서 변화를 가져다준다. 자동적인 모터 플랜을 아주 의식적으로 억제하는 것은, 예컨대 담뱃갑을 보면서 팔이 그것을 향해 뻗지 않음을 반복해서 느끼면 담뱃갑이 우리를 사로잡는 것을 줄이는 데 도움이 될 수 있다. 같은 원리가 외상후 스트레스장애PTSD를 겪는 이들에게 적용된다. 그들에게 트라우마 반응은 시간이 지나면 해결되는 대신에 모터 플랜이 되어, 그 사람이 현재 환경에는 이제 적용되지 않는 행위(움츠림, 놀람, 공황상태)를 반복하게 한다. PTSD 환자를 위한 치료는 점점 몸에 주의를 기울이고, 신체 움직임에 세심한 주의를 기울이는 동안 움직임 속도를 늦추며, 움직임이 어떻게 전개되는지에 대한 새로운 선택을 만들 뿐만 아니라 더욱더 긍정적인 현재의 정서적 환경을 모터 플랜 속으로 흡수시키는 작업을 수반한다.

모터 플랜은 많은 의식적인 주의와 연습을 통해 시작되어 점점 적은 주의와 연습을 요함으로써 지속된다. 그러므로 움직일 때 주의를 어떻게 사용하는지, 그리고 움직임에 어떻게 주의를 기울이는지가 바디풀니스 수련의 중심이 된다.

모터 플랜 수련

이 유형의 움직임을 시작하는 한 가지 방식은 모터 플랜의 기반이 되는 기본적인 움직임 몇 가지를 해보며, 그 움직임들이 어떻게 느껴지고 무엇을 떠오르게 하는지 보는 것이다. 앞에서 했던 뻗기를 기반으로 해보자. 다양한 신체부위로 뻗기를 할 수 있지만, 가장 일반적인 뻗기는 팔로 한다. 한 팔 또는 두 팔을 사용해 뻗기를 시작해 보자. 잠시, 다른 종류의 뻗기, 다른 의도나 정서를 표현하는 뻗기를 해보라. 끈질긴 뻗기, 애원하는 뻗기, 건성으로 하는 뻗기 등. 각각의 뻗기와 함께 어떤 이미지, 기억, 느낌이 떠오르나? 시간을 가지고 떠오르는 연상과 그 연상이 담고 있을지 모르는 과거의 사건을 알아차리라. 이제, 속도를 늦추어 아주 느리게 내뻗으면서 각각의 개별 근육이 관여하고 관여하지 않는 것을 알아차리라. 팔의 무게, 그리고 팔이 늘어날 때 공간을 지나가는 경로를 알아차리라. 뻗기 과정에 세심한 주의를 기울여, 가능하면 평소에 뻗는 것과 다르게 뻗기를 해보라. 최대한 뻗는 행위의 세부사항에 그저 주의를 유지하고, 그 세부사항을 의식적으로 바꾸는 실험을 그냥 재미 삼아 해보라. 만약 재미가 없거나 흥미롭지 않다면 여러분과 함께 이 과정을 도와줄 누군가를 찾아 함께 해도 좋다. 그것을 혼자 또는 몸 중심 심리치료사 같은 전문가의 도움 없이 해야 할 필요는 없다.

잡기, 당기기, 내려놓기 등 다른 기본 움직임들[1] 혹은 걷거나 자전거 타기 등 기본적인 모터 플랜으로 이 실습을 계속할 수 있다(안전하게 하라. 차가 다니는 곳에서는 놀지 말라!) 각 움직임과 올라오는 다양한 연상을 적어두는 것이 도움이 될 것이다. 그리고 재미있고 흥미롭고 다정한 환경에서 다시 그 움직임을 연습해 보라.

모터 플랜을 가지고 해볼 만한 또 하나의 방법은 비트가 좋은 음악을 틀어놓고 음악의 리듬대로 춤을 추는 것이다. 여러분의 몸 움직임을 가능한 한 그 비트에 **맞추면서** 여러분과 음악 사이의 동시성을 즐겨보자. 실험 삼아 여러분의 움직임이 음악과 **충돌하는** 시도를 해보고 무엇이 일어나는지 주의를 기울여 볼 수 있다. 추가 점수를 원한다면 우리가 언급했던 모터 플랜(밀기, 뻗기, 당기기, 걷기 등) 몇 가지를 더 해볼 수 있다. 즐기라! ⊙

비언어적 의사소통

움직임 연속체상에서 다음으로 초점을 둘 영역은 좀 익숙해지고 다소 자동적일 수 있는 행위를 수반한다. 그러나 이 행위는 모터 플랜보다 수정되고 놀 수 있는 자유와 복잡성을 훨씬 더 많이 가지고 있다. 그 움직임은 의사소통하기 위해 움직이는 몸의 힘과 관련이 있다.

비언어적 의사소통nonverbal communication: NVC이라 불리는 이 움직임 방식은 우리가 자궁에서부터 배우기 시작하는 우리의 첫 번째 언어다. 양육자가 아기의 표현적 움직임에 동조할 때, 아기는 자신의 미소나 울음이 타인에게 무언가를 의미한다는 것을 배우기 시작한다. 양육자와 마찬가지로, 아기는 이해와 돌봄을 받기 위해 이런 움직임을 의도적으로 사용하기 시작하고, 갈수록 상호 간의 복잡성이 늘어난다. 여기서 우리의 첫 언어, 움직임이 태어난다.

우리는 모두 상당히 직접적으로 NVC의 기초를 의식적으로 획득한다. 우리는 이 신호들이 정확하게 이해되도록 하기 위해 인사를 하고, 혐오감에 코를 찡그리고, 활짝 웃는다. 그러나 NVC는 이런 단순함을 넘어서 정서, 문화, 성별, 사회계층, 힘의 역동으로 확장된다. 우리는 생후 몇 년 안에 언어의 기초를 배우지만, 흔히 말할 때 말의 기저에 깔린 첫 언어인 NVC를 평생 동안 지속적으로 사용한다. 우리의 언어 표현과 비언어 표현이 꼭 맞을 때, 타인은 흔히 우리를 정직하고 신뢰할 만하다고 느낀다. 그런데 만약 우리가 이를 악물고 주먹을 꽉 쥔 채 화가 나지 **않았다**고 으르렁거리듯이 말하면 듣는 사람은 딜레마에 빠지게 되고, 보통 여러분은 말보다 몸의 움직임을 더 신뢰한다.

이는 언어와 비언어가 특화되어 있기 때문이다. 신체 언어는 정서, 의도, 사회적 지위, 성, 성별, 소속된 공동체, 권력 선호도에 관해 소통하는 데 뛰어나다. 구두 언어는 생각을 표현하고 과거나 미래의 사건에 관해 이야기하며 추상적인 것을 다루는 데 특화된 경향이 있다.

우리는 처음에는 집에서 신체 언어를 배우고, 우리의 세계가 확장될수록 친구, 학교, 사회집단, 거시체계(군대, 사회매체 등)로부터 배운다. 인간은 매우 사회적인 동물이기 때문에, 언어와 비언어 체계 양 측면에서 좋은 의사소통자가 될 때 삶에서 성공하는 경향이 있다. 우리는 말하고 언어 공동체에 소속되어 있듯이, 움직이고 움직임 공동체에 속해 있다. 그러나 이 첫 움직임 언어는 대부분 자동화되고 의식적인 점검 장치 아래로 가라앉아 저절로 작동한다.

그러나 정서 지능은 대부분 느낌, 움직임, 소통하는 몸과 어떻게 접촉되어 있는가에 의해 측정된다. **실제로 어떻게 느끼는지** 알고자 할 때는 보통 우리가 **실제로 하고 있는** 것, 즉 호흡 속도와 패턴, 얼굴의 긴장, 목소리 톤, 복부의 울렁거림을 확인해야 한다.

타인의 신체 언어를 읽는 능력도 마찬가지다. 친구에게 "너 정말 괜찮아?"라고 묻기 전에, 우리는 자기도 모르는 사이 친구의 얼굴에서 미세한 움직임이나 고개를 갸우뚱하는 것을 알아차리고 목소리의 미세한 떨림을 듣는다. 이런 민감성은 좋은 친구의 정의 중 하나가 될 수 있다.

의사소통으로서의 움직임 수련

안전상 필요해서든 그냥 사생활 때문이든 여러분이 실제로 어떻게 느끼는지를 위장할 수 있는 것이 중요할 수도 있지만, 일반적으로 언어와 비언어가 서로 일치하고 보완할 때가 우리에게는 최선이다 (상당수 유머가 언어와 비언어 채널의 불일치에 의존한다. 정말 재미있다!).

이 수련은 여러분이 실제로 어떻게 느끼는지를 아는 것으로 시작되고, 여러분의 느낌을 아는 것은 여러분의 몸을 읽는 것에 달렸다. 특히 여러분이 사회적 환경에 있을 때 몸의 내적인 움직임에 주의를 기울이는 것으로 시작해 보라. 되도록 앞으로 며칠간 다른 사람과 상호작용하는 동안 여러분의 몸에 의식적으로 주의를 기울이고 감각의 작은 세부사항을 알아차려 보라. 그 감각이 그 방에서 이야기되고 있는 것과 이야기되지 않는 것에 대해 여러분 몸이 하는 논평이라고 생각해 보라. 감각을 바로 언어로 통역해 몸을 해석하려고 하지 말라. 여러분 몸에 있는 감각, 정서, 긴장 패턴을 그저 알아차리라. 그것이 말하고 있는 것은 주의를 받을 가치가 있는 여러분의 일부임을 믿으라.

또 하나의 실습은 비언어적으로 의사소통하면서 그냥 좀 더 노는 것이다. 제스처 게임charade§을 하든지 친구와 놀든지 자신을 비언어적으로 그대로 혹은 더 잘 표현할 방법이 있는지 보라. 이는 흔히 느낌과 정서가 통할 때 가장 잘된다.

여러분과 소통하고 있는 누군가의 말을 듣고 있을 때, 특히 그들이 사적인 이야기를 나누고 있을 때, 시간을 가지고 그들 얼굴의 작은 미세한 움직임, 목소리 톤과 자세와 몸짓의 미묘한 변화에 의식적으로 주의를 기울여 보라. 그 메시지를 마음대로 해석하려고 하거나 이제 그들이 어떻게 느끼는지 여러분이 안다고 가정하지 말고, 그것을 활용해 질문하고 그들과 소통하는 틀을 잡으라. 흔히 누군가가 무언가를 느끼고 있다는 사실에 민감한 것만으로도 둘이 연결되어 있음을 느끼기에 충분할 수 있다. ⊙

자발적 움직임

마지막으로 큰 움직임 범주는 우리 자신의 보다 창의적이고 자발적인 부분의 표현이다. 움직임 연속체의 오른쪽으로 갈수록 움직임은 자유롭고, 현재의 세부상황에 더 적응적이며, 더 고유해진다. 우리는 자발적 움직임을 신나게 마당을 뛰어다니는 아이

§ 한 사람이 하는 몸짓을 보고 그것이 나타내는 말을 알아맞히는 놀이다.

들에게서, 로큰롤에 맞춰 춤추는 사람들의 무아지경의 움직임에서, 우리 몸이 다음에 무엇을 할지 특별히 계획을 세우지 않는 즉흥적 상황에서 본다. 아마 그것은 다른 목적을 넘어선 움직임, 엄밀히 말해 그 자체를 위한 몸의 움직임이라고 불릴 수 있을 것이다. 흔히 여기서 움직임에 기반을 둔 예술이 탄생한다. 스튜디오에서 무용수는 점차 선호하는 움직임이 반복되고 다듬어지고 재창조될 때까지 다양한 자발적 움직임을 수없이 시도해 본다.

물론 자발적인 움직임은 그 이전의 움직임, 즉 반사, 모터 플랜, 비언어적 의사소통의 도움에 기초한다. 이러한 이전의 움직임들이 비교적 안전할 때만 신체적으로 창의적이고 자연적인 능력이 활용될 수 있다. 신체적 창의성은 얼마나 중요한가? 창의적 움직임이 없다고 죽지는 않을 것이다. 그러나 그것이 없다면 문제 해결 기술이 제한되고, 노년기에 빨리 쇠락하며, 행복이 저해될 수 있다. 새로움, 특히 신체적 새로움으로 뇌와 나머지 신체를 자극하는 것은 가장 효과적인 노화 방지 양생법 중 하나로 밝혀져 있다. 이런 움직임이 뇌에 피를(따라서 산소도) 더 많이 가져다줄 뿐만 아니라(대부분의 움직임이 그러겠지만), 신경 발생이나 새로운 뇌세포의 성장에도 기여한다. 습관에 길들여진 움직임에서는 이런 효과가 일어나지 않는다. 이는 우리가 그 행위를 하는 동안 주의를 기울이기 때문에 일어난다. '행위 가운데 있는 주의력 attention during action'은 바디풀니스에 대한 가장 간단명료하고 시적인 정의 중 하나일 것이다.

습관적 움직임 관행의 바깥에서 실험하는 것 또한 재미있는데, 재미를 즐기는 것은 행복은 물론 신경 발생과도 상관관계가 있다. 신체 놀이가, 목표 지향적이지 않지만 반사를 모터 플랜으로, 모터 플랜을 비언어적 의사소통으로, 그리고 이 모든 움직임을 창의적인 행위로 조직화해 준다는 것이 밝혀졌다. 놀이는 또한 특히 정서 표현하기와 읽기의 비언어적 영역에서 상호작용을 실습하게 해줌으로써 관계와 집단에 어떻게 존재하는지를 가르쳐준다.

창의성 연구자들은 예술뿐만 아니라 사업, 과학, 공학, 그리고 다른 어려운 지식 분야도 혁신을 통해 번성한다는 점에 주목하면서 이 새로움의 발상을 탐구한다. 잘 알려진 해결책으로 문제가 풀리지 않는데도 여전히 같은 낡은 해결책을 계속 시도할 때, 문제는 다루기 어려워진다. 이런 경우에는 반드시 습관, 선례, 일반적 통념이라는 상자 밖으로 나와야 한다. 예를 들면, 아인슈타인은 기존의 관찰 방식에서 벗어남으로써 유명해졌다. 바디풀니스의 개념은 상자 밖으로 나와 사고하기를 키우는 최선의 방법 중하나가 상자 밖으로 나와 움직이기를 수련하는 것이라고 제안한다. 아인슈타인이 시간과 공간에 대한 우리의 관계를 재조명하는 작업을 할 당시에 바이올린으로 새롭고 어려운 음악을 연주함으로써 자신에게 도전했다는 사실을 알고 있는가?

창의적 움직임 수련

우리가 보통 움직이는 방식이라는 상자 밖으로 나오는 것은 힘들수 있다. 간단하게 시작해 보라. 음악을 틀어보자. 혹시 여러분이 매우 용감하다면 음악 없이 할 수도 있다. 음악에 맞춰 그냥 춤추며 즐기되, 고정된 움직임은 최대한 피하라. 춤출 때 여러분이 어떻게 보일지 남의 시선을 의식하게 될 수도 있는데, 그러면 이 시점에서 자의식을 다루는 데 너무 많은 추가 노력이 필요하다. 그러므로 이 실습은 혼자 하는 것이 나을 것이다. 취지는 정해진 동작을 하는 것이 아니라 여러분이 느끼는 대로 움직이는 것이다. 흔히 여기서 최고의 전략 중 하나는 자기에게 엉뚱한 느낌을 허용해 주는 것이다. 엉뚱함은 여러분이 평소 행동하는 방식이라는 상자 밖에 있다는 신호일지 모른다.

사교댄스 동작은 우리가 인식하는 것보다 더 많이 한 집단의 구성원이 되는 것과 관련이 있다. 다른 사람들이 있을 때는 그들에게 비언어적 신호를 보내는 움직임들을 자동적으로 만들어내기 쉽다. 우리의 몸을 '읽는' 사람이 아무도 없이 혼자서 춤추는 것이 자발적인 움직임을 자유롭게 해줄 수 있다. 요령은 꼭 예측할 수 있게 움직여야 한다거나 어떻게 보여야 한다고 느끼지 않는 것이다. 이것은 그냥 움직임을 즐기기 위해서 움직이는 것이다.

이 수련의 다음 단계는 특정한 비트가 없는 음악을 사용하는 것이다. 그러면 음악의 리듬을 반복하지 않아도 된다.

그다음 단계는 음악 없이 여러분의 몸에 귀를 기울이면서 다음 행동이 일어나도록 하는 것이다. 이것은 재미있거나 즐거울 때 가장 잘된다.

이 수련의 다음 부분에서는 좀 더 난해해진다. 하지만 참고 견뎌보라. 이번에는 아래팔로 작업할 것이다. 우선, 잠시 손과 손목을 움직이며 맞게 느껴지는 대로 풀어보자. 준비가 되었다고 느껴질 때 손, 손목, 팔꿈치를 매우 의도적으로, 매우 의식적으로 움직이고, 그 경험의 세부사항을 알아차리라. 약 5분간, 움직임이 다음에 어디로 갈지에 대한 감각 없이 움직임에 주의를 기울일 수 있는지 보라. 예컨대, 손가락을 둥글게 말기 시작할 때, 여러분은 이 움직임 다음에 주먹을 쥘 것으로 예측할지 모르겠다. 여러분이 이 예측 가능성을 깨뜨릴 수 있는지 보라. 움직임이 다음에 어디로 갈지 예측할 수 있다는 것을 알아차리는 순간 바로 움직임을 멈추고 다른 움직임 충동이 일어날 때까지 기다리거나 다른 움직임을 그냥 시작하라. 아마 여러분은 여러분의 의지나 습관이 얼마나 자주 여러분의 행동을 조정하는지에 놀랄 것이다.

이 연습에서는 실험적으로 부드럽게 여러분의 의지를 벗어나 목적이나 계획 없이 움직임을 해본다. 이것이 처음에 어렵다 해도 걱정 말고, 그저 거기에 머무르고 그것을 해보라. 상급 수련에서는 몸 전체로 이 실습을 한다. ⊙

우리는 움직임의 연속체, 가동성 변화도mobility gradient의 기초를 살펴보았다. 주의할 점은 창의적인 움직임이 그럭저럭 성취의 정점이며 우리가 열망하는 것의 끝이라는 상상에 솔깃할 수 있지만, 이 생각이 우리의 균형을 깨뜨릴 수 있다는 것이다. 진동이라는 핵심 원리로 돌아가면, 바디풀니스에서의 움직임은 자발적인 움직임은 물론 자동적인 움직임도 기리는 방식으로 오가며 연속체 전체를 포함한다는 것을 알 수 있다. 생명은 이 모든 움직임을 필요로 한다. 이 움직임 각각에서 발견하는 의미에 맞게 그 연속체를 따라 의도적으로 움직임으로써, 우리는 움직임 연속체상의 체화된 동행이 없이는 존재하지 않는 이상적인 상태를 얻으려고 애쓰기보다 지금 상황에 충실한 바디풀니스로 존재할 수 있다.

움직임에서 안정성과 가동성

한발 물러서서 전체 가동성 변화도를 보면 안정성과 가동성 같은 대단히 중요한 몇 가지 원리가 나타난다. 안정성은 우리가 현실에 기반을 두고, 뿌리를 내리고, 지지받게 해준다. 가동성은 우리가 위치를 바꾸고 어떤 것들을 추구하게 해준다. 우리는 둘 다 필요하다. 이 둘을 은유적으로 본다면 여러분의 안정성과 가동성의 현재 상태를 어떻게 묘사하겠는가? 이 두 원리는 여러분의 몸에서 어떻게 살고 있는가? 여러분의 정신에서는? 흔히 복잡한 행위에서 우리는 몸의 한 부분을 고정하고 다른 부분을 움직인다. 무용수가 한쪽 다리로 서서 반대쪽 다리를 들어 올리고 움직이는 것처럼 말이다. 몸의 한 부분이 그 인접 부분들에 비해 과하게 움직이거나 과하게 고정되어 있을 때 충돌을 일으켜 부상이 발생하는 경향이 있다. 바디풀니스는 우리의 안정된 부분들이 움직이는 부분들과 협력해 움직이게 한다. 다시 말하자면, 이 둘은 서로에게 지지받을 때 가장 잘 작동된다. 가동성과 안정성이 50 대 50일 필요는 없다. 때때로 삶은 우리에게 더 정착하라고 압박하고, 때로는 이리저리 돌아다니라고 재촉한다. 바디풀니스 수련

5장 움직이기

은 가동성 안에서 안정성을, 안정성 안에서 가동성을 발견하는 것이다.

안정성과 가동성 수련

안정성으로 시작해 보자. 할 수 있으면 정좌 명상 자세로 실험해 보자. 방석 또는 의자 좌석의 앞부분에 등을 대지 않고 앉아서, 척추가 똑바르고 이완되어 있는 감각을 느껴보자. 이 상대적인 고요 속에서 잠시 시간을 보내며 여러분의 몸을 알아차리라. 자신을 떠받치기 위해 어느 부분이 더 꽉 붙잡고 있고, 어느 부분이 전혀 일하지 않는 것 같은가? 눈에 띄는 움직임이 일어나지 않을 때도 몸의 다양한 부위의 안과 몸 전체에서 미세한 움직임이 일어나며 아주 조금 흔들린다. 몸통과 목 근육의 수축뿐만 아니라 호흡과 심장 박동 같은 작은 움직임도 알아차리라. 이런 작은 움직임이 여러분 몸의 안정성을 지지할지 모르는 방식을 여러 가지로 시도해 보라. 어떤 연상이 떠오르나? 그 연상에 주목하라. 몸의 표면 가까이에 있는 큰 근육을 쓰는 대신에 우리를 안정적이게 유지하기 위해 척추 주변의 작은 근육들을 수축할 때 적은 노력으로 안정성이 강해진다. 공 던지기처럼 정말 가동성이 있는 움직임을 만들어야만 큰 근육이 안정 장치로 작동하기 시작한다. 이 작고 짧은 근육들이 한 척추에서 다음 척추로 이어지는 것을 상상해 보자. 그 근육들과 더 접촉하려면 연습이 조금 필요할 수 있는데, 일단 그렇게 하면 큰 근육으로 힘을 주어 밀어 올릴 필요 없이 몇 센티미터 떠올려서 마치 척추가 늘어나는 것처럼 느껴질 것이다.

가동성 수련에는 두 가지 유형의 움직임이 도움이 될 수 있다. 씰룩씰룩 흔들기와 뻗기가 그것이다. 씰룩씰룩 흔들기는 관절을 느슨하게 해주며, 뻗기도 근육을 느슨하게 해준다. 둘 다 우리가 편히 움직일 수 있도록 돕는다. 앉아서, 서서, 몸을 숙여서, 누워서 등등 다양한 자세로 씰룩씰룩 흔들기와 뻗기를 여러분이 할 수 있는 만큼 이리저리 해보라. 여러분에게 기분 좋게 느껴지는 뻗기와 씰룩씰룩 흔들기를 적당하다고 느껴지는 만큼 해보라. 여러분의 몸에서 다른 부분이 움직일 수 있게 안정시키는 부분을 알아차리라. 더 많이 움직이며 놀 때 무슨 연상이 떠오르나? 그 연상에 관한 어떤 것이든 여러분의 일상생활에 적용할 만한가? ◉

개인공간

다음의 바디풀니스 움직임 원리는 개인공간kinesphere이라는 주제를 이야기한다. 그 공간은 우리가 그 안 그것을 통해 움직이는 울타리다. 개인공간을 거기서 우리가 얼마나 멀리 확장하거나 뻗거나 몸짓할 수 있는지 한계를 표시해 주고 우리를 빙 두르고 있는 물방울이라고 상상해 보라. 우리는 그 개인공간을 우리 것이라고 주장하는 경향이 있으며, 우리가 안전하거나 가깝다고 느끼는 사람만 그 안에 들어오게 한다. 하품하거나 몸을 뻗을 때와 같은 경우에는 개인공간을 다 사용하고, 책을 읽을 때는 그 공간의 일부만 사용한다. 다시, 은유가 떠오른다. 세계에서 얼마나 많은 공간을 여러분이 차지해야 괜찮은가? '많은 공간을 차지하는 것' 또는 여러분 주변의 일부 공간만 사용하는 것에 대해 여러분은 어떤 연상을 가지고 있는가?

문화는 구성원이 어떻게 공간을 정체성과 공동체의 경험 및 표현으로서 사용하는지를 규정하는 경향이 있다. 예를 들면, 많은 문화에서 공간이 어떻게 사용되는지가 성역할을 나타낼 수 있다. 우리가 어떻게 움직이는지는 우리가 얼마나 많은 노력을 들이는지, 얼마나 많은 속도를 사용하는지, 얼마나 많은 공간을 차지하는지 사이의 상호 영향의 그물망 속에 존재하며, 이런 것들은 모두 우리가 살고 있는 체계(가족, 공동체, 사회 등)에 의해 만들어진다. 특권을 가진 규범(백인, 이성애자, 신체가 온전한 사람, 중산층의 움직임 등)과 다르게 움직이는 사람들은 처벌을 받거나 따돌림을 당할 수 있다. 바디풀니스는 우리의 공간 사용을 살펴보고 우리가 우리 사회에서 어떻게 살지, 사회에 어떻게 도전할지를 의식적으로 시험할 수 있게 도와준다.

개인공간 수련

개인공간 수련은 꽤 간단하다. 여러분 둘레의 물방울 이미지로 시작하라. 다양한 신체부위로 뻗어서 그 물방울의 경계를 접촉하는 놀이를 해보라. 그리고 그 안에서 여러분이 얼마나 작아질 수 있는지 보라. 음악을 사용할 수도 있고, 안 할 수도 있다. 여러분이 몸을 뻗어 개인공간에 들어갈 때 떠오르는 이미지, 소리, 정서, 기억은 어떤 것인가? 예컨대, "나는 커지면 안 돼"라거나 "나는 작아지면

안 돼" 같은 어떤 오랜 규칙이 떠오르나? 여러분이 주변 공간을 어떻게 사용하는지에 대해 흡수했을지 모르는 규범들을 알아차리라. 그 규범들을 꼭 바꿔야 하는 것은 아니지만, 그것들이 거기에 있음을 알고 의식적인 선택을 하는 것은 중요한 자기성찰일 수 있다. ⊙

힘

마지막으로, 그리고 아마도 가장 중요한 것은 가동성 변화도에서 우리의 위치가 가장 근본적인 삶의 주제인 힘을 조명한다는 점이다. 움직임은 문자 그대로 우리에게 **힘**을 준다. 움직임은 힘 또는 우리가 할 수 있는 것을 할 수 있는 능력을 나타낸다. 우리가 휠체어로 움직이든 발로 움직이든 여기서 저기로 갈 수 있는 능력은 우리가 느끼거나 원하는 것에 따라 행동하려는 노력이 이루어짐을 의미한다. 이것이 앞에서 말했던 감각운동 순환 과정을 완결한다. 나는 느낀다. 그리고 내가 느낀 것에 따라 행동한다. 흥미롭게도 진화는 우리가 우리의 느낌이나 욕구와 관련한 움직임 전개 과정을 조직하고 완결할 때 뇌에서 약간의 도파민(쾌락과 연관된 신경전달물질)을 분비해서 방금 한 일에 대해 만족감과 긍정적인 느낌을 느끼도록 설정해 두었다. 이는 우리가 갈증을 해소할 때 느끼는 쾌락을 설명해 준다. 갈증 해소를 위해 잔에 손을 뻗고 그것을 잡아서 우리 쪽으로 가지고 와서 물을 들이킨다. 이 작은 일상의 행위를 통해 우리는 더욱더 거시적인 의미의 자기역량감sense of empowerment을 얻는다. 즉, 내가 어떻게 움직이는지는, 작지만 누적적인 방식으로 반복해서 내가 원하거나 필요한 것을 얻게 한다.

심리학자들은 **자기효능감**self-efficacy, **주체감**sense of agency, **내적 통제 소재**internal locus of control 등 역량강화empowerment 경험을 지칭하는 전문적인 용어를 사용한다. 이런 경험의 부족은 우울, 무기력, 불안, 공격성에 기여한다고 본다. 이런 용어는 '내가 모든 것을 관장하거나 통제하고 있다'는 느낌보다는 내가 기본적으로 내 삶의 항로를 이끌고 있다는 느낌과 관련된다. 이는 바꿀 수 있는 것은 바꾸는 용기를, 바꿀 수 없는 것은 받아들이기를, 그리고 그 둘의 차이를 알 수 있는 지혜를 위한 더 높은 힘higher power을 청하는 12단계 프로그램의 중심 기도와도 연결된다. 심리치료는 근본적으로 사람들이 자기역량강화self-empowerment와 올바른 관계를 발견하도록 돕는 작업이다.

한 용어가 개인은 물론 가족, 문화, 체계, 사회에도 적용되듯이, **힘**은 중립적일 수도 있고(무언가를 들어 올리는 지렛대의 힘), 긍정적일 수도(좋은 일을 하는 힘), 부정적일 수도(힘의 남용) 있다. 힘을 사용하는 방식에 대한 모델은 가장 초기의 관계에서 시작되어 나이, 사건, 관계와 더불어 밀물과 썰물처럼 변화하며 평생 계속된다. 좋은 양육은 아이들이 변화하는 자기 힘의 범위를 경험하고, 그리하여 힘이 발생하는 모든 과정을 관리하는 법을 익힐 수 있도록 도와준다. 이는 우리가 통제할 수 없을 때와 관련된 학습 기술을 촉진한다. 우리의 행동이 바랐던 결과를 가져오지 않거나 원하는 것이 좋은 생각이 아닌 것으로 드러나는 상황과 화해하는 것은 우리의 웰빙에 필수적이다. 이것은 어떤 움직임이 우리 의지와 통제 밖에 있고, 어떤 움직임은 부분적으로 통제 안에 있고, 또 어떤 움직임은 완전히 통제 안에 있는 가동성 변화도 자체와 유사하다.

힘과 우리의 관계는 모두 움직임 또는 운동에너지로 압축된다. 나의 움직임이 감각을 일으키고, 이 감각이 나에게 어떻게 느끼는지 말해주며, 거기서 나는 무엇을 원하는지 돌아보고 알 수 있다. 이런 것들을 할 수 있는 수단으로 나에게 움직임이 남는다. 내가 항상은 아니더라도 꽤 일관되게 '그것을 실현할 수 있을' 때, 나는 내가 누구인지와 내게 일어나는 일에 대해서 더 선택할 수 있다고 느낀다.

힘과 우리의 관계는 또 하나의 연속체다. 우리는 한 극단에서 무력감을 느끼고, 반대 극단에서는 전능함을 느낀다. 삶이 때때로 우리를 어느 한쪽 극단으로 몰아넣을 수 있지만, 우리의 만족감은 중간 범위를 즐기고 차지하는 진동 속에 있는 듯하다. 의도를 가진 움직임은 이 진동에서 우리의 길을 찾도록 도울 수 있다.

힘 수련

힘이라는 말은 풍부한 연상을 지니고 있으며, 이 연상들은 삶에서 힘이 어떻게 펼쳐졌는지에 관한 우리의 역사에 대해 많은 것을 말해줄 수 있다. 잠시, 여러분이 힘이라는 단어를 말할 때 여러분에게 일어나는 연상 몇 개를 적어보라. 힘이라는 단어를 관조할 때 무슨 말, 이미지, 소리, 기억, 느낌이든 떠오르는 대로 그냥 적어보라. 그리고 여러분이 쓴 목록을 보라. 그 목록에 어떤 주제가 있는 것 같은가?

이제 몸을 이용해 그 단어들에 대한 작업을 해보자. 목록에서 단어를 하나 골라 그 단어를 자신에게 또는 밖으로 소리 내어 말하라. 잠깐 세심한 주의를 가지고 그 단어에 머물러라. 그리고 여러분의 몸이 그 단어에 어떻게 반응하는지 알아차리라. 몸이 가라앉는가, 쑤시나, 위로 세워지나? 특별한 반응이 없는가? 어떤 반응을 알아차리든지 그저 그것이 일어나게 허용하라. 그러면 반응이 더 가시화되도록 할 수 있을 것이다. 여러분과 주변 사람에게 힘이 어떻게 작동되는지에 관해 자신의 기억이 신체적으로 구현될 때, 여러분은 아마 신체 기억을 경험할 것이다. 여러분의 몸이 지금 그것을 하고 있기 때문에 신체 기억은 과거가 정말 현재 실재하는 것처럼 만들 수 있다. 이 신체 기억의 경험에 계속 머무는 것이 옳다고 느껴지나? 이 감각과 움직임들이 어떤 식으로 여러분의 현재의 웰빙을 지지하는가(아니면 저해하는가)?

이상적으로 볼 때, 우리는 우리의 힘을 거부하지도 남용하지도 않고 지혜롭게 쓰기를 원하며, 저녁 요리하기, 학교 가기, 돌봄과 가동성이 필요한 도움 요청하기 등 우리 일을 성취하게 해주는 방식으로 행동하기를 원한다.

많은 경우에 우리는 역량을 강화하는 데 지지와 도움이 필요하다. 이러한 지지와 도움은 치료사, 공동체나 조직, 정당, 또는 친구와 작업함으로써 충족될 수 있다. 우리 대부분은 힘의 남용으로 큰 충격을 받은 적이 있다. 또한 힘의 남용 방식이나 어떤 특권적 지위가 우리에게 제공한 힘을 당연시해 온 방식을 검토해 보지 않았다. 그러므로 이런 실습은 혼자서 하지 말고, 주변 사람과 함께 하며 그들의 지지와 도전도 경험하는 편이 나을 것이다. 힘은 사람과 사물의 관계 속에 존재하며, 결국 관계 속에서만 작업될 수 있다. ⊙

운동과 신체 긴장도

힘이라는 개념과 관련해 바디풀니스는 움직이는 몸에 대해 더 의식적인 통제력을 발달시킴으로써 강화된다. 앞의 과다긴장, 저긴장 부분에서 보았듯이, 우리는 **긴장도**라는 단어를 자주 사용한다. 적정긴장도는 우리가 너무 많지도 너무 모자라지도 않은 딱 알맞은 양의 힘을 사용하는 골디락스 영역Goldilocks zone[부족하거나 과하지 않은 딱 적당한 상태]에서 행위를 할 때 일어난다. 운동은 특히 자세를 유지하는 근육의 적정긴장도와 상쾌한 느낌을 증가시켜 준다. 활동적인 생활이 여러분의 특정한 몸에 무엇을 의미하든 그 자체가 여러분의 긴장도를 올려준다. 좋은 자세와 주의를 기울이는 능력은 흔히 좋은 신체 긴장의 결과다. 과학자들은 좋은 자세 긴장도, 주의력의 명료함과 집중 사이의 강력한 관계와, 주의를 집중하는 능력이 지능, 창의성, 건강한 노화와 큰 상관관계가 있음을 입증해 왔다. 이는 대부분의 명상 전통이 수련의 필수적인 부분으로 올바른 명상 자세 잡기를 하는 이유일 것이다.

신체 능력 상태가 어떠하든 우리 몸에서 건강이 어떻게 보이든, 긴장도는 신체, 정신, 정서의 상호의존적 체계 전반에 스며 있는 상태다. 이를 새로운 생각이라고 할 수 없지만, 긴장도를 어떻게 바디풀니스에 적용하는가는 새로운 작업이다. 피트니스는 미용체조와 야채 먹기 등 운동과 다이어트로 생각되었다. 좀 더 전체적인 몸과 관조의 관점에서 보면, 피트니스는 몸에 도전하고 그 도전이 새로움과 창의성을 위해 매 순간 모든 감각에 관여하는 방식으로 몸을 움직이는 것이라고 할 수 있다. 실내 운동용 자전거 페달을 밟으며 이메일을 확인하는 것은 이점이 있겠지만, 바디풀니스를 계발하지는 못한다.

신체 적정 긴장도와 관련해 바디풀니스는 우리가 움직이는 동안 깨어 있음을 의미한다. 바디풀니스는 신체적으로 도전적인 분위기 속에서 호흡하기, 감각하기, 우리의 환경과 관계 맺기 등 하고 있는 일에 최대한 전적으로 집중하는 것을 말한다. 바디풀니스가 여러분에게 어떻게 나타날까? 춤추러 나가는 것으로? 요가 수업으로? 차가운 아침의 상쾌한 산책으로? 새로운 스포츠를 배우는 것으로? 이렇게 무수히 많은 다양한 신체 활동을 통해 나타날 수 있다. 신체적 도전은 여러분의 몸과 상황에 맞게 조정되어야 하고, 기계적이 되거나 너무 뻔해지지 않는 한 거의 어떤 것에든 모두 적용된다. 그 활동의 핵심 특징은 계속하기 위해 주의를 기울여야 하는 것, 그리고 여러분의 호흡과 힘에 도전하면서도 기본적으로 여러분에게 즐거운 어떤 것이어야 한다는 것이다. 관조적 수련의 의도와 땀나는 활동을 결합한다면, 여러분은 그렇게 하고 있는 것이다.

2부 바디풀니스 수련

힘의 중립적·실용적 표현을 한번 시도해 보자. 여기서 힘은 일할 수 있는 능력 또는 일의 속도로 정의된다. 건강 또는 웰빙을 증진하는 것, 나이와 관련된 퇴행을 예방하는 것, 아이를 들고 안을 수 있는 힘을 유지하는 것 등 신경을 쓰는 과업을 이루기 위한 충분한 힘이나 지구력이 있는지 여부를 중심 질문으로 살펴보자.

시간이 갈수록 여러분을 신체적으로 더 강하게 만드는 활동인 운동을 선택해 실험할 수 있다. 우선 여러분이 느끼기에, 아니면 의료 전문가가 보기에 여러분이 할 만하다고 느끼는 운동인지를 확실히 확인하라. 그다음에 어떤 종류의 힘을 기르는 것을 목표로 굴근과 신근 등 근육 무리의 균형을 맞춰주는(예를 들면, 등과 복부 또는 엉덩이 굴근과 엉덩이 신근의 긴장도를 조절하는) 특별한 훈련법을 하나 고르라. 운동과 훈련법은 간단하고 지속 가능하며 조정할 수 있는 것으로 하라. 이는 힘을 훈련하는 것이다. 여러분은 신체적 힘이 흔히 심리적 힘과 관련이 있다는 생각에 대해 실험하고 있다. 관조적 수련으로서 운동을 하는 행위에 주의를 기울이라. 이런 식으로 운동하면서 운동하는 동안과 운동한 후에, 또한 장기간에 걸쳐 어떻게 느껴지는지 주목하라. 꾸준히 힘을 기르는 훈련을 하면 기분이 좋아지거나 더 많은 에너지가 생기거나 잠을 더 잘 자게 되거나 '더 좋게' 느껴지게 되는 경향이 있다. 하지만 이와 더불어 여러분이 더 유능하게 어떤 일을 더 잘 해낼 수 있다고 심리적으로 느껴지는지도 살펴보라. 이러한 상관관계가 모든 사람에게 다 적용될 수는 없겠지만, 그래도 시간과 에너지를 들여 실험해 볼 가치가 있을 것이다. 신체적인 힘을 기름으로써 신체 긴장도와 노는 일은 우리 대다수에게 너무나 유익하기 때문이다. ⊙

신체 긴장도에 대해 작업하는 또 하나의 방법은 긴장을 내려놓는 능력, 전문적으로 저긴장이라고 부르는 상태에 대해 더 많은 통제력을 얻는 것이다. 어딘가 긴장되어 있음을 느끼지만 긴장을 놓을 수 없을 때의 느낌을 우리 모두 알고 있다. 이것을 구조적 홀딩structural holding 또는 과다긴장이라고 하는데, 긴장이 이완되지 않고 있는 상태를 말한다. 반면, 기능적 홀딩functional holding은 수축된 근육을 느낄 때 일어나고 긴장을 더 이상 쓸 필요가 없을 때는 그냥 흘려보내는 것이다.² 우리는 구조적 홀딩이 만성긴장으로 남지 않도록 기능적 홀딩을 회복하고 싶어 한다. 다시 말하면 신체 긴장도는 행위를 만들기 어려운 저긴장이라는 극단 상태에서, 커다란 중간 지대로, 그리고 행위가 완성되는 방식으로 얻어지는 과다긴장이라는 반대 극단까지, 하나의 연속체상에 놓여 있다. 이 연속체를 따라서 하는 의식적인 바디풀니스 수련은 우리가 '적절하게 긴장된' 삶을 살 수 있도록 돕는다.

여기서 사용하는 전략은 에드먼드 제이콥슨이 개발한 점진적 이완법에서 온 것이다. 그는 수축된 근육이 이완되면 주의력이 (잠들 때처럼) 희미해지고 수축되면 주의가 선명해지는 경향이 있다는 것을 알아차린 최초의 의사였다. 또한 그는 새로움이 일어날 때 신경계가 깨어나고 주의가 명료해지고 신체 긴장도가 올라가며, 우리가 느끼는 근육만 통제할 수 있다는 개념을 이끌었다. 그의 점진적 이완법은 근육을 풀어놓는 능력에 대한 통제권을 확보하려면 우선 대조를 만들어내야 하는데, 이때 먼저 근육 수축을 **증가**시켜 신경계를 깨워서 고유수용감각 기능을 회복해 긴장을 놓는 능력이 생긴다는 사실에 주목함으로써 그러한 개념에 지렛대가 되었다.

이완 수련

이 실습은 카펫이 깔린 바닥이나 매트 위에 편안하게 누워서 하는 것이 제일 좋다. 또한 발에서 시작해 머리끝까지 몸 위쪽을 따라 체계적으로 작업하는 것이 가장 좋기는 하지만, 어디서 시작하는 것이 가장 좋을지는 여러분이 결정하라. 약식으로 긴장된 근육을 찾아서 그 부분만 작업할 수도 있다.

다양한 신체부위에서 여러분이 느끼는 긴장을 알아차리는 것으로 시작하라. 그저 알아차리라. 그런 다음에는 발목에 주의를 두라. 발가락이 머리 쪽으로 가까워지게 발목을 구부리라. 잠시 이 동작을 위해 정확하게 어디를 수축하고 있는지를 느껴보라. 어떤 근육이 쓰이고 있나? 긴장을 유지하면서 잠깐 그것을 느껴보라. 그러고 나서 긴장을 풀고 이완하라. 발의 무게를 느끼고, 잠시 그 무게가 가능한 한 많이 바닥으로 가라앉게 하라. 수축을 몇 번 반복하면서, 매번 가동되는 근육을 확인하고 긴장을 풀라. 이완 후에는 무게를 느끼라. 주요 관절로 이 과정을 반복해 보라. 종종 근육을 수축하기 위해 신체부위를 바닥에서 아주 살짝 들어 올려야 한다. 내려놓기는 신체부위가 그저 바닥으로 내려앉게 해주면 된다. 실습하면서 여러분이 계속 내려놓을 수 있는지, 더 내려놓을 수 있는지 보라. 졸려도 놀라지 말라. 그것이 좋을 수도 있다. 깜박 졸더라도 걱정하지 말라. ⊙

의식적인 움직임 수련은 움직임이 가져다주는 많은 중요한 주제와 은유를 찾아 다양한 형태로 나타난다. **움직임**이라는 단어는 여기서 저기로 가는 것, 경험에 반응해 감정적으로 느끼는 것, 어떤 것을 바꾸는 것, 실천주의 조직하기 등 여러 가지 의미를 가지고 있다. 우리는 움직일 때, 삶이 우리를 어떻게 움직여 왔고, 살아오면서 우리가 어떻게 움직여 왔는지에 관한 다양한 기억을 불러일으키고 체화한다. 바디풀니스 수련에서 움직임과 관계있는 모든 것은 우리가 관계를 맺고 가능한 한 의식적인 것으로 만들 가치가 있다. 움직임은 또한 우리를 타자와 가까워지게도 하고 멀어지게도 한다. 다음 장에서는 움직임을 관계에 적용하는 시도를 해볼 것이다.

6장   관계 맺기

인간은 사회적이다. 종種으로서 인간은 무리를 지어 살고, 다른 사람과 연결되어 있을 때 더 행복하다고 느끼며, 관계 접촉 없이 너무 오래 지내면 외로움을 느낀다. 우리는 상호 안전, 안락, 돌봄, 자극, 협력이라는 목적을 위해 무리를 짓는다. 이런 목적의 핵심 본질은 아주 어릴 적 관계 안에서 대부분 각인된다. 생애 초기의 비언어적인 몸과 몸의 정서적 상호작용과 같은 깊은 관계 속에서(어린 아이인 우리가 어떻게 안기고 바라봐지고 말을 들었는지에 의해) 관계성이 형성된다.

어릴 적 양육자와의 신체 경험은 중요하다. 왜냐하면 신체 경험은 몸에 자동적인 습관으로 각인되어 성인이 되었을 때의 생각과 행동을 만들기 때문이다. 신체 습관은 우리가 다른 사람과 접촉할 때 특정한 방식으로 움직이는 경향으로, 차후의 관계에서도 신체적인 성향으로 지속된다. 지위나 권력이 더 높은 사람이 앞에 있을 때 움츠러드는 습관이나 어머니를 어렴풋이 닮은 사람에게 자연스럽게 끌리는 것, 또는 누군가에게 매력을 느낄 때 숨을 참는다는 사실을 알아차리지 못할 수도 있다. 신체 움직임을 보면 현재의 상호작용과 과거의 상호작용이 비슷하다는 것을 알 수 있다.

어린 시절이 어떠했든 성인으로서 우리의 과업은 우리 자신과 타인에게 상처를 주거나 연결을 잃어버리게 하는 관계 성향에 적극적으로 맞서며 건강한 관계 기술을 계속 수련하고 다듬는 일이다. 바디풀니스는 현재의 관계 안에서 다르게 움직이고 호흡하고 감각함으로써 우리 내면에 끈질기게 지속되는 어려운 관계 성향을 다루는 것이다. 바디풀니스는 관계적 창조물relational creature이 뜻하는 바 그 의미를 문자 그대로 피와 내장까지 파고든다. 그렇기 때문에 더 나은 관계를 위해서 마인드풀니스를 하며 명상 방석에 앉아 있는 것만으로는 충분하지 않을지 모른다. 우리 존재의 핵심은 단지 우리 혼자가 아니라 조상 대대로, 그리고 지금도 타인과 함께 묶여 있다. 매우 실제적인 방식으로 우리는 타인과 함께 무엇을 하는지, 그리고 그렇게 할 때 어떻게 느끼는지를 통해 **상호작용을 하면서** 우리 자신이 된다.

반투과성 관계

2장에서 보았듯이, 우리 몸의 세포는 순간순간 어떤 것은 들어오고 어떤 것은 나가게 하며 어떤 것은 허용하지 않는 반투과성 경계로 작동한다. 이처럼 자원에 대한 접근에 대한 분별력은 물론 교류를 통해 정체성의 균형을 맞추는 기제가 세포들 간에 중요한 상호의존성을 만들어냄으로써 우리의 웰빙을 보장한다.

[세포의] 바깥도 안과 마찬가지다. 우리 몸은 수없이 많은 외부 요소(공기, 물, 나무, 동물, 만들어진 환경, 타인 등)와 관계를 맺고 있으며, 그것 없이는 우리가 존재할 수 없다. 2장에서 살펴본 것처럼, 이것이 틱낫한 스님이 말하는 상호존재interbeing의 의미다. 결국 우리는 모든 존재와 관계를 맺고 교류한다. 그러하므로 우리 몸은 수조 개의 외적 관계망이 협력 관계 속에 얽혀 있는 존재로 생각하지 않을 수 없다. 그럼에도 우리는 계속 분리된 자기를 경험하며, 여기에 있다.

존재의 본성을 관조하는 것이 흥미롭고 큰 의미가 있겠지만, 잠시 집, 일터, 식료품 가게에서 맺는 관계에서 겪는 일상적인 문제를 들여다보자. 세포의 은유를 확장해서 보면, 독립체를 만들고 그것이 다른 독립체와 '관계를 맺을' 수 있게 해주는 경계가 형성될 때만 관계가 가능해진다. 경계는 어떤 것들을 함께 묶는다. 세포의 경계들은 **나**를 함께 묶어준다. 우리는 보통 경계가 물질을 분리하는 것이라고 생각하지만, 이제 이런 생각은 다소 근시안적으로 보일 수 있다. 경계는 정체성을 **조절한다**. 그리고 우리의 경계는 우리의 관계를 조절한다.

우리가 어떤 것에 "예" 또는 "아니오"라고 말할 때 우리는 경계를 부드럽게 하거나 단단하게 조절하고 있는 것이다. 어떤 사람에게 닿을 정도로 가까이 다가갈 때, 혹은 관계의 경로를 벗어날 정도로 멀어질 때 우리는 우리의 경계를 바꾸고 있다. 바디풀니스는 계속 진행되는 이 자연적인 과정을 이용하고 그것에 영향을 미치며, 우리에게 몸을 통해 분별력을 더 자각하고 그 과정에 더 의식적으로 관여할 것을 요청한다.

다시 말하지만, 몸은 중도를 통해 안내된다. 너무 쉽게 풀어지거나 너무 단단해지는 경계는 곧 분별력과 교류 모두를 저해할 것이다. 삶은 **융합**과 **고립**이라는 희귀한 극단의 순간과 그 사이의 광범위한 **접촉**의 중간 지대에 있는 연속체를 따라 왔다 갔다 하도록 요구하는 것 같다. 누군가와(혹은 어떤 것과) 접촉하고 있다는 것은 우리가 그들과 닿아 있고, 교류하고 있다는 뜻이다. 이는 관계가 마법을 부리는 장소인 것 같다.

경계가 현재 환경을 감당하기에 충분히 강하지 않을 때(예컨대, 위협이 지각될 때), 우리는 경계를 강화하고 방어적이 된다. 이렇게 스스로를 방어하는 것은 극단적인 경우에 실제로 우리의 목숨을 구해줄 수 있다. 그러나 종종 우리는 그럴 필요가 없을 때, 즉 건강한 접촉의 상태에서도 불필요하게 방어적이 되곤 한다. 경계가 현재 환경에 너무 강할 때는(예컨대, 사랑스러운 접촉을 하는 동안에는), 경계를 느슨하게 풀고 개방적이고 부드러워지는 방법을 배울 수 있다. 어떤 때는 더 개방적이 됨으로써 생명을 구할 수도 있다. 하지만 때때로 우리는 이런 방법에 취약하고 자신이나 타인에게 해가 되는 접촉이 이루어질 수 있다. 다음 수련은 관계에서 접촉하기를 둘러싸고 유연성과 분별력을 향상시켜 준다.

잠시 조용히 앉아서 관조의 시간을 가지고 여러분의 신체 경계를 알아차리라. 소파나 옷과 같은 표면과 맞닿아 있을 때 경계를 민감하게 느낄 수 있다. 공기와 접촉하고 있는 피부를 통해 경계를 느낄 수도 있다. 잠시 주의를 안에서 바깥으로 왔다 갔다 해보라. 그러고 나서 신체 경계에 주의를 기울여 보라. 몇 분간 이렇게 주의를 왔다 갔다 해보라. 그리고 가능하다면 한동안 경계에 주의를 기울일 때 감각, 이미지, 느낌, 기억 등 어떤 연상이 올라오는지 알아차리라. 분석하거나 판단하지 말고, 이러한 연상을 환영하고 주의를 유지하라. 그러고 나서 어릴 적 상호작용이 남긴 흔적일지도 모르는 그 연상들을 성찰해 보는 것도 좋다. ⊙

관계적 터치

신체적 터치는 접촉을 경험하는 가장 좋은 수단 중 하나다. 어린 시절에 터치는 필수적이어서 어린 아이는 터치가 없으면 뇌 손상을 오래 경험하거나 심지어 죽을 수도 있다.[1] 누군가로부터 감정적으로 터치되었다고 할 때나 시선이 터치된다고 할 때와 같은 은유적 터치는 충만한 접촉의 레퍼토리를 확장해 준다. 신체적 터치와 은유적 터치에 대한 기본적인 욕구는 복잡한 지형을 만든다. 왜냐하면 터치는 애착, 사랑, 지지, 건강한 성, 양육뿐만 아니라 반감, 통제, 폭력, 지배도 전달하기 때문이다. 우리 대다수는 이렇게 복잡하고 다양한 방식으로 터치를 받아왔다. 이 거대한 복잡성의 문화와 하위문화로 인해 터치에 관한 우리의 이해는 더욱 복잡할 수 있다. 터치의 연속체로 모든 인간 문화를 상상해 본다면, '터치를 많이 하는' 문화에서부터 저 아래 '터치를 꺼리는' 문화까지 있음을 볼 수 있다. 또한 누가 누구를, 신체 어느 부위를, 그리고 어떤 상황에서 터치할 수 있는지에 관한 아주 정교한 규칙이 문화적으로 형성되어 있다. 터치의 성별 정치학만 해도 엄청나게 벅찬 주제일 수 있다.

터치가 우리의 경계에서 피부와 맞닿아 일어나고, 누군가를 터치하려면 그 사람의 몸에 가까이 다가가야 한다는 문제를 고려해 보면, 강력한 관계적 힘relational power으로서 터치의 위치가 분명해진다. 오래된 터치의 상처를 어떻게 치유할 수 있을까? 만약 우리가 사람들의 터치의 역사, 문화, 경계에 대해 좀 더 깊이 자각하고 존중한다면 얼마나 멋질까? 어떻게 바디풀니스의 방식으로 자신과 타인을 터치할 수 있을까? 이런 질문에 대한 대답에 공을 들이는 것은 관계 기술을 높여준다. 그것은 자기 터치로 시작해 타인과의 터치로 끝난다.

터치 수련

시작할 때 편안하고 관조적인 느낌이 드는 자세를 찾아보라. 그리고 잠시 동안 여러분의 경계를 느껴보라. 이미 일어나고 있는 모든 터치를 알아차리라. 피부에 닿은 옷의 수동적인 터치, 바닥이나 의자와 접촉한 신체부위, 피부에 닿은 공기의 느낌 등. 그리고 떠오르는 연상을 알아차리라. 떠오르는 연상을 맞이하고 거기에 계속 주의를 유지하라. 이제 손을 사용해 얼굴이나 아래팔 등 피부끼리 접촉이 가능한 신체부위를 적극적으로 터치해 보라. 터치가 불러 일으키는 감각을 그저 알아차리라. 가볍게 쳐보거나 꽉 잡아보는 등 다양한 유형의 터치를 실험해 보라. 떠오르는 연상에 주의를 기울어 보라. 연상을 환영하되 분석하거나 판단하지 말고 그저 주의의 초점을 유지하라. 그리고 나서는 어릴 적 상호작용이 남긴 흔적일지도 모를 그 연상들을 성찰해 보는 것도 좋다.

다음 며칠, 몇 주 동안 타인에 대한 수동적 터치와 능동적 터치를 더 자각해 보라. 여러분이 터치하는 것(혹은 터치하지 않는 것)과 터치되는 것에 대해 더 의식적이고 목적의식을 가지겠다는 계획을 세워보라. 터치에 관해 여러분이 사용하는 예의에 대해 알아차리고 그것에 대해 더 질문하라. 혹시 내가 터치하고 있는 사람이 터치를 원하는지 모르면서 터치를 시작하지는 않는가? 이 주제에 관해 친구, 가족과 이야기해 보라. 아마 여러분 개인의 터치 역사에 대한 이야기나 역사적 또는 현재의 터치 문화에 대한 여러분의 관찰, 그리고 서로 터치할 때 이 문화들이 어떻게 교차하는지를 놓고 이야기를 나눌 수 있을 것이다. 가능하다면 시간을 내어 관조적 수련으로 친구, 애완동물, 또는 사랑하는 사람과 아주 의식적으로 터치해 보라. ⊙

신체 조율

5장에서는 의사소통의 형태로서 움직임을 살펴보았다. 여기서는 어떻게 움직임이 관계 안에서 접촉의 순간들을 다루는지 더 깊이 음미해 보자. 바디풀니스의 관점에서, 우리의 면대면 의사소통은 대부분 비언어적이다. 반투과성 경계를 건너 타인을 이해하고 이해받는 대부분의 시간 동안 우리는 무의식적으로 지속되고 있는 (바라건대 우아한) 몸의 춤을 추고 있다. 이제 그 몸의 춤에 눈을 뜨고 우리의 관계 안에서 바라는 바에 맞게 의식적으로 조율하는 것이 우리의 일이다.

의사소통은 표현expression과 조율attunement이라는 두 정교한 수준에서 일어날 수 있다. 우리는 자기를 표현할 때(**밖으로 밀거나** ex-press, '짜낼press out' 때) 신호를 내보낸다. 표현은 소리 지를 때나 아기가 울 때처럼 우리 안의 어떤 것으로 시작해서 타인을 향해 발산하는 것이기 때문에 보통 단순한 의사소통의 형태로 나타난다. 특히 듣는 사람과의 친밀감이 필요하지 않을 때는 이런 단순함으로도 충분하다. 우리가 내면에 있는 것을 그냥 표현할 때, 받는 쪽에 있는 사람을 별로 고려하지 않을 수도 있다. 그러나 우리가 자기를 표현했는데 이해받지 못하면 속이 상하고 관계 불화가 많이 일어날 수 있다. 깊이 이해받기 위해서는 대개 상호 의사소통이라는 일종의 2인무에서 듣는 사람을 충분히 고려해 표현해야 하기 때문이다.

조율된 방식으로 의사소통할 때 우리는 함께 있는 사람을 고려한다. 그들이 젊은가, 나이가 들었는가? 피곤한가, 불안한가?

문화적으로 다른가? 성적으로 끌리는가? 상대의 이런 상태를 고려하고 나서 만들어진 우리의 표현(내용과 전달 방식 모두)은 이해받을 가능성이 높다. 우리가 이렇게 하면서 듣는 사람도 비슷한 태도로 반응해 줄 때 서로에게 조율된 공감, 유대감, 경험의 공유라는 기분 좋은 느낌을 맛보게 된다. 타인의 표현 문화를 조롱하듯 흉내 내서 무례를 범하거나 우리 자신의 표현 문화에 대한 감각을 잃어버리는 지점까지 너무 멀리 가서 문제가 되기도 한다. 다시 강조하지만, 조율은 중간 지대 작업이며 반투과적이다. 조율은 (로맨스 소설에서나 그렇듯이) 변함없을 수도 없고 그래서도 안 된다. 조율의 존재 때문에 삶은 의미 있고 사랑스러워진다.

이제 여러분이 상상하듯 조율은 주로 몸을 통해서, 그리고 본래 양육자와의 어린 시절 비언어적 상호작용 안에서 먼저 일어난다. 조율은 우리 몸이 얼마나 많이 긴장하고 있는지, 의사소통할 때 몸의 형태를 어떻게 만드는지, 시선을 어디에 두는지, 얼마나 가까이 혹은 멀리 있는지와 관련이 있다. 또한 자세, 몸짓, 터치, 속도와 움직임의 리듬, 목소리 톤의 질과도 관련이 있다. 이것들이 모두 우리의 **신체 내러티브**를 형성한다고 할 수 있다. 우리는 자신의 신체 내러티브를 읽고 이해하는 사람, 그리고 시간을 들여 신체 내러티브를 이해하려고 노력하는 사람에게 조율된다고 느낀다. 의식적인 차원에서, 우리는 이런 사람 주변에 있는 것을 좋아하고 그들에게서 친밀감을 느낀다.

바디풀니스에서는 조율로 관조적 수련을 만든다. 어떻게 나 자신의 신체 내러티브를 알아차리고 더 이해할 수 있도록 만들 수 있을까? 어떻게 내가 가깝다고 느끼는 사람들의 신체 내러티브를 의식적으로 잘 읽어서 그들과 잘 조율된다고 느낄 수 있을까? 보통의 관계 갈등에서 조율이 깨지면 어떻게 그것을 되돌릴 수 있을까? 우리는 이런 질문에 대한 답을 축적해 왔다. 거기에는 우리 내면의 감각에서부터 눈에 보이는 움직임까지 우리의 미묘한 신체 상태를 읽을 수 있는 기술이 상당 부분 포함된다. 우리는 자기 자신과 조화되어 있을 때 타인에게 더 잘 맞출 수 있게 된다. 이제 우리의 깊은 관계망 안에서 타인의 미묘한 신체 이야기를 감지하는 수련과 함께 나아지는 일만 남았다.

조율 수련

◎ 가능하다면 기꺼이 여러분과 실험하기를 원하는 친구 또는 사랑하는 사람을 한 명 찾으라. 서로 마주보고 앉으라. 이제, 두 사람은 눈을 뜨고 상대방을 바라보는 일과 눈을 감고 몸에서 무엇이 일어나는지 알아차리는 작업 사이를 왔다 갔다 하라. 내면에 주의를 기울일 때 거기서 일어나는 작은 것들을 정말로 알아차리라. 주의를 상대에게 돌릴 때에도 마찬가지로 작은 긴장, 미묘한 기울임, 또는 상대의 호흡의 세세한 부분을 알아차리라. 둘 다 동시에 눈을 뜨고 서로를 바라볼 때도 있을 것이고, 한 사람 혹은 둘 다 눈을 감고 있거나 둘 중 한 명만 상대방을 보고 있을 때도 있을 것이다. 이런 다양한 상황에서 어떤 연상이 떠오르는지 그저 알아차려 보라.

ㅇ 눈을 뜨고 상대방을 보는데, 상대방이 눈을 감고 있을 때

ㅇ 눈을 뜨고 상대방을 보는데, 상대방이 여러분을 볼 때

ㅇ 눈을 감고 있어서, 상대방이 여러분을 보는지 안 보는지 여러분

이 모를 때

이런 각각의 상황이 관계 이슈를 불러올 수 있다. 다른 사람에게
보이는 것이 괜찮은가? 누군가를 보는 것이 괜찮은가? 내가 다른
사람에게 보이는지 안 보이는지 몰라도 괜찮은가? 다른 누군가를
보지 않고 나 혼자 시간을 보내는 것이 괜찮은가? 또 상대가 나와
함께 있지 않고 자기 혼자 시간을 보내는 것은 괜찮은가? 이 실습
이 끝날 때, 원한다면 상대와 그것에 대해 이야기해 보라. 이런 다
양한 상황에 대한 여러분의 연상은 무엇이었는가? 특히 다양한 상
황에 반응해 여러분의 몸에서 무엇이 일어났는가? 이런 관찰은 여
러분이 어렸을 때 초기 관계가 어떻게 형성되었는지에 대한 단서
를 제공할 것이다. 이 실습은 또한 관계 속에서 몸 상태를 감지하
는 연습을 제공할 것이다.

◎ 별도의 연습에서든 일어나고 있는 상호작용 안에서든, 하루 중
잠깐 시간을 내어 다른 사람들의 자세와 몸짓, 특히 얼굴 표정에
주의를 기울여 보라. 우리는 끊임없이 서로의 몸을 읽지만 그렇게
하고 있다는 것을 대부분 자각하지 못한다. 또한 우리는 이런 무의
식적인 읽기를 타인의 상태, 우리를 향한 타인의 의도, 의사소통에
서 타인의 노력을 평가하는 수단으로 활용하는 경향이 있다. 이것
을 수련으로써 의식적으로 진행하면 타인보다는 우리 자신의 문제
일지 모르는 오랜 가정들을 표면화할 수 있다. 또한 우리가 상호작
용하고 있는 사람에게 어떻게 느끼는지 자주 물어봄으로써 이런
읽기를 더 잘 해내게 될 수 있다. 우리는 때로 정말 느낌을 잘 모르
거나 느낌 전달의 실패에 익숙하지만, 그럼에도 언어와 몸을 통해

표현되는 것, 이 두 가지 정보의 줄기에 대해 더 의식하는 것이 중요할 것이다.

◎ 이 실습에는 두 사람이 필요하다. 이 실습을 한 번은 동료와, 한 번은 친구와, 한 번은 가족 구성원과 여러 번 해보는 것도 흥미로울 것이다. 서로 마주보고 서서 누가 제자리에 서 있고 누가 움직일지 선택하라. 실습하는 동안 두 사람 다 감각과 그 밖의 연상을 알아차리며 자신의 상태를 계속 추적할 것이다. 처음 몇 분간은 말하지 말고 실습을 하고, 조금 시간이 지난 후에 둘 중 누구든 자신이 느낀 점을 공유할 수 있다(그저 설명하라. 해석하지 말라). 이제 움직이는 사람이 짝에게 가까이 다가가고 멀어지는 실험을 시작한다. 둘 사이의 거리가 달라질 때 어떤 연상이 떠오르나? 서 있는 사람과 다가가는 사람 모두 느껴보라. 상대가 멀어질 때 여러분은 안도감을 느낄 수도 있고 버림받는다고 느낄 수도 있다. 판단하려고 하지 말고, 가까워지고 멀어지는 것이 여러분에게 어떤 영향을 주는지 그저 알아차리라. 움직이는 사람은 다양한 각도에서 또는 속도나 높이를 달리하면서 접근하고 멀어져 본다. 그냥 그렇게 즐겨보라. 이 실습을 마칠 준비가 될 때, 잠시 그 경험에 대해 함께 이야기해 보자. 그러고 나서 역할을 바꿔 움직이던 사람이 제자리에 선다. 역할이 바뀔 때 연상이 바뀌는지 알아차리라. 실습을 마칠 준비가 되면 다시 이야기를 나누라.

이 실습을 확장해 두 사람이 동시에 움직이도록 할 수 있다. 두 사람이 동시에 가까워지거나 멀어질 때 어떤 연상이 일어나는지 알아차리라. 한 사람은 가까이 다가가고 싶은데 상대방이 멀어지려

할 때 여러분에게 무엇이 일어나는지 알아차리라. 실습을 마치면 실습에서의 상황에 여러분의 관계 패턴이 어떻게 반영되었는지에 대해 잠시 동안 논의해 보자. ◉

관계하는 몸들의 공동조절

우리가 관심을 가지고 있는 누군가와 지속적으로 조율할 수 있을 때 둘 사이에는 공동의 영향권이 만들어진다. 단기적인 기분과 장기적인 경향성 측면에서 모두 서로에게 영향을 미친다. 좋은 관계에서는 시간이 갈수록 이 영향이 둘에게 최선을 이끌어 내는 경향이 있다. 배우자가 스트레스로 가득 찬 하루의 끝에 이완할 수 있도록 상대에게 귀를 기울여 보자. 확신을 가지고 침착하게 우는 아이를 진정시키듯 감싸 안으며, 슬퍼하는 친구에게 우리 함께 걷자고 격려해 보자. 이런 것은 좋은 영향을 끌어내는 일이다. 또한 부정적 태도를 줄이는 것도 좋은 영향을 만드는 일이다. 예컨대, 자신의 부정적 상황이 타자에게 영향을 주지 않도록 불평을 최소화하는 것이다. 앞에서 본 대로, 이 영향은 필요한 경우 조율을 줄이는 작업(경계를 단단하게 하는 것)이 될 수도 있다.

이렇게 서로 주고받는 영향을 흔히 공동조절coregulation이라고 하는데, 상상하듯이 그것은 태어나기 전에 시작되고 주로 신체적 상태의 공동조절에 기초한다.[2] 나의 고요한 몸, 즉 느린 심장박동, 깊은 호흡, 이완된 긴장도, 이 모든 것이 고된 하루의 끝에 여러분을 안아줄 때 여러분의 기분을 나아지게 한다. 결과적으로 아마 여러분의 심장박동은 느려지고, 호흡은 깊어지며, 근육은 이완될 것이다. 이런 공동조절은 우리 몸(신진대사) 안에서 일어나고 [관계의] 몸 사이에서도 일어난다. 예컨대, 영상을 찍어보면 서로 좋아하는 사람들은 같이 앉아서 이야기할 때 눈에 띄지 않게 일종의 비언어적 춤을 추듯 동시에 상호 간 몸짓을 하는 경향이 나타난다.[3]

관계 안에서 일어나는 바디풀니스 수련은 이런 영향력을 알아차리게 하고, 점점 더 긍정적인 영향이 되도록 하며, 상호 관계에 있는 타인으로부터 긍정적인 영향을 주고받을 수 있게 자신을 더 열도록 돕는다. 앞서 여러 번 살펴본 대로, 이 모든 것은 자기 조절 능력으로 시작된다. 스트레스를 받을 때 습관적으로 약물이나 술, 인터넷을 필요로 하지 않고 자신을 진정시킬 수 있는가? 스스로 생기를 북돋울 수 있는가? 힘든 시간 동안 슬픔이나 분노를 긍정적인 영향으로 경험할 수 있는가? 우리의 전체 신진대사가 더 조절되도록 호흡의 균형을 이룰 수 있는가? 성인으로서 우리의 과업은 몸을 수단으로 사용해 자기 조절 안에서 스스로 힘을 키움으로써 조절 곤란 상태를 극복하고 조절 가능 상태로 만들어낼 수 있게 하는 것이다. 그래야만 우리는 타인에게 긍정적인 영향을 미칠 수 있다.

또 다른 공동조절의 기술은 영향과 조종의 차이를 배우는 것이다. 분명 우리는 타인에게 무엇이 도움이 되는지 결정하는 사람이 아니다. 공동조절이란 우리가 타인(혹은 우리)에게 더 좋다고 여기는 또 다른 상태로 진입하려고 하거나 타인에게 우리의 조절자가 되기를 요구하는 것이 아니다. 그것은 과도하게 남을 경계하며 스스로 옳은 일을 하려고 애쓰는 자기 조종도 아니다. 바디풀니스는 그 본질에서 조율과 타인(그리고 우리 자신)을 정서적으로 '아는' 능력을 강화한다. 우리가 무언가 또는 누군가와 조율되면서 반응하며 행동할 때 공동조절은 자연스러운 산물로서 발생할 수 있다. 예를 들면, 친구의 슬픔을 함께 나누거나 친구의 성공에 신이 나는 것이다. 다시 말해, 우리의 관계에 바디풀니스를 가지고 온다는 것은 공동조절을 의식적으로 수련하는 것이다. 이 수련은 구체적이거나 처방된 결과를 피하는 대신에 전체적으로 관련된 모두를 조절하는 방식으로 우리를 더 가까이 느끼게 하는 공유 상태shared state를 경험하도록 작업한다.[4]

공동조절 수련

◎ 며칠 동안 기회를 잡아서 자기 조절을 더 잘하고 싶은 상황에서 호흡하고 움직이고 감각하는 몸을 가지고 의식적으로 작업해 보라. 균형 잡힌 호흡 수련 또는 저녁 식사 후에 산책하기 등 자기 조절을 도울 수 있는 기존 수련법이 많이 있지만, 무엇이 효과가 있는지는 여러분이 제일 잘 안다. 자신을 믿고 검증된 수련법을 실행해 보고, 다른 시도도 해보면서 자기한테 맞는 방법 또한 만들어보라. 가능하다면 어려운 상황에서 몸을 기반으로 하는 이 자기 조절 방식을 수련하라. 스트레스 상태에서 벗어나기뿐만 아니라 긍정적인 상태를 기르는 부분도 수련하라.

◎ 다음 며칠 동안 기회를 잡아 몸 대 몸의 긍정적인 영향으로 다

른 사람들과 의식적으로 작업해 보라. 포옹하거나 경직된 분위기에서 호흡을 깊이 귀에 들리게 함으로써 현존의 느낌을 찾는 일이기도 할 것이다. 이는 다른 사람들을 더 깊이 호흡하도록 조정하거나 집단 분위기의 긴장을 줄이려는 노력이 아니라, 긴장 자체를 생산적인 수준으로 조절하는 작업이다. ⊙

관계적 놀이

유년기 놀이 활동은 관계 형성에서 어릴 적 양육자와의 상호작용에 필적할 만큼 중요하다. 모든 포유류와 조류가 일생 대부분의 시간을 놀이에 사용한다는 점은 주목할 만하다. 놀이는 신체 건강을 향상시켜 주고, 뇌를 조직화하고, 스트레스를 풀어주고, 여러 기술을 가르쳐주고, 학습 능력을 강화한다. 놀이는 본질적으로 재미있다. 놀이는 목표 지향적 시간 바깥 편에 존재하며, 다른 상황에서는 도전하기 어려운 모험이 놀이에서는 가능하다.

그렇다면 놀이의 목적은 무엇인가? 여기서는 관계에서 놀이의 역할을 탐구하려고 한다. 우리는 어린 시절부터 놀이를 통해 관계 안의 존재 방식, 집단의 일원으로 어떻게 존재하는가라는 복잡한 과업을 배운다. 놀이를 통해 연습하고 실험하며 미묘한 사회적 상호작용의 경계를 시험한다.

공놀이장에서든 게임판에서든 뒷마당에서든, 놀이는 타인과 긍정적인 상태를 만들어내고 유지하는 역할을 한다. 기분 좋은 느낌과 타인과의 연결감 사이의 연결 고리는 종들이 유대와 협력을 통해 번성했던 진화의 과거에 뿌리를 두고 있다. 이제 추측할 수 있듯이 관계적 놀이는 몸 안에서 몸을 통해 일어난다. 놀이에서 우리의 첫 번째 실험은 신체적이었고, 놀이는 아동기 동안 주로 신체적이다가, 유머와 복잡한 인지 전략 게임처럼 더욱더 인지적인 형태를 포함하는 식으로 서서히 확장된다. 성인이 되면 놀이의 정점인 섹스가 추가된다.

어떻게 놀이가 관조적일 수 있을까? 만약 우리가 바디풀니스 수련으로 신체적·관계적 놀이에 참여할 수 있다면 그것은 어떤 모습일까? 섹스는 특히 동양에서 관조적 수련으로서 탐구되어 왔다.§ 만약 놀이를 자체의 목적 외의 다른 목적 없이 행해지는 모든 행위로 정의한다면 우리는 충만한 바디풀니스로 그려질 넓은 캔버스를 가지고 있는 셈이다. 몸을 통한 관계적 놀이는 우리를 깨워서 접촉, 경계(부드럽게 또는 단단하게), 조율, 공동조절, 긍정적인 경험의 틀 안에 있는 모든 것이 나아지도록 돕는다. 그것은 독립된 활동으로 이루어지기도 하고, 계속 진행 중인 상호작용 속에 새겨지는 태도로 수행될 수도 있다. 놀이를 바디풀니스 수련으로 만드는 법은 우리가 의식적으로 호흡하고 움직이고 감각하고 관계하면서 수행하는 가운데 다른 사람과 공유할 수 있는 긍정적인 상태에 완전히 참여하도록 스스로를 지지하는 것이다.

§　이는 일부 밀교 전통의 수행법으로, 탄트리즘 수행으로 행해지는 수련 의식을 언급하는 듯하다.

다음은 시작점으로 활용할 수 있는 관계적 놀이 수련법 목록이다. 궁극적으로 여러분은 자신만의 바디풀니스 놀이를 만들 것이다. 수련의 목적은 노는 것, 놀이 상대와 접촉하는 것, 동시에 바디풀니스 상태가 되는 것이다. 쉬운 일은 아니다!

◎ 놀이 상대와 마주 앉아서, 몸짓gestures 만들기, 얼굴 표정 짓기, 소리 내기를 왔다 갔다 하며 비언어적인 방식으로 관계를 주고받으라.

◎ 몸짓 놀이의 일종으로서, 소리나 몸짓, 표정, 자세만 이용해서 놀이 친구에게 무언가를 전달해 보라.

◎ (춤을 추거나 그냥 즉흥적인 동작으로) 이리저리 움직이라. 놀이 상대는 그 움직임을 정확하게 거울처럼 따라 해보라. 역할을 바꿔서도 해보라.

◎ 말하거나 만지지 말고 상대를 웃겨보라. 역할을 바꿔서 해보라.

◎ 아이 한 명을 불러서 함께 뛰어다니며, 아이가 놀이를 주도하게 하라. ⊙

바디풀니스 상태 함께 만들기

사실상 모든 종교 전통은 공동체에서 함께 수행하는 것을 가치 있게 여긴다. 우리는 대부분 집단으로 움직이고 노래하고 명상하거나 기도하며 다른 사람과 함께하는 힘을 직접 경험해 본 적이 있을 것이다. 이런 시간에는 우리 모두 수행의 깊이와 느낌이 더해지고 가속화되는 승수효과가 있는 것 같다. 도반 한 사람과 같이 하든 수천 명과 수행하든, 함께 존재함으로써 우리는 관조적 상태에 공동으로 머물 수 있다. 바디풀니스의 상태를 함께 만드는 것은 이런 오래된 인간 경험으로부터 생겨난 것이다.

탱고를 출 때 두 사람이 필요한 것처럼, 바디풀니스를 함께 만들려면 신체적 관계 맺기에 주의를 기울여야 한다. 물론 우리는 여전히 우리의 내적 경험을 살피고 소중히 여기지만, 이 관계의 춤에서 우리는 하나의 조합으로 작동하는 몸, 일종의 공동체 몸을 만들어낸다. 탱고와 아주 유사하게, 우리는 함께 움직이고, 고대하고, 신호를 보내고, 지지하고, 동작을 만들어내고, 그 결과를 즐기는 법을 수련한다. 우리는 자기를 잃지 않고 상대를 포함시키기 위해서 자기 정체감을 일시적으로 확장한다. 이것이 의식적으로 행해지고 성찰될 때 바디풀니스 수련이 된다.

관계와 공동체 수련

◎ 이 수련은 다른 한 명의 도반과 함께 하는 정좌 명상과 터치를 포함한다. 먼저 어깨가 닿을 듯이 나란히 옆으로 앉으라. 우선 몇

분간 각자 조용히 앉아서 여러분에게 친숙한 방식의 정좌 명상을 수행하라.[5] 그러고 나서 둘 중 한 사람이 상대의 뒤로 팔을 뻗어 등 중간 또는 허리 부분에 손을 올려놓으라. 다른 한 사람도 똑같이 한다. 다음 몇 분 동안(얼마나 길게 할지는 여러분이 결정하라), 두 사람 모두 자신의 신체 경험과 상대가 터치하고 가까워질 때 짝의 몸에서 느낄 수 있는 연속체 사이로 주의를 왔다 갔다 해보라. 여러분은 아마 상대의 호흡이나 작은 움직임이 조정됨을 느낄 수 있을 것이다. 둘 사이에 일어나는 이런 작은 상태들과 함께 머물러라. 함께 숨 쉬는 것처럼 동시성의 순간을 알아차리거나 둘 사이의 많은 차이를 알아차릴 수도 있다. 지향점은 같아짐에 있지 않고 오히려 함께 있음에 있다. 어느 쪽이든 판단이나 설명 없이 여러분의 몸을 그저 알아차리고 함께 있으라.

◎ 이 실습도 어깨를 15센티미터 정도 띄운 채 옆으로 나란히 앉아서 할 수 있다. 준비가 되면 옆 사람을 향해 기대라. 몇 번 서로에게 기대서 무게를 함께 공유하라. 이것이 어떻게 느껴지는지 알아차리라. 그 후에 둘 중 한 사람이 다른 사람에게 무게를 기대고, 상대방은 그 무게를 견디라(이렇게 하려면 어깨 외에 다른 부위를 더 사용해야 할지도 모른다. 아무튼 어떻게 할지는 두 사람이 결정할 수 있다). 두 사람 다 이것이 어떻게 느껴지는지, 어떤 연상이 올라오는지 알아차리라. 역할을 바꿔서 한 사람이 자신의 무게 전체를 기대고 상대방이 견디라. 나중에 그것에 관해 논의해 보라. 다른 사람의 무게를 공유하는 것, 무게를 주는 것과 견디는 것과 관련해서 어떤 이미지가 떠올랐나?

◎ 그냥 하나의 권유인데, 만약 여러분이 그럴 만한 상황에 있다면 파트너 춤 수업에 참여하는 것을 고려해 보라. 누군가와 조율된 방식으로 함께 움직여야 하는 작업보다 관계 주제를 잘 표면화할 수 있는 것은 없다. 더 나아가 노화에 관한 연구에 따르면, 커플 춤추기는 주의를 선명하게 하고, 신체적 웰빙을 촉진하며, 사회적 연결을 조성하는 삼중 효과를 통해 인지 능력의 감퇴를 막을 수 있다고 한다. ⊙

이번 2부에서 다룬 네 가지 핵심 수련인 호흡하기, 움직이기, 감각하기, 관계 맺기는 직접적인 산 경험에 깨어 있을 수 있도록 함께 작동한다. 이 네 가지 수련은 함께 상승작용을 함으로써 고통스러운 것에서 즐거운 것까지, 일상적인 것에서 인생을 바꿀 만한 것까지 온갖 종류의 삶의 연속체에 관여하도록 깨어 있음 안에서 우리를 지지한다. 이렇게 바디풀니스 상태의 유대감의 결과는 우리가 이런 강력한 생활 기능에 내재된 정보와 자원을 매 순간 이용할 수 있는 계기로 작용한다.

3부

바디풀니스의 적용과
실행

Bodyful Applications
and Actions

7장　　　몸 정체성, 몸의 권위,
　　　　　　바디풀니스 이야기

　　　　　　　　　　　　　　'나는 누구인가'라는 물음은 인
간의 가장 근본적인 질문 중 하나이며, 관조적 호기심뿐 아니라
늦은 밤 잠 못 이루는 불안을 불러일으킬 수 있다. 나는 이 책의
서문에서 '우리는 몸이다'라는 매우 단순한 대답을 제시했다. 여
기서는 다소 미묘한 대답으로 '살을 붙이고' 자기감의 신체적 의
미가 어떻게 바디풀니스에 관련되는지 살펴보자. 다시 한번 이
탐구 과정에서도 호흡하기, 움직이기, 감각하기, 관계 맺기는 물
론 진동과 주의를 필요로 할 것이다.

　　우리는 '나는 누구인가'라는 정체성에 관한 질문을 가지고 자
주 씨름한다. 초기 심리학 이론에서는 어린 시절에 형성되기 시
작한 정체성 발달이 성인기에 완료되어 그 후에는 대체로 같은
상태로 유지되면서 개인에게 단일한 일체감과 목적의식을 제공

한다고 가정하는 경향이 있었다. 이 시나리오에서는, 우리가 누구인지는 처음에는 신체적으로(성별, 체중, 반사, 행동 능력) 측정되는 경향이 있지만, 성숙해지면서 인지 발달이 점점 더 중요해지는데, 그것이 너무 중요해진 나머지, 몸과 따로 떨어져 있는 것처럼 보인다. 그래서 우리가 결국 이르게 되는 자기감sense of self은 주로 정신적인 것이다. 우리는 거의 마음이나 생각과 동일하게 받아들여진다. 그것이 최소한 고전적인 관점에서 우리의 정체다.

현재의 발달이론가들은 이 궤적에 도전하는 경향이 있다. 그들은 우리의 정체성에 관한 개념이 자기 구조안의 다중성, 갈등, 심지어 모순까지도 수용해야 한다고 말한다. 그들은 단일한 정체성 또는 고정된 자기감조차 가정할 필요가 없다고 주장한다. 이런 관점은 견고한 자아의 존재를 의문시하는 많은 관조 전통과 잘 들어맞는다. 예컨대, 발달이론가 헤르만스Hubert ("Bert") J. M. Hermans는 다양한 '나'의 자리 잡기에 관해 이렇게 말한다. "'나'는 다른 자리에서, 심지어 상반되는 위치에서 자리를 따라 변화를 거듭하며, 서로 이야기하고 관계를 맺을 수 있도록 각각의 자리에 맞는 목소리를 낼 수 있다. 각각의 목소리는 자신의 입장에서 자기 경험에 대해 할 이야기가 있으며, 결과적으로 복잡한 이야기로 구조화된narratively structured 자기가 만들어진다."[1] 몇몇 다른 이론가들은 이를 우리의 내러티브 정체성이라고 부르는데, 이는 우리가 자기 자신에 대해 말하는 이야기와 타인이 우리에 대해 말하는 이야기로 구성된다. 일단 이런 이야기들은 다시 이야기됨으로써 굳어지고, 그 이야기를 믿게 되면서 우리는 그 이야기를 따라 살게 되는 경향이 있다.

이렇게 반복·강화되는 이야기들로 구성되어 변화하기 쉬운 우리의 다중적인 자기는 중독의 함정과 구원의 가능성을 모두 가지고 있다. 우리는 어릴 때 창피나 무시를 당했을 때 받은 영향이 성인기에 자기 자신에 관한 관점에 드러나 있음을 경험한다. 체계의 수준에서도 똑같이 유해한 결과를 볼 수 있는데, 유색인종은 쓸모없고 문제가 있다고 주장하는 미디어와 사람들에게 반복적으로 노출되는 문화가 그 예다. 건강이나 질병과 관련해서도 이런 이야기를 적용할 수 있을 것이다. 심리치료는 종종 오래 내면화된 부정적 내러티브들을 다루며 구원의 메시지를 찾기 위해 우리 이야기를 재배열하는 작업이다.

정체성에 관한 질문을 바꾸는 작업은 바디풀니스로 향하는 출발점이기는 하지만, 정체성 언어 상자 흔들기는 아직 끝나지 않았다. 여전히 정체성의 결실이 마음에 있고 주로 언어로 전해지는 이야기라는 우리 생각에 의문을 제기할 필요가 있다. 몸도 이야기를 한다는 점을 상기해 보자. 우리 몸은 말이 만드는 것만큼, 아니 그보다 깊이 평생 동안 우리의 정체성을 형성한다. 우리는 언어뿐만 아니라 비언어적 방식으로도 의사소통하는 것을 보아왔다. 자세는 대부분의 경우 말보다 더 효과적으로 감정을 알려주며, 기분과 정서 상태에 대해 매우 정확한 이야기를 한다.

몸으로 말하기는 움직임이라는 다른 언어 체계를 사용한다. 움직임은 우리의 첫 번째 언어이고, 말은 두 번째다. 5장에서 언급했듯이, 작은 것부터 큰 것까지 움직임은 자기 자신에게 말하는 방식일 뿐만 아니라 타인에게 신호를 보내는 체계로 작동한다. 움직임은 소속의 과정the process of belonging으로 시작한다. 거기에

7장 몸 정체성, 몸의 권위, 바디풀니스 이야기

는 움직임을 시작하는 개인에 대한 소속과 공동체, 인종, 성별 등 공유된 정체성이라는 더 넓은 소속이 있다. 우리는 옳다고 느껴지고 우리를 안전하게 소속시키는 움직임을 반복하는 경향이 있다. 우리는 계속 그런 방식으로 움직이고, 그런 친숙한 움직임과 말없이 하나가 되며, 지문처럼 고유한 움직임에 의해서 또 그것을 통해서 살아나가기 시작한다. 우리가 이런 식으로 움직이면 움직일수록(호흡하고 감각할수록) 우리 정체성의 핵심 특징을 담고 있는 신체 이야기들은 더욱 자동적으로 움직이는 방식으로 내면화된다.

이 움직이는 정체성 때문에 몸은 **신체 기억**body memory이라는 우리의 역사 기록을 신체적으로 유지한다. 우리가 말할 때 하는 몸짓이나 바라보는 방식 또는 낯선 사람에게 짓는 미소는 모두 몸이 만드는 움직임 습관을 통해 실제로 구현되며 타인과 관계 맺는 자신의 역사를 반영한다. 우리는 정말 몸이라고 부르는 존재가 과거를 참조해 스스로를 유지하는 식으로 단지 신체 기억에서 오는 삶을 통해서 움직이고 있는가? 해묵은 신체 이야기를 다시 엮어내면서도 새로운 신체 이야기와 정체성을 창조할 새로운 움직임, 지금 이 순간의 움직임 경험을 위한 공간은 존재하지 않는가? 우리는 신체 기억에 대한 종속적 집착을 피하면서도 그것을 이용할 수는 없는가? 이 질문들은 긍정적 신체 기억과 부정적 신체 기억에 똑같이 적용될 수 있다. 예컨대, 긍정적인 신체 기억의 무의식적인 목표는 긍정적인 사건을 진정으로 축하하는 것도 있지만, 어려운 일이 닥치면 하는 사탕발림식의 행동을 강화시킬지도 모른다. 부정적인 신체 기억은 위험을 피하게 해줄 수 있지

3부 바디풀니스의 적용과 실행

만, 동시에 치유를 저지할 수도 있다.

트라우마 생존자를 위한 몸 중심 심리치료는 이런 예리한 질문에 초점을 맞춘다. 해결되지 않은 과거를 가진 트라우마 생존자들은 종종 신체 기억에 붙잡혀 있다고 느낀다. 그들은 그 기억 때문에 초조하고 불안정하고 몽롱한 상태에서 벗어나기 어려운 것이다. 치료therapy란 보통 현존 상태의 치료 과정treatment에서 다시 나타나는 신체 기억을 민감하게 추적하는 작업을 포함한다. 예컨대, 공격에 대해 이야기하면서 손목을 살짝 구부리는 동작은 그 사람이 공격을 당하는 동안 방어하기 위해 실제로 하고 싶었으나 할 수 없었던 움직임일지도 모른다. 만약 그 이야기가 의식 속에 떠올라 더 진전되었다면 손이 나와서 공격자를 밀어내는 움직임으로 발전했을지도 모른다. 안전한 치료 환경에서 이루어지는 이런 의식적인 움직임 경험은 내담자가 말할 수 있는 구원의 언어적 메시지 못지않게 중요한, 자아와 정체성에 관한 새로운 비언어적 내러티브를 만들어낼 수 있다. 이런 새로운 신체 내러티브는 자기 정체성의 추동력으로써 생존자들을 신체 기억의 지배에서 풀어주고 그들의 힘을 키워준다.

트라우마 생존자가 아닌 사람도 정도는 덜하지만 거의 비슷하게 신체 기억에 갇혀 있을 수 있다. 매일매일의 삶에서 관조적·표현적 움직임을 수련하고 정련하면서 몸이 자기 나름의 방식으로 이야기를 하도록 만드는 일은 무엇보다 중요할 것이다. 몸은 움직이므로, 우리의 자기감 또한 몸과 함께 움직이고 성장할 수 있다. 바디풀니스 구성의 일부는 비교적 자동적으로 잡힌 '나 자리들I positions',§ 호흡, 관계, 감각, 움직임 사이의 계속되는 춤으로써, 개인적 공간과 사회적 공간 모두에서 신체적 자아를 현존 상태에 문자 그대로 위치시키는 작업이다. 느껴진 움직임과 소통된 움직임으로 형성된 진동하는 몸 정체성은 바디풀니스가 발을 딛고 서서 살아나갈 수 있는 땅이다. 이 경험 안에서 우리는 강화된 힘을 발견한다.

정체성 수련

◎ 지금 여러분의 몸을 있는 그대로 묘사하는 단어 몇 개를 즉흥적으로 적어보라. 어떤 말이 (긍정적이든 부정적이든) 평가적이거나 비판적인지 알아차리라. 어렸을 때 다른 사람이 어떤 말로 여러분의 몸을 묘사했나? 지금 여러분의 몸은 그런 말에 어떻게 반응하나?

◎ 몇 분의 자유 시간이 있을 때 이 놀이 활동을 해보라. 혼자서 또는 파트너와 함께, 재미있었던 경험 하나를 1분 동안 회상해 보라. 이제 일어서서 그 경험을 소리와 몸 움직임만 사용해 비언어적으로 다시 이야기하며 어떤지 보라. 신체 내러티브는 먹기나 달리기를 흉내 내는 것처럼 사실적일 수도 있고, 그것의 느낌이나 그것에 대한 여러분의 감각을 표현하는 춤일 수도 있다. 파트너와 함께라면 여러분의 움직이는 이야기를 보는 느낌이 어땠는지 파트너에게

§　'나 자리들'이라는 개념은, 구별할 수 있고 다르거나 모순적인 자기의 특징 또는 부분으로 이해할 수 있다(Hubert J. M. Hermans and Thorsten Gieser(eds.), *Handbook of Dialogical Self Theory and Psychotherapy*, Cambridge University Press, 2011, p.15).

물어보라.

◎ 만약 원한다면 치료사를 찾아서 여러분이 겪은 강력하고 어려웠던 경험을 가지고 같은 연습을 해볼 수 있다. 여러분은 자신의 경험을 더욱 있는 그대로의 이야기로 표현하기 시작할 수 있다. 그러나 여러분의 몸이 그 경험을 기억함에 따라 몸이 느끼는 대로 움직이게 놔두라. 움직임을 따라가고 움직임과 함께 숨 쉴 수 있을 만큼 충분히 움직임의 속도를 늦출 수 있으면 효과가 가장 좋다. 만약 여러분의 치료사, 치료 공간, 또는 여러분의 몸과 접촉이 끊어지면 멈추라. 호흡, 감각, 움직임, 관계에 대한 연상이나 그것과 연결된 상태를 유지할 수 있을 때만 경험을 움직이라. 치료사는 여러분이 경험을 계속 추적하도록 도울 것이고, 만약 여러분이 그 경험과 함께 현재 순간에 머무를 수 없다면 멈추도록 안내할 것이다.

힘든 과거 경험을 몸이 기억하기 시작할 때, 이 수련은 경험에 주의를 환기하고 그것을 소중히 여기며 그 자체의 이야기를 완결할 수 있게 해준다. 흔히 바디풀니스 상태의 주의력과 관계적 지지의 분위기가 조성되어 움직이는 몸을 통한 자신의 몸 이야기가 허용될 때, 신체 기억은 들어준다고 느끼고, 붙잡고 있던 것을 놓아줄 수 있다. ⊙

권위 있는 몸

바디풀니스는 자기가 **힘을 얻은** 경험, 즉 우리의 움직임이 타인에게 이해받을 뿐만 아니라 자신의 필요를 충족하고 욕구를 실현하는 데 효과가 있다는 느낌에서 나온다. 가장 단순한 수준으로 말하자면, 나는 목이 마를 때 일어나서 물 한잔을 마실 수 있다. 누군가와 이야기하고 싶을 때는 전화기를 들 수 있다. 무언가를 혼자서 할 수 없을 때는 다른 사람에게 도움을 청할 수 있다. 이런 행위는 모두 힘과 관련된다. 물리학은 힘을 일할 수 있는 능력 또는 일이 행해지는 속도라고 정의한다. 앞서 설명했듯이 성장 프로젝트의 일환은 우리가 원하거나 필요로 하는 것을 채우기 위해 우리의 힘, 노력을 어떻게 사용하는지 학습하는 것이다. 목이 마르면 어린 아이일 때는 울다가 몇 년 후에는 스스로 물 한잔을 떠 마시게 되는 것처럼, 힘에 대한 최초의, 가장 오래 지속되는 가르침은 몸을 통해 일어난다.

정상적인 아동기에 우리는 어떤 것을 잘하려면 연습을 해야 하고, 그래서 그것에 숙달되면 힘이 있다고 느끼게 된다. 이와 동시에 우리는 전능하지 않고, 능력 측면에서나 힘의 남용을 억제하는 측면에서나 우리의 힘에 한계가 있음도 발견한다. 스스로 이룬 성취를 통해 우리는 삶의 권위를 찾고 주인이 되는 느낌을 받는다. 또한 무언가를 이루기 위해서는 언제나 타인이 필요하다는 것도 깨닫는데, 이때 우리는 공동권위를 갖고 공동주인이 된다. 그러나 원하는 것을 다 이룰 수 없는 좌절감과 필요한 것을 다 얻을 수 없는 슬픔을 다루는 방법의 학습도 못지않게 중요하다. 이를 통해 우리는 권위와 독재, 수용과 무기력 사이의 차이를 배우게 되며 힘과의 건강한 관계를 이상적으로 발달시킨다. 바디풀니스는 신체적 자아가 힘과 권위라는 가르침을 어떻게 내면화하

3부 바디풀니스의 적용과 실행

고, 그 수련이 어떻게 힘에 관한 〔몸 안에〕 오래된 각인을 흔들어, 힘을 새롭고 더 생산적이고 기여하도록 사용하는 방법을 찾을 수 있게 해주는지를 중심으로 다룬다.

몸의 힘과 권위는 계속 변화하는 몸 상태를 민감하고 진지하게 추적하고 몸의 신호를 신뢰하는 연습을 통해 발달한다. 부엌에 들어가 물 한잔을 마시기 위해서 나는 우선 몸에 주의를 기울이고, 몸이 보내는 신호를 읽고, 그 신호를 갈증으로 정확하게 해석해야 한다. 이것은 너무 당연한 일 같지만, 실제로 우리는 아기 때부터 이 전개 과정을 학습해야 한다. 까다로운 점은 이런 신호가 마치 우리에게 쿠키의 단맛이 혈당을 올리고 있으니 쿠키를 그만 먹으라고 하듯 우리의 구두 언어 체계로 말해지지 않을 때 생긴다. 신호는 복부에 다소 애매하고 무거운 느낌으로 올 수 있는데, 그것을 알아차리고 정확하게 해석하고 진지하게 여겨야 한다. 그것은 아기가 왜 우는지를 알아내는 것과 다소 비슷하다. 여러분은 그 이유를 정확하게 알 때까지 여러 가지로 추측한다(그리고 다른 양육자들에게 그 집 아기의 울음은 무슨 뜻이었는지 물어본다). 부모들은 나중에 아이가 정확히 무엇 때문에 우는지 정말 잘 알게 된다. 그 이유는 부모들이 많은 신경을 쏟고 연습하기 때문이다. 우리가 같은 수준의 관심과 연습을 자신의 몸 신호에 기울인다면 어떨까? 이런 몸의 실험에서 몸의 권위와 힘의 올바른 사용이 성장한다.

앞서 설명한 대로, 몸에 대해 더 권위를 가지면 이른바 **자기효능감**self-efficacy이라는 상태를 만들어낼 수 있다. 내가 나의 직접 경험에 민감하게 조율되기 때문에 스스로를 돌보고 옹호하기가 더 쉬워지기 때문이다. 이렇게 스스로를 옹호할 수 있을 때, 더 쉽게 그 기술을 확장해 타인과 함께 타인을 위한 자리에 설 수 있다. 다음 장에서 논의하겠지만, 이런 식으로 바디풀니스를 훈련하는 것은 크고 작은 규모의 억압이나 불평등에 저항하는 강력한 도구가 될지도 모른다.

몸의 권위에 관한 이 모든 논의는 의지가 무엇이고 그것과 어떻게 작업하는지, 의지의 까다로운 영역으로 우리를 데려갈 수 있다. 사전에 따르면, 의지란 아침에 잠자리에서 일어나거나 물 한잔에 손을 뻗는 것처럼 행동을 결정하고 시작하는 수단이다. 의지는 파이 한 조각을 더 먹으려고 손을 뻗는 충동을 누르거나 상처 주는 말을 꾹 참는 것과 같은 행동을 의도적으로 통제하는 작업과도 관련이 있다. 의지는 신의 뜻처럼 성스럽게 정해진 어떤 것을 의미할 수도 있다. 우리는 유혹에 저항하는 의지력을 가진 사람을 칭찬하고, 너무 고집스럽거나 의지력이 없는 사람을 안타깝게 여기는 경향이 있다. 의지는 삶을 구할 수도, 파괴할 수도 있다. 우리의 의지는 타인을 도울 수도, 학대할 수도 있다.

몸의 관점에서 의지는 행동의 개시 능력 및 억제 능력 모두와 관련이 있다. 신경근육계는 실제로 이런 방식으로 설계되어 있다. 예컨대, 어떤 뇌 영역은 움직임을 계획하고 개시하는 데만 전념하고, 어떤 영역은 움직임을 억제하고 멈추는 데 전념한다. 이 영역들 중 어느 한쪽의 뇌 손상은 파괴적일 수 있는데, 그 결과 의지는 신체적 실행과 연결되지 못한다. 아동기 스트레스나 방임뿐만 아니라 정신적 외상 사건도 이런 뇌 영역에 변화를 일으켜 무기력이나 걷잡을 수 없는 공격성을 강화하는 움직임 습관을 낳을 수 있다. 이런 불안정한 움직임 습관은 의지의 혼란으로 간주되는 경향이 있다. 바디풀니스 용어로 말하자면, 우리 작업은 움직임을 시작하고 멈추는 기술을 갈고닦을 수 있도록 의식적으로 움직임의 개시와 억제를 연습하며, 시작과 멈춤을 언제 얼마나 적용할지를 배우는 것이다.

고대 그리스 철학자들, 세계 종교들, 익명의 알코올중독자 모임Alcoholics Anonymous과 같은 현대의 단체들은 우리의 권위와 의지에 무게를 두고 있다. 그들은 우리가 바꿀 수 있는 것은 바꾸고, 바꿀 수 없는 것은 받아들이고, 바꿀 수 있는 상황과 바꿀 수 없는 상황의 차이를 아는 능력을 발달시키라고 지혜롭게 조언한다. 우리의 몸 수련은 이 일생의 목표를 도울 수 있다. 노력하는 힘과 편안하게 내려놓는 능력을 다 발달시키는 방식으로 움직임으로써, 계속 진행 중인 (자신과 타인의) 권위와의 관계 및 힘의 한계를 인지하는 능력의 신체적 지지 기반이 창조된다.

가치와 윤리는 훨씬 더 복잡한 영역을 만든다. 의도적으로 행위를 정교하게 억제하고 개시하는 이 수련은, 특히 우리의 느낌이 의식적 감각과 연결될 때 가치 형성에 기여한다. 가치에 따른 움직임을 통해 우리는 자신의 윤리 의식을 식별하고 질문하고 향상시킨다. 나는 나의 느낌을 존중한다. 이것이 가치에 따라 나의 행동을 이끄는 기본적인 길 안내를 해줄 수 있기 때문이다. 바디풀니스 상태의 권위는 이렇게 윤리적으로 지향된 삶을 살아가기 위한 정보를 알려주며, 도덕적 발달의 길잡이가 될 수 있다.

몸의 권위가 의미하는 바를 이해하기 위해서는, 가끔 자동차 범퍼 스티커에서 볼 수 있는 "여러분이 생각하는 것을 다 믿지 마시오"라는 경고문이 도움을 줄지도 모르겠다. 생각의 오류는 일반적이며, 피할 수 없고, 또 계속 일어난다. 심리치료뿐만 아니라 관조적 수련은 우리가 사고를 성찰하고 때로는 그것에 도전하도록 돕는다. 심리학자들은 이것을 이른바 **메타인지**metacognition라고 한다. 이와 동시에, 우리는 몸으로 느끼거나 감각하는 모든 것을 믿지 않는 **메타신체감각**metaphysicality을 기를 수 있다. 마음이 오류를 일으킬 수 있듯이 몸도 그럴 수 있다. 뭔가 정말 잘못됐을 때 몸은 잠잠할 수 있다. 몸은 해독할 수 없거나 쉽게 잘못 해석되는 신호를 보낼 수 있다. 몸은 몸에 나쁜 것을 갈망할 수 있다(이는 물론 처음 담배를 피웠을 때 느꼈던 메스꺼움 같은 정확한 신호를 무시하거나 억압한 결과일 것이다). 이런 신체적 오류는 체화와 바디풀니스 사이의 또 다른 근본적인 차이를 나타낼지도 모른다. 체화에서는 우리가 무엇을 느끼고 감각하는지 알지만, 바디풀니스에서는 힘을 남용하는 실험뿐만 아니라 우리의 강박적이고 습관화된 행동 패턴을 완화하는 방식으로 우리의 체화 경험을 신체적으로 반영하고 심지어 그것에 도전하기도 한다.

강력함 수련

◎ 잠시 동안 무게가 나가는 것들을 가지고 여러 가지를 시도해 보자. 여러분이 어디에 있든 들기 쉬운 것을 찾아서 들어보라. 그리고 여러분이 사용하는 힘과 그 물체를 쉽게 들어 올릴 수 있다는 것이 어떻게 느껴지는지 어떤 감각이든 알아차리라. 그다음에는, 도전적이지만 다치지 않고 들 수 있는 것을 찾아보라. 그 무게를

들어 올릴 때 어떻게 느껴지는지 알아차리라. 어떤 근육을 사용하는가? 그 행동을 할 때 여러분의 몸 형태가 어떻게 되는가? 그렇게 할 때 어떤 느낌이 드는가? 만족스러운가? 약간 무서운가? 이제 들 수 있는 가망이 없는 어떤 것을 가지고 간단히 해보자(다치지 않도록 조심하라). 아무런 결과가 없는 노력을 기울이고 있다는 것을 알아차리라. 그것이 어떻게 느껴지나? 좌절감을 느끼나? 별일 아닌 것 같은가? 감정적인가? 이런 반응에 대한 알아차림이 여러분의 몸의 권위에 대한 내면화된 관계와 힘과의 관계에 대해 단서를 줄 수 있다.

◎ 잠시 여러분의 신체 경험을 확인하라. 감각을 설명하거나 합리화하려 하지 말고, 잠시 그것과 그저 함께 있으라. 그다음에 어떤 문제가 있는 감각에 대해 가설을 세우고 몸의 권위와 함께 놀기 시작하라. "이 목의 긴장은 내가 글을 읽을 때 머리를 너무 앞으로 빼서 그런 거야" 혹은 "복부의 이 느낌은 배고픔이야" 이런 인식이 일어나는데, 이는 여러분이 과거에 무슨 일이 일어났는지 정확하게 맞추었고, 어느 정도 작은 신체 문제가 신체적으로 해결되었기 때문이다. 다양한 상황에서 이 실습을 몇 번 해보고, 여러분의 신체적 앎에 대해 언제 자신감을 느끼고 언제 확실하지 않거나 근거가 없다고 느끼는지 알아차리라. 흔히 우리는 설명을 확신할수록 그것을 더 의심할 수 있다. 여러분은 몸의 권위를 존중할 수도 있고 의심해 볼 수도 있다. 지속적인 신체 문제는 여러분의 잘못된 인식이나 내러티브의 결과일지도 모른다. 어쩌면 어떤 신체 문제는 건강관리 전문가와 같은 다른 유형의 권위 있는 지식을 가진 사람의

7장 몸 정체성, 몸의 권위, 바디풀니스 이야기

도움을 필요로 할 수도 있다.

◎ 멋진 변형으로, 즐거운 감각에 대한 가설을 가지고 같은 실습을 해보라.

◎ 잠시 동안 뻗기, 밀기, 당기기, 잡기 등 다양한 움직임을 천천히, 그리고 의도적으로 시작하고 억제해 보라. 이것을 할 때 어떤 연상이 떠오르는지 알아차리고, 그 연상이 권위, 능력, 의지, 행동에 대한 신체 기억임을 받아들이라.

◎ 여러분의 의지와 더불어 몸의 권위에 대해 작업하기 위해서는 단 음식이나 짠 음식처럼 여러분이 절제하려고 애쓰는 물질로 실험해 볼 수 있다. (담배나 진통제처럼 여러분이 중독되어 있는 중독성이 강한 물질로는 하지 말라. 이런 작업을 위해서는 아마 다른 사람의 도움이 필요할 것이다. 한 시간, 하루, 일주일 등 기간을 정하고 교대로 다음의 실습을 해보라.)

O 약 5분 동안 조용히 앉아서 여러분에게 별로 유익하지 않지만 먹고 싶은 음식을 먹지 '않는' 상황을 상상하라. 최대한 상세하게 그 장면을 그려보라.

O 그 음식을 조금만 떼어서 아주 천천히 그리고 신중하게 먹으며, 감각 경험을 최대한 세밀하게 추적하라. 여기에는 냄새 맡기, 맛보기, 씹기, 삼키기가 포함된다. 만약 주의가 산만해지면 음식으로 주의를 되돌릴 수 있을 때까지 먹기를 멈추라. 만약 예전만큼 음식이 맛있지 않거나, 복통이 느껴지는 것처럼 어떤 감각 경험이 부정적으로 느껴지기 시작하면 실습을 멈추라. 이 실습의 목적은 음식

을 먹지 않는 동안과 음식을 먹는 동안 신체적으로 매우 의식적이
되는 것이다. 원한다면 일정 기간 이 실습에 대한 반응을 기록해도
좋다. ⊙

바디풀니스로 이야기하기

우리를 과거에 가두고 적응과 힘을 가진empowerment 느낌을 박
탈하는 〔부정적〕 신체 기억의 지배에서 벗어나려면 자신의 오래된
몸 이야기를 가지고 어떻게 작업해야 할까? 우리 자신과 타인의
웰빙에 도움이 되면서 과거를 존중하는 새로운 신체 내러티브의
구성은 어떻게 촉진되어야 할까? 어떻게 하면 너무 단단히 고정
되지도 않고 너무 비체계적이거나 혼란을 주지 않으면서도 유동
적이고 투과할 수 있는 다중의 자기감을 낳는 새로운 몸 이야기
가 만들어질 수 있을까? 바디풀니스 수련에서는 자신이 누구인지
알 수 있지만, 그 정체가 변하지 않거나 변형이 불가하거나 그다
지 대단한 존재일 필요는 없다. 우리는 몸의 권위를 신뢰하는 동
시에 의문을 제기할 수 있다. 그것과 함께 언제 서고 언제 앉을지
를 아는 의지를 발달시킬 수 있다.

물론 수련은 의식적으로 호흡하기, 움직이기, 감각하기, 관계
맺기에 마음을 쏟는 것으로 시작한다. 이것이 우리의 지지 기반
이다. 이제 우리가 할 일은 호흡하고 움직이고 감각하고 관계 맺
는 경험을 가지고 스토리텔러가 되는 것이다. 스토리텔러는 이야
기가 감동적이고 이해할 수 있고 재미있게 만들어져 잘 전달되어

야 한다는 것을 안다. 이런 재료들이 존재할 때 이야기는 교훈, 주제, 가치, 지침을 전달함으로써 우리를 변화시킨다. 여기에 세 가지 주요 과제가 우리 앞에 놓여 있다. 우리는 ① 계속 도움이 되고 의미 있는 방식으로 옛 이야기를 할 수 있는 능력, ② 현재 상황의 본질을 포착하는 순간에 이야기를 만들어낼 수 있는 능력, ③ 자신을 앞으로 인도하는 이야기를 구성하는 힘을 길러야 한다. 물론 이런 이야기는 움직이는 몸을 통해 비언어적으로 표현되어야 한다. 이 세 가지 과제의 핵심은 지금 몸이 어떻게 움직이고 있는가에 있다.

과거에 대해 작업하기

특정한 신체 기억에 대해 작업하기 위해, 우리는 한 발은 현재 순간에 계속 두고 다른 한 발은 과거에 담근다. 시작하기에 앞서 잠시 자신의 신체 기억이 사실도 아니고 거짓도 아님을 스스로 되풀이하는 시간을 가져보라. 시간과 그 이후의 경험은 실제로 일어난 일에 가깝게 신체 기억을 만든다. 신체 기억은 기억 자체의 침식과 자신의 흥미, 타인의 영향에 의해 오염되었을 것이다. 그래도 신체 기억은 언제나 의미가 있다. 우리는 실제로 일어난 일의 세세한 내용과 관계없이 많든 적든 거의 신체 기억에 따라 산다.

우리는 과거의 주제에 익숙해져 있기 때문에 상상된 과거를 반복하는 경향이 있다. 몸에서 이것은 정말 말 그대로 일어날 수 있다. 몸이 과거에 구성한 움직임 전개 과정을 계속 반복하고, 지속되는 반복 과정은 에너지 보존에 기인해 그 자체를 강화한다.

우리는 반복하는 것을 종결할 수 없다. 실제로 과거를 계속 구현해 내고, 그럼으로써 과거를 완료하는 데 실패한다. 몸에서는 이것이 문자 그대로 이루어진다. 예컨대, 과거에 매일매일 놀이터에서 괴롭히는 아이한테 맞아서 자주 몸을 움츠렸을 수 있다. 이 해결되지 않은 상황은 성인이 되어도 자주 움츠린 자세를 취하게 만든다. 본래 더 건강한 상황이었다면 우리는 움츠렸고(현명한 행동), 그 후에 그 같은 상황에 효과적으로 대응하는 어른이 되었을 수 있다. 이 해결 과정에서 우리 몸은 다시 수직으로 돌아오고, 숨은 깊어지고, 더욱 힘 있는 스탠스가 나타난다. **움직임 전개 과정 완결하기**completing the movement sequence라고 하는 이 해결 행위는 두려움을 준 사건, 최초의 방어, 해결하려는 행동, 해결, 노력의 만족스러운 방출 등을 통해 완전한 경험의 고리를 형성한다.

바디풀니스에서 우리는 사건을 잊지도, 극화하거나 최소화하지도 않는다. 그보다는, 움츠림에 갇혀 있는 자신을 스스로 풀어준다. 우리는 민감하고 의식적으로, 매우 정교하게 움직임 전개 과정을 완결함으로써 자신의 힘을 키우고 주변 사람을 위해 효과적인 행위의 모델이 되면서 이런 작업을 해낸다. 같은 놀이터의 예를 사용하면, 우리는 공격을 멈추기 위해 그 괴롭히는 아이를 때리고 싶었다는 것을 기억한다. 그 사건을 회상할 때 몸이 주먹을 쥐는 움직임을 만드는 것을 느낄 수도 있다. 원래 움직임 전개 과정을 완결하기 위해서라면 주먹을 날려야 할 것이다. 그러나 현재 상황에서 우리 자신을 진정으로 강화하기 위해서는, 자신을 폭력배로 변화시켜 타인을 향한 폭력으로 움직임을 완결하는 움직임 전개 과정을 개시하지 못하게 자제해야 한다. 무술 훈련은 흔히 힘의 올바른 사용을 강조하는 가르침을 통해 이 딜레마를 해결한다. 특히 주먹 치기와 같은 훈련을 통해 효과적인 방어에 능하도록 스스로를 강화할 때 힘을 그런 식으로 사용할 필요가 없는 능력으로 무장시킨다.

그러면 주먹을 되받아치고 싶은 몸의 충동으로는 무엇을 할까? 우리는 그것을 진지하게 받아들이지만, 있는 그대로 받아들이지는 않는다. 그 행위에 바디풀니스 과정을 불어넣는 것이다. 말하자면, 그 행동의 속도를 늦추어 정확하게 만들고 현재 순간 경험의 세부사항에 깨어 있으면서 움직임을 만드는 것이다. 움직임 전개 과정을 완결하는 것은 이처럼 놀이터 보복의 재연이라기보다는 일종의 관조적 수련이 된다. 이 수행의 주된 과업은 기억하면서 의식적으로 움직이는 것인데, 그렇게 함으로써 현재 몸의 신체 기억에서 현재 상황으로 다리가 놓일 수 있다.

신체 기억 수련

너무 긍정적이거나 부정적이지 않은 좀 수월한 기억을 골라보라. 정말 어려운 기억은 치료 환경에서 이런 방식으로 돕도록 훈련받은 사람과 작업해야 한다. 이런 자기 수련에서는 그냥 어려운 기억 말고 긍정적인 기억을 고르라.

얼마 동안 과거의 특정한 사건 하나를 최대한 세세하게 기억해 보라. 이제 여러분의 현재 환경을 알아차리면서 여러분의 몸을 추적함으로써 그 기억과 여러분의 현재 상황 사이에서 주의를 왔다 갔다 이동시켜라. 이러한 주의력의 진동이 점점 더 쉬워질 때까지 지속하라. 이제, 그 기억으로 돌아갈 때 거기서의 몸을 추적하라. 그 기억이 여러분의 턱을 악물게 하는가, 얼굴에 미소를 짓게 하는가, 혹은 맥박을 빠르게 하는가? 그 신체 기억 감각이 의식적인 움직임으로 발전하도록 놔두라. 어쩌면 팔이 올라가고 손가락질을 하거나 몸통이 푹 쓰러지거나 눈을 찡그릴 수 있다. 그런 일이 일어나게 그냥 놔두자. 여러분의 몸이 그 움직임과 함께 어디로 가기를 원하는지 그저 믿어보라. 실습하는 내내 신체 기억과 지금 방 안에 있는 여러분 몸의 존재 사이에 주의를 왔다 갔다 이동하라. 꼭 50 대 50으로 진동하지 않아도 된다. 그저 자유롭게 앞뒤로 흐르게 하라. 만족스럽게 완결되었다고 느끼기 위해서 그 움직임이 어디로 가고 싶은지 스스로에게 물어보라. 최대한 주의 깊은 세심함으로 이 완결되는 움직임을 해보라. 만약 움직임이 어떤 식으로든 멀어진 느낌이 들기 시작하면 멈추고 움직임의 충동이 시작된 지점으로 돌아가서 작은 몸 신호에 주의를 기울이라. 그러면 그것이 다른 방식으로 움직이라고 요구할지도 모른다. 그저 계속 실험하라. 만약 움직임을 예측할 수 있다고 느껴지기 시작하면 기억으로, 몸이 기억에 반응하기 시작한 지점으로 다시 돌아가는 것이 가장 좋을 것이다. 여러분이 지성적으로 혹은 정서적으로 가야 한다고 추측하는 곳보다는 몸이 가고 싶어 하는 곳을 신뢰하라. 감각, 특히 움직임을 알려주는 감각을 신뢰하라. 이런 식으로 수련할수록 여러분은 결국 이완된 완결감에 다가갈 것이고, 몸은 오래된 불만족스러운 움직임 전략의 무의식적인 반복에서 자유로움을, 그리고 더 만족스러운 움직임 전략을 계속 선택하는 과정에서 더 큰 자유로

7장 몸 정체성, 몸의 권위, 바디풀니스 이야기

움을 느낄 것이다.

각각의 수련 시간을 마치면 잠시 일어난 일을 살펴보라. 왔다 갔다 하는 두 가지 진동 경험에서 몸이 어떻게 움직였고 어떻게 느꼈는지, 그리고 신체 기억 움직임이 현재 생활에서 얼마나 익숙하게 느껴지는지 보라. 변형된 방식으로 이 실습을 친구와 함께 해보라. 여러분이 바깥으로 주의를 돌릴 때 목격자로서 친구의 존재가 도움이 될 수 있다. 이 실습의 세 가지 목표는 신체 기억과 현재 상태 사이를 생산적으로 오가며 움직일 수 있는 능력을 향상시키는 것, 오래된 기억과 오래된 움직임 패턴을 짝지을 수 있는 것, 여러분의 현재 잘 조절된 몸 경험을 신체 기억 속으로 점점 더 퍼지게 하여 그 기억을 통해 힘이 더욱 강화되는 방식으로 움직이는 것이다. ⊙

미래에 대해 작업하기

먼 미래 끝까지 우리가 원하는 삶을 산다면 참 멋질 것이다. 로또에 당첨되는 것도 정말 황홀한 일일 것이다. 앞서 언급한 대로, 우리는 자신에게 일어난 일에 대해 전부가 아니라 일부 책임이 있다. 많은 영적 전통은 우리에게 원하는 모든 것을 얻으려고 너무 애쓰지 말라고 한다. 그 모든 바람이 자신과 타인의 고통의 원인으로 작용하기 때문이다. 영적 전통은 우리가 지금 가지고 있는 것에 대해 감사하고, 원하는 것을 얻으면 행복해질 것이라는 환상에서 깨어나라고, 우리 삶이 신의 손과 그 통제 아래 있다고 믿으며, 실제로 무엇이 진정한 행복인지를 다시 들여다보라고 요청한다. 예를 들면, 불교는 지금 **있는 그대로**와는 다른 어떤 것에 대한 갈망을 최소화하기 위해 최대한 현존의 순간에 깨어 있도록 우리를 훈련시킨다.

이 모든 접근법은 장점이 있고 현재의 고통을 최소화하는 데 활용될 수 있을 뿐만 아니라 우리가 능숙함과 용기를 가지고 미래로 나아가게 도와준다. 몸의 관점에서, 죽음에 이를 때까지 다음에 일어날 일, 미래에 대해서는 어떻게 작업할까? 대답은 다시 한번 우리의 움직임 전개 과정에 있다. 앞에서 보듯이 과거에 대해 작업하려면 아직 완결되지 않은 움직임 전개 과정을 끝맺음으로 해결해야 한다. 미래에 대해 작업할 때는 가능한 최상의 끝을 준비하기 위해 움직임 전개 과정의 중간에 대해서 작업한다.

우리의 몸이 무언가를 감각하고 그에 대한 반응을 조직할 때 움직임의 전개 과정이 시작된다. 어린 시절에 우리는 움직임 신호를 보내기 시작했고, 다른 사람들이 우리를 돌보기 위해 그 움직임을 완성해 주었다. 우리가 놀랐을 때 우리를 들어서 안아주는 것과 같은 행동이 그런 예다. 우리가 자라면서 몸은 강해지고 조화를 이루게 되었고, 움직임의 전개 과정은 더 복잡해지고 길어지고 효과적이 되었다. 이렇게 확장된 전개 과정은 우리가 원하는 결말로 가는 수단을 형성했다. 우리가 통제할 수 있는 미래의 핵심 부분은 이런 전개 과정의 중간에 놓여 있는 수단에서 찾을 수 있다. 때때로 미래에 대해 우리가 무기력하거나 우울하게 느껴지는 것은 거기에 도달하기 위한 효과적인 수단을 구성하기에 충분한 연습이 되어 있지 않기 때문이다. 만약 이런 효과적인 수단과의 단절이 자주 일어난다면 우리의 진정한 느낌과 행복에서 멀어지게 된다. 그 대신 우리가 거의 억제할 수 없는 것들에 대

7장 몸 정체성, 몸의 권위, 바디풀니스 이야기

한 갈망에 사로잡히게 된다. 우리는 자신과 타인의 웰빙에는 무의미하거나 해로운 그런 것들을 원하면서 우주가 그것들을 마법처럼 안겨주기를 기대한다.

미래를 향한 움직임 수련

미래 지향적 움직임 전개 과정에 대해 작업하기 위해서는 앞의 수련과 거의 똑같이 시작한다. 다만 지금은 전개 과정의 시작에 주의를 기울여서 어떻게 시작이 드러나고 그 자체를 효과적으로 만들어내는지 살펴보라.

이 수련을 즐길 수 있는 시간과 장소를 마련한 다음, 내면에 주의를 기울여 자신의 몸 경험을 알아차리면서 시작하라. 시간을 들여서 지금 자신의 몸의 감각을 미묘한 세부사항까지 정말로 감지하라. 이제, 미래에 예상되는 어떤 것에 주의를 기울이라. 자신의 죽음이나 사랑하는 이의 죽음과 같은 강렬한 것은 고르지 말라. 이런 큰 주제는 다른 사람의 지지가 필요하기 때문이다. 단순하고 좀 가벼운 주제를 택하라. 상당 시간 동안 지금 여기의 몸과 상상하는 미래 사이로 주의를 왔다 갔다 하라. 만약 이것이 어렵게 느껴지면 여기서 멈추고, 여기와 저기를 왔다 갔다 진동할 수 있는 이 중요한 기술이 탄탄하게 느껴질 때까지 계속 연습하라.

지속하고 싶다면 상상하는 미래에 대한 여러분 몸의 반응을 주시하기 시작하라. 몸의 반응은 미묘할 수 있지만, 그래도 계속 주의를 기울이라. 여러분이 주의를 기울이는 것은 확대되기 마련이다.

몸의 반응이 전경으로 떠오르면 감각에서 드러나기를 원하는 행동을 유지하라. 몸이 그 경험과 함께 움직이도록 놔두라. 원하는 결과에 '도달하려고' 하지 말라. 몸의 권위에서 나오는 움직임이 원하는 것을 하게 놔두라. 여기서는 몸이 현재 경험하고 있는 것과 연결된다고 느껴지지 않는 움직임을 억제하는 것이 중요한 기술이다. 하나, 둘, 셋, 넷… 숫자를 세다가 마음이 숫자 세기에서 멀어지면 다시 하나로 돌아가는 수도승들 이야기처럼, 여러분이 스스로 예상되고 익숙하거나 습관적인 방식으로 움직이고 있다고 느껴지면 몸의 현재 상태를 알려주는 감각으로 돌아오라. 몸이 실제로 다음에 어디를 향할지에 관심을 기울이라. 그것은 종종 예상치 못한 방향일 것이다.

여기서 기술은 몸 움직임의 의미를 만들어내거나 특정한 결과로 유도하지 않은 채 서서히 옳다고 느껴지는 움직임을 아주 정교하게 찾고 유지하는 것이다. 예컨대, 천천히 팔을 들어 올린다고 해보자. 팔을 들어 올릴 때 팔이 약간 회전하기를 원하나? 팔이 올라갈 때 5센티미터 더 앞으로 나가기를 원하나? 손가락을 약간 구부리거나 펴기를 원하나? 여러분이 딱 맞는 움직임을 찾을 때 떠오르는 이미지, 정서, 소리, 기억이 있는가? 그런 연상들에 주의를 기울임으로써 그것들을 행위 안으로 엮어 넣어라. 연상은 움직임이 가고 싶은 곳을 찾도록 도와줄 것이다. 여러분의 몸 경험, 상상한 미래, 연상과 현재 환경에서의 위치 사이에서 주의를 왔다 갔다 이동하며, 여러분이 원하는 만큼 이 경험과 머물라.

시간이 지나면서 이 수련은 움직임의 경로를 만들 것이다. 움직임의 경로에서 권위의 몸은 여러분이 바라는 곳으로 여러분을 안내할 수 있다. 동시에 여러분이 정말 정확하게 그것을 원하는지, 그것을 책임 있게 나타내고 있는지, 그 원하는 것이 다른 것을 숨기는 연막인지 아닌지를 보여준다. 여러분을 안내하는 있는 그대로의 움직임 전개 과정을 이리저리 하다 보면, 그 전개 과정은 시간이 지나면서 일상생활에 적용하는 실험을 할 수 있을 정도로 일관되고 반복할 수 있는 과정으로 차츰 바뀔 것이다. ⊙

현재에 대해 작업하기

우리 몸의 움직임은 늘 현재, 과거, 미래에 있다. 달리 말하자면, 항상 몸은 기억하고, 직접 경험하고, 계획한다. 이 모든 것을 동시에 한다. 매순간 각각의 비율은 바뀔지 모르지만, 우리 뇌는 스스로를 조절하고 행동을 조직하기 위해 이 세 관점 모두를 끊임없이 섞고 있다. 시간의 세 가지 차원을 구분하는 것이 매우 유용할 수도 있지만, 몸은 그렇게 하지 않는다. 그러므로 **움직임 탐구**movement inquiry라고 하는 네 번째 수련을 실험해 보는 것이 유용할 것이다. 움직임 탐구는 현재 순간의 경험을 활용해 **있는 그대로**의 상태를 연구하기 위해 고안되었다. 그것은 또한 과거와 미래를 탐색하기 위한 안정적인 기반을 세운다. 현재 순간에 머무르라는 동일한 가르침 때문에 어떤 면에서는 정좌 명상과 매우 비슷하게 느껴질 수 있다. 많은 정좌 명상 수련에서는 촛불이나 만트라, 혹은 생각들 사이의 틈과 같은 한 가지에 집중한다. 움직임 탐구에서 주의 집중의 대상은, 지금 호흡하고 움직이고 감각하고 관계 맺고 있는 몸이다.

이 수련에서 우리는 몸의 움직임 충동에 예리한 주의를 기울이고 그 충동이 원하는 것을 하도록 허용해 준다. 그것은 일관성 있는 신체 내러티브, 혹은 시작과 중간, 끝이 있는 전개 과정처럼 느껴질 수도 있고 그렇지 않을 수도 있다. 여러분의 몸은 보통 몸 이야기라는 생각을 초월해서 일종의 내적 일관성을 가지고 움직일 것이다. 과거나 미래 사이를 왔다 갔다 하는 진동은 없다. 그저 움직이는 몸이 현재의 순간에 계속 머무르게 하는 것이다.[2] 다른 식으로 생각하면, 과거와 미래에 대한 작업은 어떤 것이 일어나게 만들기 위해 우리가 목표 지향적 방식에서 움직이도록 자극한다. 현재 순간에 대해 작업할 때는 바디풀니스 수련이 현재 순간은 물론 과거와 미래도 우리 안에서 의식적으로 일어나도록 목표 지향적 움직임이 되지 않게 자극한다.

현재 순간의 움직임 수련

방해받지 않고 자유롭게 움직일 수 있는 공간을 찾으라. 몇 분 동안 준비운동으로 몸을 돌보기 알맞다고 느껴지는 움직임을 찾아 '워밍업'을 하라. 그것은 몇 가지 스트레칭일 수도 있고, 의식적인 호흡 또는 발 문지르기일 수도 있다. 준비가 되었다고 느껴질 때, 몸을 최대한 고요하게 하고, 여러분 몸의 안과 밖에서 무엇이 일어나고 있는지 세밀하게 주의를 기울이라. 이 수련을 하는 동안에는 눈을 뜰 수도 있고 감을 수도 있다. 그 순간에 맞게 느껴지는 대로 하라. 수련을 하는 동안 주의가 산만해질 때마다 다시 체화된 경험

7장 몸 정체성, 몸의 권위, 바디풀니스 이야기

으로 주의력을 부드럽게 가지고 오라. 심장박동이나 호흡과 같은 몸의 작은 움직임에 특별한 주의를 기울이라. 작은 움직임에 그저 머무를 수도 있고, 더 관찰할 수 있는 움직임으로 연습을 확장할 수도 있다.

판단, 분석, 특정한 방식으로 움직여야 한다는 계획 없이 현재 그대로의 몸에 주의를 기울일 때, 몸은 종종 자기 고유의 움직임을 꺼낸다. 팔이 올라가기를 원할 수도 있고, 머리가 기울이기를 원할 수도 있고, 척추가 구부리기를 원할 수도 있다. 일어나기를 원하는 것처럼 보이는 움직임을 믿어보라. 만약 습관적으로 움직임을 만들어내고 있음을 알아차리면 그와 동시에 호흡과 심장박동의 고요함으로 돌아오라. 몸이 가야 할 데는 아무 곳도 없다. 집중된 주의력의 흐름이 데리고 가는 곳 어디든지 갈 수 있다. 나타나는 움직임은 느린 경향이 있지만, 꼭 그래야 하는 것은 아니다. 몸이 자기 고유의 권위를 통해 움직임의 속도와 그것이 차지하는 공간의 양을 선택하게 하라. 소리가 움직임과 함께 일어날 수 있다.

적당하다고 느껴질 때 수련을 마무리하라. 약 10분간 실습하기로 계획하고 시작하는 것이 제일 좋겠지만, 20분이나 30분이 적당하다고 느껴진다면 그렇게 할 수도 있다. 마무리되었다고 느껴지면 시작할 때 했던 것처럼 정리활동으로 몸을 돌보는 시간을 가지라. 움직임 시간 동안에 알아차린 것을 기록하고 싶다면 그렇게 해도 좋다. ◉

어떤 의미에서, 우리는 수정에서 죽음까지, 자신의 일생이 만족스럽게 완결되는 움직임의 전개 과정이 되기를 원한다. 모든 것이 끝나는 순간 움직임의 전개 과정에서 완전함을 느낄 수 있다. 우리의 모든 결말을 우리가 통제할 수는 없지만, 이처럼 깨어서 움직이는 몸의 권위에 기대는 것은 더 만족스러운 결말을 찾는 가장 강력한 방법 중 하나가 될지도 모른다. 우리는 자신의 정체감을 찾아 일관성 있게 느끼는 몸 이야기를 구성하는 방식으로 움직일 수 있다. 우리는 또한 새로운 정체성과 권위가 나타나도록 현재 순간의 도가니에서 과거와 미래 이야기를 해체하는 방식으로 움직일 수도 있다. 오고 가는 진동이 뒤따라 지금 현재의 자기를 경험하는 힘이 강화되는 동시에 우리의 꿈과 추억이 〔지금 여기에〕 살아난다. 우리는 이 연속체의 모든 위치에서 살아 있음과 깨어 있는 현존을 경험한다. 어떤 영적 전통에서는 지속적으로 현재 순간에 자리하는 방식으로 깨달음을 수련한다. 바디풀니스에서는 몸이 현재 순간에 자리함에 따라 신체적 실재와 몸 안에 현존하는 과거와 미래를 알아차린다. 우리는 그 현재 순간을 숭배하거나 피하지 않으며, 깨어 있는 가운데 진동하는 광범위한 중간 지대로 그것을 바라본다.

7장 몸 정체성, 몸의 권위, 바디풀니스 이야기

8장　　　　　　　　　　　몸의 방기와 몸의 복권

　　　　　　　　　　　　　　　　　앞장에서는 바디풀니스 이야기
와 몸의 권위를 배양하는 수련을 다루었다. 이제 **바디풀니스**body-
fulness라는 언어 상자를 뒤집어 스스로에게 **몸의 방기**bodylessness라
는 상태 또한 어떻게 존재할 수 있는지, 그것이 어떻게 생겼는지,
그리고 그것에 대해서 우리가 무엇을 해야 하는지 물을 시간이
다. 몸의 방기라는 새 용어는 다음 네 가지 조건을 가지고 있다고
볼 수 있다. ① 몸을 무시하는 것, ② 몸을 객체나 계획 대상으로
보는 것, ③ 몸을 싫어하는 것, ④ 자기 몸 또는 타인의 몸을 잘못
된 것으로 만드는 것. 몸의 방기는 우리가 누구였는지, 누구인지,
그리고 누구일지로부터 분리되어 사는 삶으로 귀결된다. 우리의
진정한 자아와 떨어진 이 거리 때문에 우리는 더 고통스럽고, 덜
즐겁고, 타인을 홀대하고, 자기성찰적 삶을 사는 데 더 많은 도전
을 경험한다.

몸을 무시하는 것

불량식품 복용, 흡연, 드라마 몰아보기, 약물 남용 및 기타 중독을 이해할 수 있는 방법 중 하나는 수련을 시작하는 것이다. 수련 과정에서는 메스꺼움, 두통, 협응력의 상실같이 우리 몸의 신호와 행동을 반복적으로 무시하거나 최소화함으로써 모든 중독이 시작되고 유지된다는 것을 알아차리게 된다. 연구에 의하면, 우리 대부분은 오직 세 가지 상황에서만 우리 몸을 자각하는 경향이 있다. 섹스, 운동, 통증이 그것이다. 이런 상태에서 몸에 주의를 기울이는 것은 당연하지만, 체화나 바디풀니스의 상태와는 거의 관계가 없다. 오히려 몸으로부터 주의를 돌리는 작업이 때로는 유용하다. 한 예로, 어떤 질병이나 상처에서 느끼는 신체적 고통을 최대한으로 대처하고 나서는 그저 통증이 지나가기를 기다릴 수밖에 없다. 이런 경우에는 책을 읽거나 아스피린을 먹는 것이 상책일지도 모른다. 그러나 체화와 바디풀니스는 우리에게 지속적이고 관조적인 토대 위에서 무조건적으로 주의를 몸 안과 밖으로 왔다 갔다 하라고 요구한다.

연구는 후각, 미각, 촉각 또는 내부수용성감각 어떤 것이든 감각에 더 자주 주의를 집중하는 수련으로 감각의 민감성을 키울 수 있음을 보여준다. 또한 반복 사용이 요구되는 의식적 움직임 수련을 통해 운동기술, 특히 고유수용감각과 운동감각을 키울 수 있다. 몸의 방기는 몸의 사용에서 나타나는 몸 메시지를 무시하려는 태도로 의식적인 수련을 외면한다. 몸이 무시되는 세 가지 주된 이유는 고통 회피, 문화적 압력, 일중독이다.

8장 몸의 방기와 몸의 복권

만약 역사적으로 신체적·정서적 고통이 너무 강하거나 끝없이 계속되어 자주 우리의 통제 범위를 벗어난다면, 우리는 계속 주의를 딴 데로 돌리는 습관을 형성해 왔을 가능성이 크다. 또한 우리가 살고 있는 다양한 문화(가족, 공동체, 인종, 종교, 학교와 정부 같은 기관 등)는 몸을 무시하는 그 나름의 역사적인 이유를 가지고 있다. 그 결과 전통, 의례, 법, 정책이라는 이름으로 우리를 옥죈다. 이런 규칙들은 때로는 명문화되어 있고, 때로는 그렇지 않다.

만약 역사적으로 어떤 일을 너무 열심히 반복해서 오랫동안 해왔다면, 우리는 자신에게 쉬라거나 놀이 같은 다른 것을 하라고 촉구하는 몸 신호를 무시하는 데 익숙해진다. 예컨대, 발이 아파도 집에 가려면 길 끝까지 걸어가야 하는 경우처럼 때로는 자기 자신을 밀어붙여야만 하는 경우도 있다. 그러나 느끼는 경험을 지속적으로 무시하면, 일하는 동안 몸 신호를 무시하는 것이 습관화되어 일과 후 몸이 무너지는 일이 다반사가 될 것이다. 그럼으로써 일, 휴식, 놀이의 지속적이고 만족스러운 교차 경험 대신, 일, 일, 일, 붕괴라는 전개 과정에 빠져든다. 과부하가 걸리는 일은 분명한 대가를 요구하며, 붕괴의 경우에도 마찬가지다. 거기에는 흔히 기계 앞의 소파나 술집 의자에서 몇 시간이고 죽치고 앉아 멍 때리기와 같은 행동이 포함된다.

몸을 객체나 계획 대상으로 보는 것

우리는 몸을 무시할 수 있고, 몸에 주의를 기울일 때에도 그것을 왜곡할 수 있다. **객체로서의 몸**과 **계획 대상으로서의 몸**, 이 두 용어는 우리가 어떻게 신체적 자아를 왜곡할 수 있는지 보여준다. 우리는 흔히 몸을 그릇이나 기계처럼, 정신적 자아인 '우리'가 들어가 사는 물건으로 본다. 우리는 이 그릇이나 기계를 유지하는 데 능숙할지 모르지만, 몸을 물건 취급하는 것은 우리 자신과 타인을 대상화하는 첫 단계다. 몸이 객체가 될 때 몸은 권리, 위엄, 자비, 권위, 그리고 바디풀니스를 잃는다.

이 대상화는 몸을 계획 대상으로, 흔히 개선 과제로 여길 때 일어난다. 우리는 몸이 이상적으로 여겨지는 기준에서 벗어난다고 느낄 때 헬스장이나 성형외과, 화장품 매장으로 간다. 우리는 자신이 어떻게 보여야 하는지를 참고하기 위해 소셜 미디어를 살펴본다. 몸을 있는 그대로 충분히 괜찮다고 보지 않고, 부지불식간에 패션 디자이너나 광고, 대중 잡지의 권위를 근거로 자신과 타인을 평가한다. 이런 식으로 신체적 외관을 상품화할 때, 우리 외모가 전경으로 나오고, 산 경험은 배경으로 밀려난다. 그러면 신체적 자아는 소비문화에 따라 움직이고, 사회적 공동체에 소속되거나 배제되는 것은 우리가 얼마나 자주 운동하는지, 얼마나 많은 미용 용품을 사는지, 신체의 '결함'과 노화 과정을 얼마나 잘 위장하는지에 따라 결정될 수 있다. 우리는 몸을 축복 속에서 살아내기보다는 무대에 올리고, 느끼기보다는 바라본다.

분명 신체 건강과 외모를 돌보는 일은 온갖 중요한 이득이 있으며, 그중 많은 부분은 바디풀니스의 삶과도 밀접한 연관이 있다. 그러나 몸을 물건처럼 취급할 때 우리는 일종의 자아 공격, 무시, 그리고 대가를 요구하는 우리 자신과 타인에 대한 박해의 틀에 갇힌다. 소비지상주의에 기반을 둔 경제에서는 이윤 추구의 기업으로 인해 주름이 실패를 의미하고, 노화는 끔찍하고, 성별에는 그에 맞는 옷과 규범이 있다고 여기도록 유도된다. 인종차별주의자, 성차별주의자, 동성애 혐오주의자 집단은 이렇게 몸을 물건 취급하는 경향을 이용해 무의식적으로 우리 자신과 다른 몸을 두렵고 하찮게 여길 이질적인 대상으로 대하도록 부추긴다.

몸을 싫어하는 것

몸의 객체화나 대상화가 점점 쌓이면 몸을 싫어하는 상태, 책의 앞부분에서 말한 **신체 혐오** 상태에 이른다. 우리가 자신의 신체적 자아를 추하다, 잘못되었다, 바보 같다, 느리다라고 비난할 때 우리는 스스로에게 심리적 스트레스와 자해를 가하는 것이다. 몇 가지 잘못된 가정은 흔히 이런 스트레스를 부채질한다.

첫 번째 오류는 질병과 죽음에 대한 두려움을 다루는 방법과 관련이 있다. 우리는 자신의 죽음을 받아들이기가 어렵기에 육체 밖의 자아가 존재해 아프거나 죽지 않게 되기를 바라기 쉽다. 사후에 육체는 분명히 지속되지 않으므로, 어쩌면 사후에도 지속되는 어떤 비물질적 본질이 있을지 모른다. 많은 문화에서 이것을 '혼soul'이라 부른다. 그러나 혼이 사후에 지속되려면 비영구적인 몸과의 유대를 끊어야 한다. 만약 우리가 죽을 때 그렇게 될 것이라고 생각한다면 더 나아가 죽음 이전에, 저 시작부터 분리되어 있었다고 가정하는 것이 용이할 수 있다. 이 분리가 몸과 혼을 자의적으로 구별해 몸을 '잘못된' 풍경 속으로 밀어 넣을 수 있다.

두 번째 오류는 고통을 중심으로 일어난다. 지속적이고 강한 심리적·정서적 고통을 경험할 수 있다 하더라도 신체적 고통은 종종 말로 표현하기 어려울 정도의 아주 강력한 방식으로 우리를 압도할 수 있다. 이런 이유로, 우리의 몸이 무언가 잘못된 일을 한다고, 혹은 약하다, 허술하다, 또는 결함이 있다고 비난하지 않기란 힘들 수 있다. 또한 우리 자신에게 고통을 느끼지 않는 별개의 더 이상적인 부분이 있다고 가정하기 쉽다. 이와 관련한 오류는 "마음은 굴뚝같은데 몸이 따라오지 않는다"라는 흔한 표현에서 드러난다. 신체적 자아는 [결함이 있어] 잘못하는 일이 많지만, 우리의 높은 자아higher self는 절대 그렇지 않다는 의미다.

세 번째 오류는 통제에 대한 몸의 취약성과 관련이 있다. 사람들이 우리 몸을 가두고 제약할 수 있지만, 우리는 감옥에 앉아서도 원하는 것을 생각할 수 있다. 마음은 상대적으로 자유롭기에 이 작은 축복을 누리면서 통제에서 벗어날 수 있지만, 몸은 더 단순하고 문제가 많다고 생각할 수 있다. 마음으로 불리는 우리 일부는 상상의 나래 속으로, 신나는 환상 속으로, 고통에서 해리성 도피로, 어디든 갈 수 있다. 상상 속에서 우리는 날 수도, 마술을 부릴 수도 있고, 사람들의 코를 납작하게 해줄 정확한 응수를 구성해 낼 수도 있다. 추상적으로는, 우리는 몸의 물리적·화학적·생물적 작용에 제한을 받지 않는다. 그러나 만약 우리가 어떤 식

8장 몸의 방기와 몸의 복권

으로든 물리적 통제나 제한을 피하기 위해 계속 정신을 활용한다면 신체성physicality이 문제라고 가정할 수 있다. 일단 실행 능력에서 추상 능력을 분리하면 몸은 멍청하고 우둔하고 창조적이지 못한 존재로 추락한다.

찰스 다윈Charles Darwin이 자연 선택이 모든 생명체에 작용하는 힘이라고 상정했을 때 했던 가장 위협적인 일 중 하나는 인간을 동물의 한 종류라고 추론했던 사건이다. 이것은 우리에게 너무나 흔한 분리의 망상을 재고해 보도록 요구한다. 다른 동물과 완전히 분리된 우월한 인간을 이렇게 왕위에서 끌어내린 사건에 많은 사람이 화를 낼 수밖에 없었던 것은 당연하다. 그런데 몸과 더 동일시되면 될수록 동물적 본성과 더 많이 만나게 되므로, 보통 '동물적 본성'은 원시성, 혼의 부재, 비도덕성, 어리석음과 동일시된다. 다윈이 모든 생명체를 단일 계보의 다양한 가족단위로 취급한 일과 관련해 '더 나은' 생명체로서 분리된 인간을 부정한 부분은 미국에서 42퍼센트가 여전히 이를 사실로 믿기를 거부할 만큼 여전히 소란스럽다.[1] 이 거부는 또한 몸을 우리 본성의 하찮은 동물적 부분으로, 마음이나 혼을 우리 정체성의 높고 분리된 비동물적 부분으로 나누어서 보는 오류와 연결될 수 있다. 다시 말해, 몸에 대한 경미한 정도부터 극심한 정도까지의 혐오, 즉 신체 혐오는, 분리라는 핵심 가정에 기초한다.

신체 혐오는 자신의 몸에 대한 자기 비난으로 내재화되고, 타인의 몸에 대한 비평으로 외현화된다(온라인상에서 신체적 약자 괴롭힘 현상인 '바디 트롤body troll'을 검색해 보라). 신체 혐오는 암묵적인(의식적인 자각 아래서 작용하는) 동시에 명시적이다(의식적으로

3부 바디풀니스의 적용과 실행

실행된다). 몸의 권위가 국가, 교회, 학교에 종속될 때 신체 혐오는 개인, 집단, 공동체에 값비싼 오류로 작용하고 체계 차원에 반향을 일으켜 되풀이된다.

이러한 편견이 우리에게 흡수되어 행위로 나타나면 우리 자신의 내적 경험을 해치고 타인에게도 전달될 수 있다. 연구는 편견이 전염성이 있어서 공동체 전체를 감염시켜 타인을 향한 미움이 표준화된다는 사실을 보여준다. 편견은 전적으로 암묵적으로 학습될 수 있고, 따라서 거부될 수 있다. 같은 연구에서는 편견이 흔히 비언어적 행위를 통해 소통된다는 점을 보여준다.[2] 분명히 우리는 우리 몸을 책임져야 하고, 그와 동시에 우리 몸이 타인과 소통하고 있음을 진정으로 느끼고 책임져야 한다. 바디풀니스 수련을 이용해 내재화된 신체적 편견을 표면화하는 작업은 스스로에게 도움이 될 뿐 아니라 [자신과] 다른 사람들의 **타자화**othering를 의식적으로 조율하는 방법을 배우게 한다.

특정한 몸을 잘못된 것으로 만드는 것

개인이나 집단이 타인을 억압할 수 있는 첫 번째 방법 중 하나는 신체의 색이나 크기, 형태, 자세, 몸짓, 움직임을 잘못으로 규정하는 것이다. 사회이론 문헌에서는 이를 **타자화**라고 한다. 우리는 어떻게 일반적으로 몸이 본래 마음보다 귀중하지 않다고 여길 뿐만 아니라 우리와 **다른** 특정한 몸을 억압과 사회적 불평등의 대상으로 타자화하는가? 신체적으로 다르다는 이유로 하찮게 여겨지는 사람들의 몸에서 일어나는 이런 억압이 미치는 영향은 무엇인가?

특정한 몸을 잘못된 것으로 만드는 것, 즉 내가 **몸차별주의** somaticism라 부르는 것은 한 집단의 신체 문화를 표적으로 삼는 것은 물론 그들의 몸에 폭력을 행사하는 것을 포함한다. 몸차별주의는 민족성이나 인종, 성별, 능력, 크기, 나이, 사회경제적 지위를 통해서 일어난다. 이런 유형의 억압에서는 특정 신체부위, 자세, 몸짓, 움직임, 공간 사용, 눈 맞춤, 목소리 톤, 신체 크기, 신체 형태, 그리고 그 밖의 몸의 표지들이 비지배적인 집단의 구성원이라는 증거로 지목되며, 그 증거는 타자화된 사람들의 지위와 신체적 안전성을 낮추고, 권리를 축소하고, **타자화된** 사람들을 자원에서 배제하는 데 사용된다. 예컨대, 지배 집단의 행동 양식에 따라 움직이는 날씬하고, 젊고, 건강하고, 흰 피부의, 대칭적인 몸(남성 또는 여성으로 분명하게 특징지어지는 몸)이 규준일 때, 그런 범주에 들어가지 않는 사람은 모종의 배제를 경험할 것이다. 이 배제에 의해 대개 유색인종, 장애인, 젊은이, 빈곤한 사람, 성별 규범을 따르지 않는 사람에 대한 차별이 이루어진다. 때로는 이러한 배제 때문에 폭력이나 끈질긴 스트레스, 자해를 통해 사람들의 생명이 희생된다. 이런 배제가 그다지 치명적이지는 않은 경우라도 지속적인 결과에는 평생의 자기 비난, 외모와 활동을 조정하기 위한 노력, 만성적인 건강 문제, 자신의 결점을 타인에게 투사하는 것, 그리고 지배적인 신체 내러티브의 흐름에 자신을 끼워 넣거나 거기서 빠져나오려는 시도 등이 포함된다.

사실, 체화라는 개념 자체가 백인 특권white privilege에 의해 오염

될 수도 있다. 나의 동료인 칼라 셰럴Carla Sherrell은 '적정 체화titrated embodiment'에 관해 쓴 글에서, 백인 문화 속에 들어온 아프리카계 미국인 여성으로서 자신이 체화되는 것이 대개 안전하지 않다고 고백한다. 왜냐하면 그것이 그녀 주변 사람들에게는 너무 위협적일 것이기 때문이다. 그 대신에 그녀는 인종차별주의를 효과적으로 탐색할 수 있도록 체화의 안과 밖을 드나들기를 선택한다. 또 다른 동료인, 트랜스젠더·젠더퀴어 활동가 겸 치료사 베이트 고르스키Beit Gorski는 차별에 대처하는 전략으로서, 그리고 좁고 종종 억압적인 우리의 정신 건강에 대한 생각에 도전하는 방식으로서 분리의 가치와 중요성을 글로 썼다.[3]

문화에 적응된 몸과 차이

우리의 몸은 문화적 생명체다. 그래서 우리는 문화 연구를 통해 앞서 나열한 분리 오류의 이면을 인식하고, 우리가 자주 사로잡히는 그 반대의 오류를 드러낼 수 있다. 이 오류는 바로 모든 것이 최대한으로 비슷하다는 생각이 필요하다고 느끼는 것이다. 우리가 타인의 몸이나 자신의 몸을 잘못되었다고 여기기 전에, 자신의 신체 문화가 다른 사람의 신체 문화와 얼마나 다를 수 있을까? 어떤 이에게는 차이가 최소한이어야 한다. '타인들'은 동화되고 적응하고 전력을 다해 '우리'와 섞여야 한다. 또 다른 이에게는 차이가 너무 허용되어 있어서는 안 될 어떤 문화적 관행(예컨대, 고문)까지 인정해 준다. 이 시나리오에서는 차이가 괜찮다고 인정

함으로써 다름을 가지고 두려움을 처리한다. 두 경우 모두 문화적 차이의 정치는 폭력적으로 추락해 우리 몸에 착륙한다. 우리는 차이를 두려워하는 경향이 있으므로 차이를 줄이려고 하며, 타인에게 우리처럼 움직이고 옷 입고 행동할 것을 요구한다. 우리가 어떻게 대처하든 상관없이, 차이에 대한 두려움은 의식적 자각 아래 숨어 우리가 편견을 가지고 있다는 것을 부정하게 만든다.[4]

개인의 몸처럼 문화 또한 다층적인 연속체를 따라 지도로 그릴 수 있다. 가장 눈에 띄는 측정 단위 중 하나는 개인주의와 집단주의의 연속체다. 몸의 관점에서 개인주의 문화는 몸을 분리되고 독립적이고 자기 결정적인 것으로 본다. 집단주의 문화에서 몸은 연결되어 있고 영향받고 조상의 몸이든 친족의 몸이든 타인의 몸과 연결되어 있는 것으로 본다. 신체적 자아는 집단적 자아에 가깝다. 개인주의 문화는 대체로 스칸디나비아, 서유럽, 북미에 위치한다. 집단주의 문화는 대체로 중남미, 아프리카, 아시아에 분포한다. 접촉의 빈도 또한 이 연속체상에 지도로 그릴 수 있다. 접촉을 적게 하는 문화는 더 개인주의적이고, 접촉을 많이 하는 문화는 더 집단주의적인 경향이 있다. 공간 사용에 관해서도 마찬가지로 집단주의 문화는 타인과 교류할 때 개인주의 문화보다 신체 주변 공간을 더 작게 요구하는 경향이 있다. 이 문화의 연속체상에서 우리와 다른 위치에 있는 누군가의 몸과 마주할 때 우리 안에서는 무엇이 일어날까?

문화는 또한 권위에 대한 연속체와도 연관시킬 수 있는데, 이는 비교적 수평적인 것부터 계층적인 것까지 사회적 위계를 야기한다. 그 위계 안에서 몸짓, 자세, 복장, 공간의 사용, 목소리 톤이 위계에서의 지위를 비언어적으로 전달하는 데 사용된다. 또한 모든 문화는 성별에 관한 관념을 만들고 성별 지정과 성역할이 얼마나 유연하거나 엄격할지에 관한 사고를 형성한다. 성별에 관한 관념은 성별 특징이 반영된 공간에서 성별 정체성을 알리고 안전을 도모하기 위해 몸이 앉고 대면하고 몸짓하고 공간에 자리 잡는 방식에 영향을 끼치며, 몸을 조금 또는 크게 제약할 수 있다.

문화의 연속체에서 몸을 측정하는 우리의 인간적인 경향 때문에 같음과 다름, 분리와 통합, 관용과 불관용이라는 주제들로 이런저런 시도를 해보며 그 주제들을 실연하게 된다. 이런 주제들을 가지고 어떻게 작업할 것인지는 또한 바디풀니스와 몸의 방기에 대한 관계를 끌어낸다. 몸의 방기 상태에서 우리는 자신과 타인을 탈체화하거나(무시하거나), 자신과 타인을 잘못 체화하거나(몸을 객체로), 자신과 타인을 향해 신체 혐오(증오)를 느끼거나, 혹은 자신과 타인의 신체적 차이를 비판적으로(몸차별적으로) 느낀다. 이제 바디풀니스는 이런 상처와 아픈 장소로부터 우리를 다시 데려올 수 있는 능동적 힘으로 작용한다.

실천주의로서의 바디풀니스

몸이 '소홀히 다뤄지는' 일과 특정한 몸이 '타자'로 취급되는 일은 거의 항상 동시에 나타나 피해를 받는 개인과 집단에게 이중고를 안긴다. 두 범주는 몸의 소외를 구성하고 유지하는 대중적인 이야기, 기껏해야 검증되지 않고 정당성도 찾을 수 없는 내러티브를 만들어낸다. 최악의 경우에 이런 이야기는 우리의 몸과 타인의 몸의 권위를 약탈하고, 그 결과로 행해지는 억압과 폭력을 정당화한다.

어쩌면 사회적 차원에서 바디풀니스를 함양하는 것은 사회적 불평등과 독재에 대항해 예방접종을 하는 한 방법이 될 수 있다. 한 사회의 개별 구성원이 자신의 느낌을 잘 알고 소중하게 여기는 것을 배운다면, 그리고 자신의 체화된 경험에 귀를 기울이고 존중한다면 아마도 그들은 타자화에 저항할 준비가 더 잘되어 있기에 자신과 다른 '타인'들에 대한 어떤 사회적 압력에도 굴복할 가능성이 적을 것이다. 자신의 체화된 경험을 계속 알아보는 사람은 체화된 존재로서 자신의 권리를 계속 알고 있고, 타인의 권리를 소중히 여기며, 그들을 효과적으로 옹호할 만한 충분한 힘이 있다고 느낄 가능성이 더 크다. 이런 생각은 우리가 힘power과 몸의 관계를 더 깊이 이해하도록 이끈다. 1967년 제2회 남부 기독교 리더십 컨퍼런스 설교에서 마틴 루서 킹Martin Luther King Jr.이 말했듯이, "힘power은 목적을 성취하는 능력일 뿐이다. 그것은 사회적·정치적·경제적 변화를 불러일으키기 위해서 요구되는 힘strength이다".§5

이 시점에서, 몸은 우리 자신의 것일 뿐만 아니라 다른 사람들과 밀접하게 관련되고, 우리가 몸의 힘을 기르는 이유 중 일부는

§ 이 문장에서 'strength'는 몸에서 나오는 구체적인 힘을 의미하는 것으로, 일반적으로 사용하는 추상적인 의미의 힘, 즉 'power'와 구별된다.

다른 사람, 특히 어려움에 처한 사람을 위해 힘을 사용하기 위해서라는 생각을 기꺼이 관조해 볼 수도 있다. 이 생각은 충분히 그럴 만한 이유를 갖기에 대부분의 세계 종교에 스며들어 있다. 이 생각은 또한 바디풀니스 실천주의bodyful activism의 형태로 바디풀니스에 스며들어 있다. 우리 각자에게 바디풀니스 실천주의가 어떤 모습일지는 스스로가 결정할 일이다. 바디풀니스 실천주의는 자신과 타인의 권리를 위해 움직이고 호흡하고 감각하고 관계 맺음으로써 자신의 몸의 힘을 느끼며 그에 따른 행동을 수반할 것이다. 킹 목사에 따르면, 이 실천주의는 사랑을 수반한다. 앞서 언급한 설교에서 그는 이렇게 말했다. "힘의 참모습은 정의의 요구를 실행하는 사랑이요, 정의의 참모습은 사랑에 반대하는 모든 것을 바로잡는 사랑이다. 그리고 이것이 우리가 나아가며 보아야 할 모든 것이다."6

　　바디풀니스 실천주의는 우리 몸을 사랑하는 것으로 시작된다. 그러나 거기에 머무르지 않는다. 그렇지 않으면 킹 목사의 말대로 사랑은 '빈혈과 감상'에 치우치게 된다.7 바디풀니스 실천주의는 우리의 내면화된 몸의 무시, 몸이 잘못되었다는 느낌, 융합된 느낌이나 분리감이 서서히 사라질 수 있도록 내면의 정의inner justice를 요구한다. 이 내면의 정의라는 경험이 성장할수록 외면의 행동은 모두를 위해 우리의 힘을 함께 사용하기 위한 경험적 발판이 되는 것이다.

◎ 마음이 내키면 종이 한 장을 꺼내서 자신의 몸에 관한 형용사를 열 개 정도 적어보라. 고민하지 말고 떠오르는 단어 하나씩 기술하라. 그리고 그 목록을 훑어보라. 어떤 단어가 긍정적인 뜻을 가지고 있고, 어떤 단어가 부정적인 뜻을 가지고 있는가? 그중 신체 혐오를 의미할 만한 것이 있는가? 여러분이 이런 단어들을 사용했다는 것을 인식하면서 무엇이 떠오르는지 그저 알아차리라.

◎ 만약 용기가 난다면 다른 사람의 몸에 초점을 두고 같은 쓰기 실습을 해볼 수 있다. 가급적이면 여러분과 아주 다른 몸으로 해보라. 가까운 친구일 수도 있고 모르는 사람일 수도 있다. 목록을 보라. 얼마나 많은 단어가 평가적인가? 그중 어떤 단어가 신체 혐오적일 수 있는가? 두 번째 목록과 첫 번째 목록을 비교할 때 어떤가? 너무 많이 생각하지 말고, 그냥 이 실습을 하면서 여러분이 경험하는 것을 세세하게 느끼라. 우리 대부분은 몸의 크기, 형태, 나이, 능력, 인종 어떤 것에 대해서든 일상적으로 몸을 잘못되었다고 여긴다. 이 실습은 들춰내기 경험을 위해 만든 것이 아니다. 이 실습을 하면서 어떤 것에서든 수치심이나 죄책감 같은 것을 느꼈다면 여러분은 아직 진정으로 자기 반영적인 자리에 있는 것이 아니다. 수치심과 죄책감은 거의 항상 더 중요한 느낌들을 가리고 바디풀니스 상태의 개인적 책임과 심지어 가책의 느낌마저 흐린다. 만약 죄책감이나 수치심을 알아차리면 여러분의 신체 혐오 또는 몸차별주의의 또 다른 층, 또 다른 표현이라고 이름 붙여보라.

◎ 여러분의 몸과 타인의 몸을 있는 그대로 사랑하는 길은 몸들을 감각하고, 호흡하고, 움직이고, 그것들과 관계 맺는 것이다. 앞의 실습에서 시작했듯이, 내면화된 몸의 방기를 알아차리는 것으로 시작하라. (몸의 방기가 말, 행동, 생각, 느낌에 드러날 때) 몸의 방기의 순간을 알아차리는 것이 더 편안해짐에 따라, 여러분은 그 순간을 만들었을지 모르는 신체 기억을 완성할 수 있도록 그 경험과 함께 움직이고 그 경험을 계속 이어가기를 원할지도 모른다. 몸의 방기가 어떻게 느껴지는지를 뚜렷하게 감지할 때 여러분은 이미 그것을 녹이기 시작하고 있는 것이다. 전개 과정은 다음과 같다. ① 몸의 방기를 세세하게 알아차리라. ② 수치심 또는 잘못되었다는 느낌을 몸의 방기의 느낌 요소로 보고 재구성하라. ③ 형성되는 감각, 연상, 움직임 충동에 주의를 기울이며 몸에 머물라. ④ 몸의 이야기가 계속 나오고 펼쳐지도록 놔두라. 만약 아무것도 나타나지 않는다면 전개 과정의 시작으로 돌아가라. 괜찮다. 이것이 빈번하고 장기적인 수련이 되어도 놀라지 말라.

◎ 잠시 시간을 내어 개인주의적 또는 집단주의적 문화의 연속체 위에서 여러분의 위치를 찾아보라. 성장할 당시와 지금은 조금 다를 수도 있다. 그 문화의 연속체상에서 같은 위치 또는 다른 위치에 있는 다른 사람과 상호작용하는 것이 어땠는지, 특히 여러분의 몸이 그들의 몸에 어떻게 반응했는지 잠시 돌아보라. 이런 경험의 신체적인 세부사항을 회상해 보라. 공간 사용, 외형, 움직임 방식, 접촉 때문에 그 상호작용이 기억에 남았나? 문화적 차이에 대해 작업하는 것은 쉽지 않다. 다른 이들과 상호작용할 때, 호기심, 거부

감, 동정심, 매력, 무엇이든 여러분이 정말 느끼는 것의 신체적 세부사항을 알아차리기 위해 신체 자각을 활용하라. 앞의 실습에서와 같은 전개 과정을 적용해 보라.

◎ 이 실습을 변형해 성별, 능력, 인종, 사회경제적 지위, 색깔이라는 렌즈를 통해 여러분의 몸과 타인의 몸을 보고 작업해 보라. ⊙

9장   변화와 몸

                          바디풀니스의 자리에서 우리의 정체성을 관조하고 나면 변화의 본질과 관련된 질문 하나가 나타난다. 정체성을 우리의 안정성이라는 특성으로 볼 수 있다면, 변화는 가동성의 원천으로 볼 수 있다. 움직임의 두 가지 특성인 안정성과 가동성 사이를 의식적으로 오가는 진동 속에 바디풀니스가 있다. 우리의 정신, 마음, 또는 습관, 그것이 무엇이든 변화와 관련해 우리 모두는 언제, 어떻게, 그리고 그대로 있을지, 아니면 다른 곳으로 갈지를 가지고 애를 쓸 수 있다. 우리는 흔히 다른 사람, 체계, 혹은 운명에 휘둘리기보다는 변화의 주도자가 되기를 원하며, 변화를 통제하고자 노력한다. 하지만 나쁜 습관을 멈춰야 한다는 것을 알면서도 그러지 못하는 것처럼, 많은 경우 변화하기가 어렵다는 것을 발견한다. 왜 변화하기를 원할까(혹은 원하지 않을까)? 변하고자 하는 열망은 어디에서 오며, 어떻게 변화가 실현될까?

이런 질문에 답하기 위한 한 가지 방법은 변화를 흔히 복잡하고 충돌하는 힘들과 관련된 것으로 보는 것이다. 변화는 꼭 하나의 원천이나 명료한 방향감각에서 일어나는 것은 아니다. 또한 알다시피 그것은 끊임없이 일어나며, 계획되거나 계획되지 않을 수도 있고, 참담하거나 아주 신나는 것일 수도 있다. 사전에서 보이는 '변화change'의 정의 중 하나는 '단조로움의 부재'다. 물리적인 몸과 바디풀니스 모두 지나친 단조로움을 피하려고 한다. 변화가 어디에서 오고, 변하고자 하는 동기가 어디에서 오는지, 그리고 바디풀니스로 변화와 어떻게 작업할 수 있는지 이해하기 위해 몸의 렌즈를 통해 살펴보자.

변화는 어디로부터

다시 한번, 이 주제를 연속체 위에 놓아보자. 한쪽 끝에서, 변화는 전적으로 우리 바깥에서 온다(외적 통제 소재). 무엇인가가 우리의 의지, 능력, 힘의 완전 바깥에 놓여 있는 길에서 이동한다. 연속체의 넓은 중간 지대에는, 변화에 영향을 미치는 우리의 능력이 놓여 있다. 거기에서 우리는 변화의 과정을 이끄는 다양한 비중의 힘을 가지고 있다. 반대쪽 끝에서, 변화는 완전히 우리 능력 안에 있다(내적 통제 소재). 간결하게 말하면, 어떤 변화는 다른 곳에서 와서 우리에게 일어나고, 대부분의 변화는 어느 정도 우리의 영향 아래에 있고, 어떤 변화는 전적으로 안으로부터 나온다. 앞에서 언급한 대로, 바디풀니스 수련은 점점 높은 정확도로 우리의 현재 경험이 연속체를 따라 자리를 찾게 안내하고, 그래서 우리는 지혜롭게 행동할 수 있게 된다.

외부의 힘에서부터 우리에게 일어난 변화는 복잡할 수 있다. 한편으로, 다른 사람이나 어떤 것에 의해 자신이 변화되는 것이 유익하다고 지각되기만 한다면 그렇게 변하도록 그냥 놔두어도 문제가 없다. 로또에 당첨되는 것이 이 범주에 딱 맞는다. 그러나 핵심적인 요소는, 우리가 변화를 관장하고 있지 않다는 것이다. 우리는 운이 좋다거나 운이 나쁘다고 느낄지는 모르지만, 힘이 있다고 느끼지는 않는다. 반면, 이런 종류의 변화는 비극의 형태로 올 수 있다. 몇 년 전 나의 개인 상담에서 이런 사례가 있었다. 당시 나는 아버지와의 관계를 놓고 고투하던 17세 남자 청소년과 상담하고 있었다. 우리가 함께 작업하던 도중에, 그 청소년의 아버지가 갑자기 교통사고로 사망했다. 그 내담자의 세계는 엄청난 충격으로 갑자기 부서졌고, 결코 그 전과 같을 수 없게 되었다. 그는 아버지를 잃었을 뿐만 아니라 살던 집에서 이사하고 전학을 가야 했다. 충격과 비통함으로 인해 그는 자기가 아버지에게 화를 냈기 때문에 아버지가 죽었다고 잘못 추정하는 방향으로 몰아갔다. 우리의 치료회기에서는 그의 생생하고 압도적인 정서에 대해 직접 작업하는 것과 더불어, 그 변화가 어디에서 왔는지에 대한 그의 오류에 부드럽지만 거침없는 압박을 가하는 작업을 번갈아 했다. 다음 몇 달이 지나고 이 두 상태가 서서히 안정화되었을 때, 우리는 그의 현재 환경과 바뀐 미래 방향에 대해 작업하는 쪽으로 옮겨 갈 수 있었다. 변화가 초대되지 않았거나 영향을 줄 수

　　　　　9장 변화와 몸

있는 때를 정확하게 식별하면 그 일에 휩쓸리지 않고 그것을 넘길 수 있다.

만약 우리에게 변화가 일어나는데 그것을 방지하거나 형성하는 데 우리가 아무것도 할 수 없다면, 변화를 수용하고 잘 조절하는 방향으로 움직이는 것이 현명할 것이다. 우리가 바꿀 수 없는 환경이라면, 그에 대한 우리의 관계를 바꿈으로써 고통을 줄일 수 있다. 예를 들면, 심리학 분야에서는 현재 상태에 대해 이완되고 비대립적인 관계를 양성하는 마인드풀니스와 수용 기반 치료가 등장하고 있다. 그런 치료에서는 속상하게 하는 감각, 정서, 생각이 오가는 것이 허용된다.[1] 이런 치료법은 괄목할 만한 성과를 축적했는데, 특히 피할 수 없는 고통(예컨대, 만성 통증)을 경험하고 있는 내담자에게는 더욱 효과적이다. 여기에는 수용과 수동성 간의 차이를 몰라볼 위험이 놓여 있다. 현재 상태를 받아들일 뿐만 아니라 그 상태와 함께 적극적으로 머무르며 그 상황에 영향을 미칠 가능성을 가지고 실험해 봄으로써 변화의 연속체를 따라서 능숙하게 오가는 기술이 발달한다.

빈곤한 사람, 전쟁 지역에 사는 사람, 또는 차별과 소외를 직면하는 사람은 그렇지 않은 사람보다 외부에서 오는 변화를 더 많이 경험한다. 그런 변화는 흔히 매우 심각한 손상을 주고 세대를 넘어 무력감과 절망감을 낳는다. 이런 경우에 수용과 조절은 매우 달라 보인다. 억압적인 체계는 그것이 겨냥하는 사람들의 몸이 이런 무력감을 느끼고, 무력감의 원인이 자기라고 믿으며, 입 닥치고 무력감을 받아들이기를 원한다. 이런 환경에서 바디풀니스 수련은, 앞의 내담자의 경우처럼, 그들 자신이 트라우마의 원인이 되는 어떤 일도 시작하지 않았음을 받아들이는 작업을 수반한다. 이런 사람들에게 일어난 것, 그리고 계속해서 일어나는 변화는 다른 데서 온다. 조절은 지금 있는 그대로의 상황에 대해 신체적으로 작업하고 자기 자신과 다른 사람들이 이런 조건을 만드는 체계에 바디풀니스의 방식으로 맞서도록 힘을 키우는 학습을 포함한다.

변화 과정이 우리 내면으로부터 올 때 우리는 자신의 느낌과 관심사에서 그것을 시작한다. 외부의 힘이 우리에게 억지로 다른 어떤 것을 하라고 시키지 않아도 우리는 스스로 달라지고 싶은 내적 충동을 느낀다. 이런 상황에서 우리가 할 일은 내면의 명령을 이용해 옳다고 느끼는 변화를 만들어내도록 바디풀니스의 변화 과정을 시작하고 전개하고 완성하는 것이다. 앞의 장에서 보았듯이, 이런 변화 경험에 잘 맞는 수련은 움직임 탐구다. 의지의 사용을 최소화해 몸을 이 방향 저 방향으로 움직여 봄으로써, 과거 오랜 습관을 자동적으로 반복하기보다는 지금 순간의 경험으로부터 스스로를 조직하고 옳다고 느껴지는 새로운 방향을 탐색한다. 트라우마나 억압을 경험했거나 경험하고 있는 사람들에게 움직임 탐구 수련은 소유로서의 몸보다 존재 자체인 몸을 찾아가는 강력한 경험이 될 수 있다.

자기 주도적 변화를 보는 또 다른 방법은 하향 또는 상향의 원리에서 나온다. 하향 변화는 행동을 바꾸기 위해 인지적이고 정신적인 과정을 이용한다. 통찰 기반 기법의 기초를 이루는 일종의 하향흐름경제trickle-down economics§다. 생각을 바꾸어 우리 자신을 더 깊이 이해하면 우리 행동에 영향을 미칠 수 있다는 것이다.

상향 변화는 상황을 바꾸려면 몸으로부터 일어나 자신의 신체 상태와 행동을 먼저 바꿔야 한다는 견해를 고수한다. 예를 들면, 행동으로 스스로를 진정시키고, 말하기 전에 열까지 세고, 깊이 숨을 쉬고, 술에 손을 뻗지 않는 것을 학습하고, 눈 맞춤을 더 잘하는 법을 배운다. 바디풀니스 상태의 치료자는 자기 주도적 변화의 이 두 가지 방향을 다 가치 있게 여기고 활용하는 법을 모두 습득하는 것이 이상적이다. 둘 중 어느 한 가지 방향만 활용하는 것은 변화 경험의 균형을 깨뜨릴 수 있다.

변화의 연속체 중간에는 변화를 재촉하는 내부의 영향과 외부의 영향이 섞여 있는 넓은 영역이 존재한다. 이 섞여 있는 영역에서 자신의 위치를 확인하는 학습은 복잡해서 우리가 삶의 과정에 미치는 영향의 양을 존중하는 방식으로 움직임 과정을 시작하고 전개하고 완결하는 학습과 함께 수용과 조절을 결합하는 평생의 수련을 요한다. 건강이 한 예일 것이다. 암을 예로 들어보면, 원자로의 노심 융해meltdown 과정에서 나온 방사선이 원인인 경우처럼, 어떤 암은 우리의 바깥에서 온다. 또 다년간의 흡연 후에 폐암에 걸리는 경우처럼, 어떤 암은 주로 우리 자신이 자초한 것이다. 대부분의 암은 생활양식 행동, 유전, 환경 오염 물질, 피할 수 있는 스트레스원과 피할 수 없는 스트레스원 등의 영향이 섞여 있다. 실제로, 우리가 할 수 있는 일은 통제 가능한 암 위험 요인(식습

§ 원래 하향흐름경제란 경제적 효과가 정부, 대기업, 중소기업, 일반 대중의 순서로 물방울이 떨어지듯 하향 침투한다는 학설이다. 결국 부자가 더 부유해져야 낙수효과로 가난한 사람도 이익을 얻는다는 이론이다.

3부 바디풀니스의 적용과 실행

관, 신체 활동, 기타 생활양식 등)의 비중을 식별하고, 하향 전략과 상향 전략을 다 이용해 할 수 있는 만큼 성심껏 암 위험 요인에 영향을 미치는 것이다. 또한 우리는 발암 오염 물질에 적극적으로 대항하거나 암 연구를 지지함으로써 집단적 변화에 기여할 수도 있다. 바디풀니스 관점에서 우리가 할 일은 신체적 노력과 이완 사이를 오가는 진동을 통해 변화 과정에 대해 현재 우리가 가지고 있는 영향력의 비중을 찾는 작업이다.

여러 가지 영향력이 혼재하는 부분에는 우리가 얼마나 혼자 할 수 있는지, 얼마나 다른 사람이나 사물로부터 도움이 필요한지에 대한 자신의 평가가 포함된다. 예컨대, 우울하다고 느낀다면 우리는 친구에게 전화를 하거나 더 많은 사회적 접촉에 관여하거나 운동을 더 많이 하도록 스스로를 자극할 수 있다.[2] 이런 전략을 시도해 보고 우리가 할 수 있는 만큼 한 뒤에도 항우울제의 도움을 필요로 할 수도 있다. 아니면 직업을 바꾸거나 관계를 끝내는 것과 같은 더 큰 변화를 만들어야 할지도 모른다. 트라우마, 불평등, 억압의 경우에 타인의 지지와 집단행동에 기대는 것이 개인행동보다 더 효과적이고 더 작은 스트레스로 변화를 성취할 수 있다. 결국 변화가 우리 존재를 위협할 만큼 큰지, 그것이 우리의 현재 정체성 또는 자원을 압도하는지 여부가 핵심이다. 만약 우리 혼자 변화에 대해 무언가를 할 수 있다면 우리는 기본적으로 힘이 생기고 확신감이 든다. 변화에 대해 아무것도 할 수 없을 때라도 겸손과 평정에 다가설 수 있다. 그런 바디풀니스의 상태 어디서든 능숙함의 아름다움이 시작된다. 넓은 중간 영역에서 다른 영향들의 정교한 세부 정보와 함께 움직이는 지속적인

9장 변화와 몸

춤 속에서 아름다움은 개인적으로, 그리고 집단적으로 나타난다.

변화를 위한 동기

우리에게 변화의 에너지를 주는 것은 무엇일까? 물리학은 모든 상태 변화에는 에너지 투입이 필요하다고 말한다. 내면에서든 외부 세계에서든 어떻게 현재의 상황을 바꾸고 안정을 깨트리는 작업을 위한 에너지가 나올까? 우리에게 가능한 에너지 원천은 떠밀림, 쾌락 추구, 호기심이다.

찰스 다윈과 앨프리드 월리스Alfred Wallace는 변화를 위해 떠밀리는 현상에 대한 가르침을 주었다. 그들이 발견한 자연 선택의 법칙은 생명체는 변해야 할 필요가 없다면 변하지 않는다는 관찰에서 시작된다. 생명체는 생존과 번성을 위해 에너지를 보존하려고하기 때문에, 환경이 변하지 않는다면, 그리고 현재 우리의 존재와 존재 방식이 생존과 번성에 도움이 되지 않는다면 진화는 일어나지 않을 것이다. 우리는 변하거나 멸종한다. 변하도록 떠밀린다는 것은 우리가 변화를 선택한 것이 아니며 우리가 때로는 변화에 반대하거나 저항한다는 것을 의미한다.

우리를 떠미는 힘은 바깥에서 오는 압력(가족으로부터 술을 그만 마시라는 압력, 관계의 실패로부터 오는 압력, 아이를 잃은 후에도 살아남기를 요구하는 압력 등)처럼 느껴진다. 이런 압력은 비록 예기치 않게 일어나고 부담스럽지만, 노화로 인한 사랑하는 사람의 죽음, 질병 혹은 자신의 노화에 따라 찾아오는 압력처럼 어떤 경우에는 매우 자연스럽다. 또 다른 경우에는, 우리가 필요한 변화를 스스로 만들지 않고 있기 때문에 타인으로부터 압력이 일어난다. 우리가 사랑하는 사람들이 우리 자신의 파괴적인 습관에 질리는 경우나 법원에서 한 번만 더 음주운전을 하면 감옥에 갈 것이라고 통보하는 경우가 이에 해당할 수 있다. 우리는 많은 경우 이처럼 마지못해 변화를 강요당한다.

'압력' 증상은 우리가 일하러 가기 위해 운전할 때 나타나는 두통처럼 신체적인 것일 수도 있다. 그것은 공포나 슬픔에 떠밀려 압도당하는 느낌처럼 정서를 통해 표출될 수도 있다. 그것은 빗나간 감정의 투사나 합리화처럼 인지적인 것일 수도 있다. 아니면 불행한 관계 속에 어떤 역할을 감당해야 하거나 친구가 없는 것과 같이 사회적이거나 관계적인 것일 수도 있다. 압력에 의한 변화는 보통 생존, 안전, 기능성이라는 주제에서 그 뿌리를 찾으며, 이는 우리가 때때로 변화에 저항하는 이유가 될 수 있다. 변하지 않는 것에 마치 우리의 생명이나 정체성이 달려 있는 것처럼 느껴지기 때문이다. 스트레스가 오래 지속될 때처럼 우리에게는 때때로 변화를 일으킬 여분의 에너지가 없다.

우리 모두는 이런 식으로 변화를 경험한다. 심지어 깨달은 사람도 그렇다. 고통스럽고 압박을 주는 변화를 피할 길은 없지만, 우리는 분명 그런 변화 때문에 겪어야 하는 노력과 고통을 최소화하고 줄이는 방식으로 살 수 있다. 압력에 감응하는 바디풀 변화는 흔히 너무 아프고 싶지 않아서 시작된다. 주의를 딴 데 돌리거나, 거부하거나, 약물 등을 통해 우리는 그 고통의 메시지를 진정시키기만 하도록 유혹당할 수 있다. 바디풀니스는 우리에게 고통 신호를 긍정적으로 알아보고 존중하고 다루는 것을 가르쳐준다. 다음 장에서 해볼 수련은 고통 신호에 귀를 기울이고 그것에 목소리를 부여하는 것을 강조한다. 이렇게 함으로써 우리는 그 메시지가 우리에게 말하고 있는 것에 좀 더 정확하게, 그리고 몸을 챙기는 식으로 감응할 수 있다. 그뿐 아니라 문제를 해결하고 변화하기 위해서 고통에 대해 작업하는 건강한 관계를 형성할 수 있을 것이다.

우리의 두 번째 변화 동기는 달라이 라마가 간단하고 멋지게 표현한다. "우리 모두는 행복하기를 원하고, 그것은 우리 모두에게 공통되는 것이다." 우리는 자신에게 즐거움을 주는 것과 기분 좋게 해주는 것을 향해 다가가려는 자연적인 성향을 가지고 있다. 이 성향이 한 종種으로서 우리의 놀이 성향과 변화 주도자로서 놀이를 활용하는 능력을 설명할 수 있을 것이다. 압력에 기반을 둔 변화가 변화의 동기를 부여하는 수단으로 여러 가지 고통스러운 증상을 활용해 작동하는 반면, 즐거움에 기반을 둔 변화는 긍정적인 상태를 통해 작동한다. 우리가 한 행동의 결과로 쾌락을 느끼는 것은 (그것이 농담에 웃는 것이든, 일몰을 즐기는 것이든, 충분히 접촉하는 섹스를 하는 것이든, 음악에 춤을 추는 것이든) 신체적·정서적·인지적으로 모든 종류의 건강에 이롭다. 이런 이점과 그것 때문에 변화를 만들어내는 것의 핵심은 쾌락에 대해 건강한 관계를 발달시키는 데 있다.

쾌락에 대한 건강한 관계에 대해 이야기하는 한 가지 방식은 **능동적 쾌락**과 **수동적 쾌락**의 차이를 구분하는 것이다. 앞서 말했듯이 능동적 쾌락은 우리가 하는 일에 의해 즐거움을 만들어내는 경험을 수반한다. 우리는 더 기분 좋게, 더 행복하게 느끼기 위해서 일정한 방식으로 움직인다. 이것은 의도적 움직임과 긍정적 느낌 사이의 연결을 확고히 하며 자기효능감과 힘을 가진 느낌 sense of empowerment을 높여준다. 능동적 쾌락은 꼭 육체적으로 힘들지 않아도 된다. 예컨대, 음악을 깊이 있게 능동적으로 듣는 것도 여기에 포함될 수 있다. 실제로 듣는 데는 에너지가 사용되기 때문이다.

수동적 쾌락은 우리가 긍정적인 느낌에 대해 수용적이기는 하지만, 긍정적인 느낌을 만들어내기 위해 무언가를 하지는 않는 것이다. 그것은 그냥 우리에게 일어난다. 수동적 쾌락은 때로 술을 마시는 것이나 약물을 복용하는 것처럼 어떤 면에서 쾌락이 강요되는 경험을 포함한다. 기본적으로 우리가 이런 물질을 섭취할 때 이 물질은 뇌에서 쾌락 중추가 보통 우리의 행동을 통해 스스로 만들 수 있는 것보다 더 오랫동안 자극된 상태에 머물도록 작용한다. 이러한 쾌락은 재미있고 즐거울 수 있지만, 지속적인 이득이나 변화를 만들어내지는 않는다. 쾌락을 느끼는 수동적인 방법을 계속해서 과도하게 선택하면 습관화와 중독이 생길 수 있다. 앞서 언급한 뇌 기제가 소진되어 자발적인 쾌락에는 둔감해지기 때문이다. 수동적인 쾌락은 우리를 더 행복하게 해주지 않으며, 많은 경우에 훨씬 더 불행하게 할 수 있다.

지나치게 엄격한 양육, 만성 스트레스, 소외, 혹은 유머를 잃어버린 어린 시절을 견디기만 한 것과 같은 경우에 우리는 쾌락의 하한선을 경험하도록 길들여질 수 있다. 삶에서 정말로 즐거운 일이 생길 때 오히려 불안하고 위협적인 느낌이 찾아올 수 있다. 행복한 유년기의 과제 중 일부는 능동적 쾌락을 만들어내고 견디는 법을 배우는 것이다. 바디풀니스가 하는 일 중 일부는 매일의 자연스럽고 평범한 쾌락을 수련하고 그것에 익숙해지는 작업이다. 더 좋게 느끼기 위해 능동적으로, 매우 의식적이고 충실한 방식으로, 손을 뻗음으로써 우리는 더 나은 쪽으로 변화한다.

놀이, 특히 몸 놀이는 쾌락 능력의 발달에 하나의 중요한 전략이 될 수 있다. 성인의 놀이는 아이의 놀이보다 더 포괄적이고 복잡할 수 있다. 아이와 함께, 아이처럼 아주 즐겁게 놀 수 있기는 하지만, 우리 어른에게는 더 다양한 레퍼토리가 필요하다. 만약 놀이를 활동 자체가 목적인 것으로 다시 정의한다면, 체스나 섹스, 심지어 영적 수련 같은 활동도 놀이에 포함될 수 있다. 이런 활동을 바디풀니스 상태로 만드는 작업을 통해 우리는 삶에서 강력하고 필요한, 그리고 지속적인 변화를 만들어낼 수 있다.

우리의 세 번째이자 마지막 변화 동기는 우리가 어떤 것에서 멀어지거나 어떤 것을 향해 움직이는 충동에 대해 효과적으로 작업하는 것을 배웠던 고통과 쾌락의 영역에서 벗어나 있다. **탐구**라고 부르는 세 번째 동기에서 우리는 '함께 움직이고자' 하는 충동은 물론, 충동이 전혀 없는 것에 대해 작업하는 것도 배운다. 경험이 고통스럽거나 즐거운 것은 문제가 되지 않는다. 이 변화 방법에서는 지금 순간에 능동적으로 감응하는 데 에너지를 쏟는다. 고통이나 쾌락에 대해 작업하는 것이 결과를 염두에 두고 있는 목표 지향적 활동이라 할 수 있다면, 탐구 작업은 우리가 어떻게 목표 지향적이 아닌 상태에 더 나아지고, 역설적으로 변화를 위해 그것을 활용하는지 이해하게 해준다. 그저 있는 그대로의 정지 상태와 휴식하고 그 결과로서 나타나는 움직임의 방식이 쌍을 이룬다. 탐구를 이해하는 방법은 움직임 은유를 이용하는 것이다. 앞에서 본 것처럼, 움직임은 힘을 쓰는 것과 힘을 푸는 것 사이를 오가는 진동을 수반한다. 압력과 쾌락은 무언가를 향해 움직이려는, 혹은 그것에서 멀어지려는 내재적인 충동 때문에 변화를 이끄는 노력을 요구한다. 탐구에서는 노력을 놓는다. 우리가 이미 거기에 있기 때문이다. 바로 지금 여기에서, 몸이 움직일 때 몸에 대한 깊은 몰입에서 힘이 강화되는 느낌과 자기효능감이 생긴다.

탐구를 통한 변화를 이해하는 또 하나의 방식은 창의성에 관한 문헌을 살짝 들여다보는 것이다. 가장 좋은 방법 중 하나는 **몰입**flow[3]이라는 개념을 연구하는 것이다. 몰입은 한 사람이 창의적으로 존재하고 있는 상태를 묘사한다. 몰입은 바디풀니스, 특히 탐구와 함께 흥미로운 특성을 공유한다. 몰입 상태에서 자각은 행위와 하나가 된다. 그것은 '몰아沒我'의 상태다. 그 상태에서 우리는 생생히 깨어 있으면서도 지금 순간에 깊이 몰두해 있다. 몰입 상태에 들어가기 위해 우리는 당면한 과업에 예리하게 주의를 기울이고 우리의 능력을 약간 시험하는 행위를 수련해야 한다. 몰입 상태를 수양하기 위해서 그 상황이 요구하는 다층적인 연속체를 따라 오가며 진동하는 작업을 한다. 이 연속체에는 놀이에서 단련까지, 거리두기에서 애착하기까지, 상상력의 충만함에서 현실 지향까지, 외향성에서 내향성까지, 겸손에서 자부심까지, 그리고 저항성에서 보수성까지 등이 포함된다.

삶의 몇 단계에서 우리 뇌는 신경세포를 과잉생산하고, 쓰지

9장 변화와 몸

않는 신경세포는 소멸된다는 사실을 기억하라. 이럴 때가 변화가 일어나기 훨씬 더 쉬운 때다. 탐구, 특히 움직임 탐구와 연결된 몰입 상태에 들어감으로써 새로운 신경 경로를 키우고 유지하여 우리의 뇌-몸brain-body이 예술적인 목적뿐만 아니라 일상생활에서도 점점 더 창의적이게 되도록 기여할 가능성이 크다.

이것은 '여기에 있음으로써 저기로 갈 수 있다'라는 생각을 우리에게 가져다준다. 압력, 쾌락, 탐구는 모두 역설을 담고 있다. 변화는 다른 어디로 갈 수 있기 전에, 역설적으로 지금 여기의 존재 방식을 알아차리고, 친해지고, 관계 맺기를 요구하는 것 같다. 있는 그대로의 존재 방식이 우리의 근거다. 1996년 실비아 부어스타인Sylvia Boorstein은 『무언가 하려들지 말고, 그냥 거기 앉아 있으라Don't Just Do Something, Sit There』라는 명상 책을 썼다. 이 유쾌한 제목이 우리의 오래된 격언, "거기 가만히 앉아 있지 말고, 뭐라도 좀 해라"를 뒤로 밀어냈다. 하지만 만약 우리가 어느 하나를 던져버리고 반대쪽에만 가치를 둔다면 삶의 목표 지향적 순간과 과정 중심적 순간 사이를 오가는 멋진 진동을 놓치게 된다. 움직일 때마다 우리는 언제나 무엇을 향해 가고 다른 무엇에서 멀어진다. 변화에 대한 대답은 끌어당기는 힘이나 밀어내는 힘을 제거하고 움직임을 모두 멈추라는 것이 아니다. 대답은 모든 방향으로 몸이 충만하게 움직이는 것에 있다. 삶은 우리에게 어떻게 그냥 거기에 앉아 있고 또 어떻게 일어나며 무언가를 향하고 멀어지는 움직임을 알아차리기를 요구한다. 우리가 판단 없이 바로 지금 여기에서 감각하고 움직이고 호흡하고 관계 맺기 시작할 때 바디풀니스는 이 세 활동 각각에 스며든다. 이 알려진 위치는 우리 주변에 지도를 만들어 우리의 갈 길을 비추어준다. 그럼으로써 위치를 바꿀 필요가 있거나 바람직하거나 그것에 관심이 갈 때 우리의 길을 비추는 등불이 된다.

이 부분에서 되풀이되는 주제는 압력, 쾌락, 탐구 등 변화 과정에서 능동적 관여가 이루어진다는 점이다. 능동성은 변화가 긍정적이 되도록 우리를 최적의 영역에 계속 머물게 한다. 몇 년 전 카누로 급류타기를 배울 때 이 자명한 이치가 내 가슴에 뼈저리게 와닿았다. 다양한 노 젓기와 원리를 배우고 나서 우리는 작은 급류를 몇 개 지나갔다. 나는 카누가 가는 곳을 정확하게 통제하기 위해 노와 내 의지를 이용해서 아주, 아주 열심히 저었다. 문제는 그것이 통하지 않았고, 결국 나는 물에 빠졌고, 내 카누는 나를 두고 하류로 떠내려가고 있었다는 것이다. 나는 다시 시도해 더 세게 저었지만, 또 빠지고 말았다. 지치고 짜증이 났다. 그래서 나는 '아, 내가 너무 통제적이었구나!'라고 느끼며 힘을 풀고 흐름에 맡겨야겠다고 결심했다. 다시 급류를 지나갔고, 물살과 흐름이 나를 데리고 가도록 그냥 맡겼다. 그러나 결과는 마찬가지, 또 강에 빠졌고, 빈 카누는 나를 두고 하류로 떠내려가고 있었다. 흐름에 맡기려는 두 번째 시도에 실패한 뒤에, 나는 눈치 빠르게 강사가 어떻게 그 망할 급류를 타는지 관찰했다. 그는 지극히 능숙하게 지나갔다. 그는 노를 계속 젓지 않았지만, 딱 맞는 때에 물의 흐름과 협력하는 방식으로 노를 사용했다. 동시에 자기가 하류로 가면서 자리 잡는 데 노를 썼다. 그는 별로 물에 젖지 않고 카누 안에 있었다. 정말 놀라운 사실은 내가 참담해하는 동안 그는 즐기고 있었다는 점이다.

부정적인 변화는 늘 일어날 것이다. 카누를 아주 잘 타는 사람이라도 한바탕 수영을 할 때가 있다. 어떤 급류는 너무 거칠어서 안전하게 카누를 탈 수 없다. 능동적 관여를 통해 우리는 고통의 가능성을 줄이고 만족스러운 결과를 만들 가능성을 높이는 방식을 배운다. 그것은 변화 과정과 함께 작업할 수 있는 능력이다. 이 '함께 작업하기' 기술은 우리가 강과 강에 있는 우리의 위치에 고도의 주의를 기울일 때, 그리고 우리 몸을 카누의 몸체와 강의 몸에 연결 지을 때 발달한다. 우리는 연결되어 있다. 그렇기에 이 연결을 경험하고 그것과 함께 노를 저음으로써 우리는 만족스러운 성취감을 얻고 자신과 세계를 더 깊이 이해하게 된다.

우리는 이런 경험을 충분히 해보지 않았기 때문에 변화에 저항하는 경우가 종종 있다. 우리는 강을 피하라고 배웠거나 강에서 (지도가 부족했거나 격류에 빠진 것과 같은) 끔찍한 경험을 한 적이 있다. 비유를 바꿔 좀 더 심리학적인 렌즈를 사용하자면, 신체적·정서적·인지적 자원을 충분히 가지고 있지 않을 때는 변화 사건과 우리의 연결을 제대로 경험할 수 없다. 우리는 변화 사건들과의 연결을 유지할 수 없으며, 이로 말미암아 분리된다. 분리 상태에서 우리는 빨리 압도되어 그 사건에 능동적으로 관여할 수 없게 된다. 이 시나리오의 부정적인 결과는 너무 흔하게 일어날 것이고, 반면 긍정적인 결과는 요행을 바라는 수밖에 없을 것이다. 호흡하기, 움직이기, 감각하기, 관계 맺기가 바디풀니스의 핵심 원리를 이루는 이유는 그것들이 우리를 우리의 경험에 연결되어 있게 해주고 점점 더 도전적인 변화 경험에서 좀 더 나아질 수 있는 방법을 가르쳐주기 때문이다.

3부 바디풀니스의 적용과 실행

진전된 변화 - 새로움

무언가를 하는 것과 거기에 앉아 있는 것 사이를 오가는 것, 우리는 이 능동적 관여를 통해 변화를 다루는 방법을 배울 수 있다. 현재 상태를 상세히 확인하고 음미함으로써 이 수련은 시작된다. 이 기술은 그것만으로도 많은 변화 과정에 큰 도움이 될 수 있다. 확인하고 음미하는 이런 핵심 기술에서 성장하는 모든 것 역시 유용할 수 있는데, 그것이 바로 새로움에 대해 작업할 수 있는 능력이다. 변화가 단조로움의 부재로 정의될 수 있다는 것을 기억하는가? 단조로움이 없을 때 새로움이 나온다. 새로움은 우리가 새로운 상태로 들어갈 때 경험하는 것, 습관과 자동성의 바깥에 존재하는 것이다. 습관과 자동성이 우리의 생존과 행복에 필수적이지만, 그것들은 계획상에 없는 상상 밖의 미지의 것과 교체되지 않으면 제대로 작동하지 않는다. 창의적인 과정은 이런 탐험에서 나온다. 치료적 변화 또한 이 견해에 기초한다. (어떤 경우에는 수십 년간 반복적으로) 우리가 해온 방식이 더 이상 작동하지 않을 때 우리는 지금까지 해온 방식을 바꾸기 위해 도움을 구한다. 변화를 위해 우리는 새로운 경험이 필요하다. 그러나 그냥 새로운 변화가 아니라, 바디풀니스의 상태에서 생겨나는 새로운 경험이 필요하다.

일반적으로 우리는 새로움을 두려워한다. 새로움은 거의 항상 갈라진 틈을 거치기 때문이다. 우리는 낡은 정체성이나 낡은 행동방식을 내려놓고 미지의 것에 발을 들여놓아야 한다. 아마도 그래서 기성 종교들이 믿음에 호소하는 경향이 있는 듯하다. 믿음, 특히 타인과 공유된 믿음을 갖는 것이 이 틈을 넘어서는 데 도움이 되고 너무 큰 두려움이나 분리 없이, 때로는 심지어 호기심과 경외심으로 미지의 영역에 들어갈 수 있게 도와준다.

몸은 어떻게 믿음을 발견하고 유지하는가? 우리의 몸은 깨어서 그 벌어진 틈에 관여함으로써 그렇게 한다. 이것을 이해하려면 주의력과 목표 지향적 움직임, 그리고 과정 중심적 움직임의 관계를 다시 살펴보아야 한다. 믿음에서 바디풀니스의 구성요소는 주의력의 진동이며, 목표 지향적 행위와 과정 중심적 행위 사이를 오가는 진동이다. 변화의 급류 한가운데에서 우리의 주의력은 예리해지고, 그래서 주의가 우리 몸(공간에서 몸이 어떻게 위치하고 있는가)과 우리를 둘러싼 공간의 본질 사이를 움직인다. 이것이 바로 나의 카누 강사가 급류에서 했던 일이다. 그는 자기 몸, 그리고 카누와 몸의 관계를 느꼈고, 또 물, 바위, 강둑을 관찰했다. 그는 그것들 사이로 주의력을 왔다 갔다 진동시킴으로써 그것들을 서로 연결 지었다. 그 요소들을 상호작용하는 체계로 경험함으로써 그의 관여는 체계의 일부가 될 수 있었다. 그는 노를 약간 왼쪽으로 기대어놓은 채 계속해서 상황에 작고 빠르게 이리저리 반응했다. 그는 효과적인 행동을 발견했을 때는 작동하지 않던 행동을 즉각 버렸다. 변화 속을 항해하는 가운데, 우리는 목표 지향적 실험과 목표를 버리는 과정 사이를 오가는 진동으로 '강물을 밀어내기' 시작한다.

다음 부분에서는 압력, 쾌락, 탐구 연습으로 작업을 한 후에, 진지한 고급 변화 수련인 구피Goofy 수련을 다룰 것이다. 알다시피 구피는 월트 디즈니가 만든 만화 속의 개다. 구피는 크고 아주 서

툴고 시도 때도 없이 활기차며, 언제나 현재 일어나는 일 속에 코를 찔러 넣는다. 구피는 생각하거나 계획하지 않는다. 구피는 어리숙하지만, 생동감 있고 즐겁고 실험적이며, 자의식이라고는 없이 새로운 경험을 위해 산다. 우리는 구피의 몇 가지 특성을 새로움의 수련을 위한 영감으로 활용할 것이다. 이 기술의 연마에 대해 너무 틀에 매이지 않는 것이 중요하다. 그러면 이 수련이 단조로워질 것이다.

압력에 대한 수련

◎ **증상에 귀를 기울이기.** 시간과 공간을 마련하고, 먼저 처음 1~2분 동안 안팎으로 주의력을 왔다 갔다 진동하며 주의력의 근육을 깨우라. 이제 몸 내부 감각으로 주의를 돌려 작은 통증이나 불편한 곳이라고 할 만한 감각을 찾아보라. 심한 통증이나 감각이 올라올 수도 있는데, 만약 감당할 수 없다고 느껴지면 심한 통증은 선택하지 말라. 만약 작은 통증의 어떤 징후도 알아차려지지 않으면 보통하지 않는 부자연스러운 자세를 취해보라. 이렇게 하면 대개 작업할 수 있는 수축된 근육을 깨울 수 있다. '증상' 감각에 초점을 두는 것으로 시작해 그것을 판단하거나 설명하려 하지 말고 그저 관찰하라. 숨 쉬거나 약간 움직일 때 그것이 어떻게 되는지 그 감각의 미묘한 세부사항을 알아차리라. 감각을 없애려고 하지 말고, 있는 그대로를 들으라. 주의력을 가지고 돌보는 마음으로 감각을 돌아봄으로써 그 존재를 받아들이도록 작업하라. 명상하듯이 이 수련

과 함께 머물 수도 있고, 다음 실습으로 넘어갈 수도 있다.

◎ **증상에 목소리를 주기**. 판단하거나 분석하지 말고 감각에 귀 기울인 후에, 이 감각이 몸이 말하고 있는 일종의 비언어적 진술이라고 상상해 보라. 그것을 최대한 정확하게 표현하는 소리를 찾고 싶을 수도 있다. 그 감각이나 소리에서 이미지, 색깔, 다른 감각, 정서, 기억 등 어떤 연상이 떠오르는지 알아차리라. 원래의 감각과 함께 그런 연상에 여러분의 주의에 두고 있으라. 그 감각과 연상을 표현하는 단어가 떠오르는지 보고, 그 단어를 소리 내어 말하라. 만약 맞게 느껴지면 이 감각이 지금 어떻게 느껴지는지를 표현하는 단어 몇 개를 조합할 수 있는지 보라. 이 단어들 중 어떤 것이라도 분석, 판단, 설명, 또는 기각의 요소가 있으면 '잘못된 목소리를 찾은 것'으로 알고 다시 돌아가 감각과 연상을 그저 관찰하라. 우리는 우리의 인지적 자아가 그 통증에, 또는 그 통증에 관해 말하기보다 그 통증이 말하기를 원한다. 그 통증이 자기 용어로 말하기 시작할 때 우리는 종종 우리가 전에 알지 못했던 느낌, 속상했던 일, 기억에 다가갈 수 있다. 여러분이 그 목소리를 알아차린다면 여기서 멈출 수 있고, 또는 다음 수련으로 넘어갈 수도 있다.

◎ **목소리를 움직이기**. 이제 감각, 연상, 목소리에 물어보라. "이 느낌으로 어떻게 움직이고 싶어?" 소리와 말과 더불어 그 경험에 몸짓을 주라. 감각이 여러분을 어떻게 움직이고 싶어 하는지를 신뢰하라. 그러면 몸이 움츠러들거나, 턱을 악물거나, 일어나 팔짝팔짝 뛰고 싶을 수도 있다. 그 감각이 행동으로 굴러가도록 허용하되, 호흡하고 지속적으로 감각을 추적하며 정교하게 행동하라. 이런

움직임의 전개 과정을 흘러가는 대로 둠으로써 통증은 스스로를 전달할 수 있고, 여러분은 그 경험을 느낄 뿐만 아니라 이해할 수 있다. 흔히 이런 움직임은 소통되지 못한 우리 자신의 일부를 나타낸다. 자신의 일부를 가시화하고 몸적으로 정직하도록 허용하는 능력은 가능하게 '생각되지' 않던 해결책에 문을 열어줄 수 있다. 여러분은 여기서 쉴 수도, 멈출 수도, 혹은 다음 수련으로 넘어갈 수도 있다.

◎ **새로운 의미로 실험하기.** 우리가 경험에서 얻는 의미는 그 경험에 완전히 참여하고 난 후에 나타난다. 그렇지 않다면 실제로 일어나고 있는 일과 상관이 있을 수도 있고 없을 수도 있는 설명을 지어내고 있는 것뿐이다. 그래서 바디풀니스 수련에서는 움직임 전개 과정이 완결될 때까지는 의미 만들기를 보류한다. 우리는 탐험되지 않은 신선한 부분이 경험에서 나올 새로운 내러티브를 만들기 원한다. 따라서 위의 움직임 전개 과정이 이제 마무리되었다고 느껴지면(완전히 마무리되었다고 느끼려면 여러 움직임이 필요할 수도 있다), 그 후 몇 분 동안 다시 편안히 감각에 주의를 기울여 여러분의 몸이 지금 다르게 느끼는 방식을 알아차리라. 초점을 꿈꾸듯 흐리게 하여 의미를 찾으려 애쓰지 말라. 이 경험이 여러분에게 무엇을 의미하는지에 대한 감각이 천천히, 포괄적으로 드러나도록 놔두라. 경험에 대해 어떤 생각이든 나타나기 시작하면, 그 생각의 진위를 보지 말고 그것이 유용하다고 느껴지는 한, 작업이 가능한 하나의 내러티브로 보라. 그것을 글로 쓰고 싶을 수도 있다. 바디풀니스의 경험에서 어우러지는 이야기는 우리 내면의 지형과 그

외부의 위치가 맺는 관계의 지도다. 그렇게 그 이야기는 그 자체만의 영토가 아니라 우리가 생을 여행하는 내내 안내해 준다.

◎ **접촉하고 흘려보내기**. 불교 심리학에서 치료자들은 '접촉하고 흘려보내기touch and go'라는 기법을 사용한다. 치료자들은 내담자가 스스로 주의와 돌봄으로 고통스러운 상태를 접촉하고, 그다음에 고통에 관여하는 힘든 작업을 떠나서 쉬도록 함으로써 고통에 대해 작업하도록 안내한다. 이런 식으로 내담자는 노력하는 것과 압도됨을 피하는 것 사이를 오가며 진동한다. 다음에 어떤 고통을 경험할 때 이 오고 감에 관여하기를 시도해 보라. 할 일은 돌봄과 자비의 눈길로 쓰라린 느낌에 다정하게 접촉하고, 그 후에 주의를 다른 곳에 두는 것이다. 이는 주의력의 근육이 더 강하고 유능해지게 하는 수련에 큰 도움이 된다. ⊙

쾌락에 대한 수련

◎ **자연스러운 쾌락 찾기**. 얼마 동안 수련을 하고 싶은지 여러분 자신을 신뢰하며 이 실험을 위한 시간과 공간을 마련하라. 이런 자연스러운 쾌락을 견디고 즐길 수 있는 만큼만 이 수련을 지속하라. 잠시 주의력을 안팎으로 왔다 갔다 진동하면서 수련을 시작하라. 그다음에 즐거운 것, 이를테면 창문을 통해 빛이 들어오는 모습이나 기분 좋은 포만감 등 즐거운 것들의 안과 밖에 초점을 두기 시작하라. 여러분의 몸에서 좋은 느낌이 드는 부분과 방에서 여러분

을 기분 좋게 해주는 요소에 의도적으로 주의를 내려놓으라. 이것이 어떻게 되는지 알아차리라. 어려운가? 쉬운가? 그렇게 하고 나니 기분이 어떻게 바뀌는가? 이제 움직임을 더해보자. 몇 분 동안 긍정적이고 기분 좋게 느껴지는 방식으로 자기 몸을 만져보라. 아래팔을 부드럽게 두드리는 것, 두피를 긁는 것, 종아리를 문지르는 것, 좋은 느낌이 드는 것이라면 어떤 것이든 가능하다. 느낌 반응에 주의를 두어 기분 좋은 터치가 활성화되고 여러분이 그 좋은 감각을 정말로 흡수하게 하라. 어떤 연상이 떠오르는지 알아차리라. 이 단순하고 자연스러운 쾌락을 누리는 데 무엇이 제한하고 있는가? 무릎 뒤쪽이나 귓불 등 몸의 다양한 부분을 찾아 이 수련을 실험해 보라. 여기서 멈출 수도 있고, 다음 수련을 계속할 수도 있다.

◎ **놀기를 배우기**. 편안하게 느껴지는 자세를 찾으라. 설 수도, 앉을 수도, 누울 수도 있다. 다음 얼마 동안은 움직임에 전념해 즐겁거나 재미있게 느껴지는 방식으로 그냥 움직이라. 여러분은 이렇게 하는 것이 얼마나 힘든지를 깨닫고 놀랄지도 모른다. 아이들의 신체 놀이들이 떠오를 것이다. 즉흥적으로 폭발하듯 뛰어오르고 몸을 흔들고 꿈틀거리던 시절의 놀이 말이다. 어른으로서 우리는 어린아이처럼 움직일 수 있지만, 선택권이 더 많다. 그것은 느껴지는 그대로 팔을 천천히 아주 편안하게 뻗는 동작일 수도 있고, 음악에 맞춰 춤을 추는 것일 수도 있다. 그것은 웃기는 표정 짓기, 뒤틀린 자세 잡기, 돼지코 만들기처럼 여러분에게 그냥 즐겁게 느껴지는 움직임일 수 있다. 몇 분 동안 몸에 주의를 유지하면서(몸이 어떻게 느껴지는지, 어느 부분에서 느껴지는지, 다음에 무엇을 하고 싶어

하는지), 즉흥적으로 몸으로 놀아보라. 어떤 연상이 떠오르나? 마무리가 되었다고 느껴질 때 1~2분 동안 내부 감각을 추적하고 신체적·감정적으로 어떤 느낌이 드는지 알아차리라.

◎ **타인과 놀기를 배우기**. 이 실습은 여러분과 기꺼이 몸으로 함께 놀 놀이친구 한 명이 필요하지만, 두 명 이상에 맞게 조정할 수도 있다. 모두가 쉽고 안전하게 움직일 수 있도록 공간을 정리하라. 몇 가지 기본 규칙은 다음과 같다. 실습하는 동안 여러분을 신체 놀이 상황에서 벗어나게 하는 방식으로 대화하지 말라. 아예 말을 하지 않는 것이 가장 좋다. 접촉을 당하는 사람이 원치 않는 방식으로 접촉하지 말라. 놀이가 전개되는 방식에 대한 파트너의 한계를 존중하라(예를 들면, 어떤 사람은 레슬링을 하는 것을 좋아하지만, 어떤 사람은 싫어한다). 서로 마주보고 시작하라. 한쪽에서는 웃긴 얼굴 하기, 흔들기, 어깨 으쓱하기와 같은 즉흥적인 움직임을 한다. 다른 쪽은 감응한다. 같은 움직임일 필요가 없다. 몸의 충동이 원하는 대로 감응한다. 이렇게 움직임을 주고받는 작업을 계속할 수도 있고, 아니면 그것이 가고 싶어 하는 대로 가도록 그냥 놔둘 수도 있다. 방을 돌아다니거나 둘이 같이 춤을 추거나 재미 삼아 밀기를 할 수도 있다. 취지는 재미있게 노는 것, 타인의 놀이 신호를 읽고 배우는 것, 무엇이 재미있는지에 대한 자신의 한계와 타인의 한계에 대한 감을 얻는 것, 그리고 무엇이든 둘 모두를 즐겁게 해주는 것을 찾는 것이다. 그 후에 함께 그것에 대해 이야기해 보라. 관계적 놀이는 관계가 어떻게 작동하는지에 대해, 힘에 대해, 언제 재미가 위협적으로 느껴지는지에 대해 묻혀 있던 가정을 불러일으킬 수 있다. 그

저 서로의 이야기를 듣고 놀이 수련에 대해 서로 감사하라. ⊙

탐구를 위한 수련
〰〰〰〰〰〰〰〰〰〰〰〰〰〰〰〰〰〰〰〰〰

◎ **목표 지향적 움직임 줄이기**. 다음 수련들은 고급 수련으로 볼
수 있다. 사람들이 목적이 없는 것처럼 보이는 움직임을 찾고 그것
에 대해 작업하는 것에 익숙하지 않은 경향이 있기 때문이다. 즉흥
적인 놀이로 좋은 출발을 했는데, 이제는 유사한 창의적 충동을 탐
구 수련에 적용하고자 한다. 탐구 수련에서는 어떤 움직임이 보통
다음에 어디로 가는지를 내려놓고 고통과 쾌락 같은 특정 상태에
대해 작업하려는 목표에서 벗어난다. 전에 해본 간단한 실습으로
시작할 수 있다. 편안하게 앉아서 왼쪽 또는 오른쪽 아래팔과 손에
주의를 두라. 몇 분 동안 아래팔을 보는 것과 그것을 내면에서 감
각하는 것 사이에 주의를 왔다 갔다 진동하라. 이제 아래팔이 원하
는 방식으로 움직이기 시작하게 놔두라. 팔이 돌 수도 있고, 손목
도 그럴 수 있다. 손은 구부리거나 비틀 수도 있다. 여기서 요령은
움직임의 속도를 늦추어 여러분이 예측할 수 없는 방식으로 움직
이는 것이다. 예컨대, 손을 말아서 주먹이 되었다면 이어서 주먹을
뻗어서 더 길게 할 것이라고 예상하나? 여러분의 손을 보는 것과
느끼는 것 사이에 주의를 왔다 갔다 하며 여러분의 행동을 예측할
수 없는 놀이를 즐겨보라. 여러분은 여기서 멈추거나 다음 수련으
로 갈 수 있다.

◎ **비목표 지향적 움직임에 집중하기(움직임 탐구 수련).** 우리는 앞에서 프로이트가 자유연상이라는 개념을 개척했다고 언급했다. 자유연상에서는 무의식적인 생각과 느낌에 접근하기 위해 의미가 통할 필요 없이 돌아다니듯 말하는 일종의 즉흥적인 말을 한다. 이제 우리는 더 깊이 있게 신체적 자유연상으로 작업할 것이다. 움직일 수 있는 시간과 공간을 마련하고, 어떤 자세로든 여러분이 좋아하는 신체적 자기 돌봄을 함으로써 시작하라. 혹은 압력이나 쾌락 작업을 실습하는 것으로 시작할 수도 있다. 몇 분 뒤에, 몸이 고요해지게 놔두고, 여러분의 몸이 경험하고 있는 세세한 감각들에 편안하게 주의를 기울이라. 그것이 어떤 식으로 움직이고 싶은 충동이라고 생각될 때까지 기다리라. 그것은 미세한 움직임일 수도 있고 공간을 돌아다니며 움직이는 것일 수도 있다. 이 수련의 취지는 의지로 움직이려고 하지 않고 움직여지도록 풀어지는 것이다. 움직임 충동이 일어나지 않거나 혹은 목표 지향적 움직임과 비목표 지향적 움직임을 구분하기가 어렵다고 느낄지도 모른다. 걱정하지 말라. 연습하다 보면 이런 것들을 구분할 수 있을 것이다. 그저 여러분의 몸에 계속 주의를 두고, 아무 이유 없이 그저 그 자체가 움직이는 움직임을 상상하라. ◉

구피(Goofy) 수련

◎ **자기 자신을 엉뚱하고 즉흥적이게 놓아두라.** 구피 수련은 보통 장난스럽고 재미있게 느껴져 자연스러운 쾌락에 대한 포용력을 키

워준다. 구피는 천성이 놀이를 좋아한다. 하지만 이 수련은 압력과 탐구 영역에도 적용될 수 있다. 나타나는 것을 신뢰하라. 여러분의 몸이 어떻게 구피를 내보내는지를 신뢰하라. 자유롭게 움직일 수 있는 공간과 시간을 찾으라. 시작하는 가장 좋은 방법 중 하나는 엉뚱하게 느껴지는 이상한 자세를, 몸이 할 수 있는 어떤 자세든 취해보는 것이다. 여러분은 이런 자세를 공개적으로 하고 싶지 않을 것이다. 그것은 몸을 숙여 다리를 통해 뒤를 보는 것처럼 단순한 것일 수도 있고, 꽈배기 형태로 몸을 꼬는 것처럼 복잡한 것일 수도 있다. 또한 낯선 소리나 엉뚱해 보이는 얼굴 표정으로 실험할 수도 있다. 이 자세가 매우 고급의 명상 자세라고 가정한 채로 깨어서 그 자세에 머무르며 여러분이 경험하는 것을 속속들이 알아차리고 새로움을 즐겨보라. 이 실습을 확장해 그 자세에서 움직임을 취하고 같은 자세로 방을 돌아다니며 즐길 수도 있다. 일어나는 연상과 생각을 알아차리라. 그것을 인지하면 알아차리고 다시 실습으로 돌아오라.

◎ **함께 구피가 되기.** 구피 같은 다른 사람들과 함께 하는 이 실습은 그것을 하는 동안 파트너나 다른 사람들과 관계를 추가해 앞의 연습을 되풀이한다. 나타나는 관계 역동을 알아차리고, 언제 여러분의 주의가 실습에서 떠나가는지 알아차리라. 그것을 알아차리고 넘어가라. ⊙

10장   깨달은 몸

깨달음이란 까다로운 용어일 수 있다. 그것은 항상 온전히 깨어 있는(온전히 자각하고 주의를 기울이고 있어서 고통이 소멸된) 상태를 뜻한다. 동양의 지혜 전통에서는, 이 몸으로 있는 동안에도 시종일관 완전한 깨어 있음에 이르고 지속할 수 있다. 비록 소수만이 이런 상태를 이루었다고 알려졌지만 말이다. 그러나 동양의 지혜의 스승들 대부분은 우리가 깨달음의 순간에 드나들며 '이 몸으로' 있는 동안에 할 일은 깨어 있는 순간의 비율을 높이고 타인의 깨어 있는 상태를 지지하기 위해 노력하는 것이라고 설명한다. 그러나 완전히 깨닫고자 애를 쓰면 오히려 역효과가 날 수 있다. 이런 시도는 여러분을 현재 순간에서 데리고 나와 깨어남에서 멀어지게 할 수 있기 때문이다.

그러면 우리가 여기 〔몸으로〕 있는 동안 무엇을 할까? 우리의 비물질적인 부분은 죽음을 넘어 살아남는다고 믿든 안 믿든 관계

없이, 우리의 체화된 생의 임무는 자신과 이 세상에 있는 고통을 줄이고, 또한 우리의 행복과 타인의 행복을 촉진하는 의식적인 노력을 포함하는 듯하다. 우리는 바디풀니스를 이 임무를 이루기 위한 수단으로 보고, 개인적이고 사회문화적인 몸이 깨어 있는 상태 속으로 들어가고 나가는 사실적 방식과 은유적 방식으로 살펴보았다. 또한 우리는 언제나 우리의 자각의 바깥에 우리의 일부인, 협력할 수 있고 감사하게 여길 수 있는 생명의 맥동으로 움직이는 신체 영역이 있을 것임을 보았다. 우리는 훈련과 놀이 방식으로 몸의 경험에 도전하고 그 경험을 확장할 때 우리를 안내해 줄 수 있는 수련들을 다뤘다. 이런 생각과 수련의 결과로 우리는 바디풀니스 순간의 비율을 높일 수 있고, 그것으로 '빛을 밝혀 줄lightening up' 가능성이 있다. 우리는 더 행복할 수 있다. 우리 몸은 정말 말 그대로 더 행복해질 수 있고, 다른 몸들의 행복을 돕는 방식으로 행동할 수 있다.

오래전 〈스타 트렉: 더 넥스트 제너레이션〉 에피소드에서 피카드 함장은 대원들을 "거의 물로 찬 못생긴 주머니"라고 부르는 외계인 종족과 조우한다. 이는 인간에 대한 그들의 정의이며, 인간의 몸에 대한 풍자적 시각이다. 우리가 대부분이 물로 채워져 있다는 것은 기술적으로 사실이지만, 인간의 몸은 그 물로 놀라운 일을 한다. 바디풀니스에 대한 우리의 이해를 복습하는 차원에서, 물이 많은 우리 몸이 하는 일, 어떤 몸이든 있는 그대로, 더욱더 깨어 있고 행복하기 위해 우리가 이용할 수 있는 것을 살펴보자. 그 몸은 조상으로부터 주어지고, 양육자에게 양육되며, 스스로의 힘으로 지금 현재 생을 통해 움직이고 있다.

◎ **우리는 진동한다**. 우리는 극미의 몸에서 확장된 몸까지 다양한 몸의 연속체를 따라 끊임없이 움직인다. 바디풀니스는 우리에게서 깨어나 이런 신체, 정서, 인지, 주의의 연속체들에 더 의도적으로 관여하라고 요구한다. 그렇게 함으로써 우리는 민첩성과 능숙함을 점점 더 향상시켜 깨어 있는 상태의 안과 밖으로 항해한다. 연속체들을 따라 진동할 때, 우리는 사물들을 분리시켜 범주화하고 그 차이를 비평하는 데 관심이 줄어든다. 우리가 더욱더 의식적으로 정교하게 진동할 때, 우리의 행동 레퍼토리를 (신체적 레퍼토리에서 정서적 레퍼토리로, 나아가 사회적 레퍼토리로) 확장하고, 우리의 가동성, 즉 필요한 방향 어디로든 움직일 수 있는 운동 능력을 단련한다.

◎ **우리는 균형을 이룬다**. 우리는 대사적metabolic 정체성에서 사회문화적 정체성까지, 특정 설정점과 위치 위쪽이나 주변에서 평형을 유지한다. 이 균형 수련은 아마 몸이 정지 상태에 대해 작업하는 방식일 것이다. 정지 상태는 비교적 고요하지만 미세한 움직임을 끊임없이 조정한다.§ 이 수련의 운동성은 우리가 우리의 존재 감각에 매우 중요한 기준인 안정성과 (지금 여기) 우리의 현재 위치를 찾게 도와준다. 진동과 균형은 짝을 이루어 반투과적 경계와 유동적인 자기감을 만든다.

◎ **우리는 상호존재한다**inter-are. 우리는 몸의 내부로 시작해,

§   이 상태를 한마디로 동양 수련에서는 정중동靜中動이라고 표현한다.

우리 안에 있는 모든 것이 복합적이고 풍부한 몸의 노래를 창조해 내는 교향곡처럼 작동하기 때문에 서로 연결되어 있고 상호의존적인 그룹으로 이루어진 그물망으로 작동하는 것을 보았다. 우리는 이렇게 다른 유기체, 더 나아가 모든 존재와 연결되어 있고 상호의존하고 있다. 이 사실을 이해하면 우리 몸의 감각운동 및 내장변연계 피드백 순환 과정부터 우리 개인적인 몸 저 바깥에 떨어져 있는 체계까지, 피드백 순환 과정과 의식적 협력이 더욱더 가능해진다. 우리는 이 사실을 알고 이러한 실재와 관계를 맺음으로써 자신과 타자의 더 본능적인 차원의 연결감, 타인의 웰빙을 향한 더욱 활성화된 지향성, 그리고 모두와 바디풀니스로 관계 맺는 수단을 만들어낸다.

◎ **우리는 반복하고 변화한다**. 반복을 견디는 것들things, 말하자면 유기체의 건강과 웰빙에 기여하는 행위는 몸에 자동적인 행위로 프로그램되어 세포와 대사의 진동으로 의식의 자각 이면에서 작동한다. 고로 우리는 조상에게, 그리고 에너지 보존형 생존을 완벽하게 하려고 진화해야 했던 깊은 시대deep time§에 대해 감사를 느낄 수 있다. 체화의 중간 지대에서, 우리는 우리 주변 타자들의 행위는 물론 호흡, 심장박동수 등 반자동적인 움직임과 사건에 대해 제한된 영향력을 가지고 있다. 연속체의 반대쪽 끝에

---

§ '깊은 시대'는 지질학적 개념으로, '거주 가능한 지구 체계'의 시대를 가리킨다. 여기서는 지속 가능한 생존 차원의 생태학적 시대로 이해하면 좋을 듯하다.

서 우리는 실험하고 변화시키며, 삶이 우리의 길에 보내는 모든 것을 자연스럽게 즐긴다. 현재 우리가 통제권을 가지고 있지 않다는 것을 알아 이 진실에 대해 바디풀니스로 작업하면 작은 상처부터 무언가를 창조해 내는 것까지, 우리는 일어나는 일에 대해 다양한 수준의 통제력을 가지고 편안해질 수 있다. 이 연속체를 따라 우리의 위치를 의식적·의도적으로 찾음으로써, 변화가 우리를 덮쳐올 때 그것에 대처할 수 있다. 또한 의식의 관여 없이도 무엇을 할지 아는 움직임들의 능숙함을 음미할 수 있다. 그 움직임들은 근본적이며 함께 살아 있음을 나타낸다. 그리고 우리는 바디풀니스를 통해 우호적인 영향력을 활용함으로써 우리가 바꿀 수 있는 것이 변화하도록 스스로를 자극할 수 있다.

◎ **우리는 연상한다.** 우리 경험과 타인의 행동에 대한 설명보다는 연상을 통해 바디풀니스가 시작된다. 설명은 생생한 경험의 힘과 의미가 다소 왜곡되는 방식으로 사건을 상자에 가두는 경향이 있다. 연상은 우리 몸의 감각과 느낌에서 상향식으로 일어난다. 연상은 우리에게 더 이상 도움이 되지 않아 묻혀 있던 의미를 드러내주고, 어떤 것에 대해 우리가 진정으로 어떻게 느끼는지를 알려준다. 연상은 과도한 생각에 저항한다. 우리는 이런 몸 기반 신호에 귀를 기울여야만 우리의 경험을 '이해할make sense' 수 있고, 생각과 조화를 이루어 우리 자신과 세계의 유용한 모델을 구축할 수 있다. 이렇게 우리는 신체적 통합과 행동적 통합이 다 일어나게 할 수 있다. 우리가 사려 깊은 성찰과 섞이면서 느껴진 경험의 지혜로 작업할 때, 전체성의 경험을 만들어낸다. 이것은 우리의

3부 바디풀니스의 적용과 실행

몸과 타인의 몸의 온전함을 보존하는 것을 뜻하는 전체성wholeness
과 비슷하다.

◎ **우리는 호흡하고, 움직이고, 감각하고, 관계 맺는다.** 바디
풀니스는 충만한 몸으로 살기 위해 우리의 주의와 목적을 필요로
하는 현재진행형 행위, 네 개의 수련 기둥에 기초한다. 지속적인
수련으로써 우리가 의식적으로 호흡할 때 우리는 자신의 에너지
수준과 신진대사, 그리고 정서를 다루는 몸에 밴 기제들에 서서
히 영향을 미친다. 내면의 미세한 움직임과 동조되거나 정서가
드러나고 활기차게 노는 수단으로 의도적 움직임이 일어날 때 우
리는 삶에서 생동감을 느끼는 능력, 타인과 의미 있게 소통하는
능력, 창의적이 되는 능력, 아름다운 활동가가 되는 능력을 단련
한다. 특히 움직임을 통해 우리는 습관에서 새로움까지 연속체를
따라 실험하고 이 넓게 펼쳐진 연속체상의 다양한 지점에서 각각
의 사용 능력을 학습한다. 우리가 움직이며 자신을 감각하고 내
부와 외부, 그리고 경계에 있는 미묘한 목소리에 주의를 기울일
때 우리는 '있는 그대로what is'에 대한 최상의 실용적인 정보를 얻
고, 우리의 감각 필터를 무의식적 편견의 표류에서 자유롭게 해
주는 방식으로 주의력의 근육을 단련한다. 그리하여 우리는 있는
그대로의 순간에 좀 더 초점을 맞춘 렌즈를 통해, 호흡하기, 감각
하기, 움직이기를 하면서 다른 사람들과 온전히 접촉하는 관계를
맺는다. 그렇게 우리는 상호 간의, 반투과적 자아를 기리는 방식
으로 다른 사람들과 가까워지고 멀어지며 사랑스럽게 춤출 수 있
게 된다.

◎ **우리는 놀이한다.** 놀이는 신경가소성, 치유, 사회성, 신체성, 자연스럽고 능동적인 쾌락 등과 연결되어 있기에 바디풀니스 수련의 시작점이고 가장 오래 지속되는 방법 중 하나다. 놀이는 현재의 상황에 도전하고 긍정적인 상태를 통해 변화에 영향을 미친다. 여기서 놀이가 호흡하기, 움직이기, 감각하기, 관계 맺기에서 일어나야 한다는 점이 중요하다. 그 안에서 놀이는 즐거움을 느끼고자 하는 몸의 자연스러운 경향으로 만들어질 수 있다. 놀이는 (옆으로 재주넘기, 팀 동료에게 공 던져주기, 기타로 즉흥 연주하기 등 어떤 것이든) 창의적인 행위를 통해 깊은 치유력을 보여준다.

◎ **우리는 자신의 이야기를 만든다.** 우리는 자신의 몸 이야기를 찾아 표현하고 타인의 신체 내러티브에 주의를 기울임으로써 인간과 인간 이외의 존재의 애환에 대한 증인이 될 수 있다. 몸 이야기의 전체 전개 과정이 완결되면 그것이 더 편안하게 느껴지고, 반복적인 강박이 아닌 의미 있는 기억으로 자리 잡는다. 우리가 자신이나 타인의 트라우마, 억압, 방임에 대한 몸 이야기에 주의를 기울일 때 우리의 움직이는 몸은 회복과 보상을 위한 힘으로 작용해 일종의 실천주의로 발전한다. 우리가 상호적으로 구성된 신체 내러티브 속에서 함께 움직일 때 우리는 슬픔, 분노, 기쁨, 혹은 환희로, 타인과 연결되어 있음을 깨닫는다. 바디풀니스는 더 깨어 있는 성찰적 방식으로 신체 기억을 말하고, 다시 말하고, 재조정한다. 이렇게 우리는 계속 진행 중인 이야기를 통해 우리 자신의 다중적이고 변할 수 있는 정체성을 직접 경험하고 음미한다.

◎ **우리는 수련한다.** 바디풀니스는 본질적으로 쉽게 접근할 수 있고 체계적 수련을 통해 갈고닦는 작업으로 볼 수 있다. 신체 단련과 마찬가지로 관조적 피트니스는 몸의 경험에 주의를 기울이고, 관계를 맺고, 알아차리고, 통합하는 자율형 행동과 습관적 행동 모두를 통해 일어난다. 바디풀니스의 전조로서 피트니스의 개념은 우리 몸의 권위를 통해 해석될 수 있어, 땀나는 운동뿐만 아니라 고통스러운 감각이나 유쾌한 감각에 대한 다정한 어루만짐과 관심도 포함한다. 몸에 관한 한, 그 사용 패턴들에 따라 많은 후속 경험이 구조화된다. 이는 근육은 물론 심장과 뇌에도 딱 들어맞는다. 좋은 소식은 바디풀니스 수련이 직접적인 수단과 간접적인 수단을 통해 몸의 경험을 원상태로 돌리고, 다시 실행하고, 보강한다는 점이다. 거기에는 바디풀니스를 이루기 위해 구비해야 할 미리 포장된 수련 체계라고는 없다. 우리 몸을 깨우는 데 활용될 수 있는 수많은 다양한 전통에서 나온 매우 훌륭한 수련법들이 이미 존재한다. 우리는 그런 수련법을 지혜롭게 조절해 사용할 수도 있고, 아니면 다른 수련법을 스스로 만들 수도 있다.

우리는 새로운 단어 하나를 만드는 실험을 했다. 그 단어를 사용함으로써 바로 지금 여기서 우리 자신이 누구인지에 대해 과소평가되고 미발달된 본질을 중심에 두었다. 우리는 주의, 자각, 현재 중심성 등 마인드풀니스와 오랫동안 연결되어 온 인간의 능력이 실제로 몸에 뿌리를 두고 있고 몸의 움직임이 없이는 일어날 수 없음을 보았다. 방석에 앉거나 무릎을 꿇고 기도하는 것이 건강상의 이득과 관조적 통찰에 여러모로 도움이 되지만, 우리가 삶의 현장으로 항해하려면 그 방석, 바닥, 또는 신도석에서 일어나 호흡하고, 움직이고, 감각하고, 관계 맺는 몸이 필요하다. 행위 없는 성찰로는 아무것도 변화하지 않는다. 왜냐하면 관조적 내적 경험과 관조적 외적 행위의 피드백 순환 과정은 우리가 그대로 계속해 나가기를, 그리고 우리의 몸이 말 그대로 깨어 있는 상태를 몸으로 실현하는 전개 과정에서 계속 실현해 나가기를 요구하기 때문이다. 그럴 때여야만 깨달음이 세상에서 진정한 빛, 안팎을 다 비추는 빛이 된다.

이제 여러분은 자신의 바디풀니스를 어떻게 찾고 수련할 것인가? 바디풀니스 수련은 상향식 과정에 뿌리를 두고 있기 때문에, 전문가에게서 미리 포장되어 여러분에게 전수되기보다는 여러분 자신의 산 경험lived experience의 권위에서 발달한다. 여러분의 몸은 스스로 어떻게 깨어나는지 알고 있다. 여러분은 몸의 신호에 주의를 기울이고, 떠오르는 연상을 적극적으로 포함시키며, 완성해야 하는 신체 기억과 움직이고, 현재 순간의 움직임 탐구가 여러분의 방향을 알려주도록 허용하기만 하면 된다. 여기서부터 여러분은 생각만이 아니라 신체 능력도 가지고 일상생활 속으로 나아간다. 이는 벅찬 과업일 수 있지만, 그 결과는 대단히 멋질 수 있다. 도전의 결과로 만족감과 완결감과 성취감이 생길 때 이런 노력의 결과로 행복이 자체적으로 자라난다.

우리는 수련 대가들을 연구하고 그들과 신의를 나눔으로써 스스로의 경험을 축적하고 자신을 위한 수련법을 만들 수 있다. 그러나 우리 몸의 온전함과 권위를 신뢰한다면 우리는 어디에서든 유래할 수 있는 억압, 독재, 힘의 남용에 훨씬 더 잘 맞설 수 있게 된다. 현재의 지정학적 환경에서 이 기술의 필요성은 점점 더 커질 것이다. 바디풀니스는 우리 내면의 경험에서는 물론, 외부 세계에서도 정직하게 앉아 있다. 우리 대다수에게 외부 세계는 몸이 어떻게 경험되는지보다는 몸이 어떻게 보이는지를 평가하는 경향이 있다. 외부 세계는 몸을 상품화하고 길들이고 무시하고 부끄럽게 한다. 바디풀니스는 이런 기세들에 저항한다. 바디풀니스는 능동적인 생명을 낳고, 이 실천주의는 여러 창의적이고 기여하는 형태를 취할 수 있다. 여러분이 가장 잘 알고 있다.

본질적으로 바디풀니스는 관조적 수련이다. 그러나 우리가 여러 번 보았듯이, 관조와 행동은 상호존재한다. 수련은 전문화된, 흔히 성스러운 환경에서 이루어질 수 있고 그래야 하지만, 바디풀니스는 우리가 의도를 가지고 행하는 자율형 수련법들과 함께 매일의 삶 속에 깊이 새겨진 습관적 경험에서 자신의 집을 찾는다. 아마 '새김수련embeded practice'이 바디풀니스의 또 다른 괜찮은 유의어일 것이다. 손을 뻗어 아이를 안는 움직임, 배고픈 상황을 달래며 식사를 기다리는 자세, 곤란한 낯선 사람을 보는 눈길, 본능적인 느낌의 자각, 행복한 순간 속으로 숨을 들이키는 방식 등 이러한 경험은 모두 몸성을 충만하게 만드는 바디풀니스가 될 수 있다. 우리는 이 호흡 동안, 이 감각을 느끼는 동안, 이 작은 움직임을 알아차리는 동안 지금 바로 수련함으로써 바디풀니스의 상태에 다가갈 수 있다. 바로 지금. 바로 여기에서.

10장 깨달은 몸

◎ 책을 되돌아보면서 여러분이 좋아하는 수련 하나를 골라 다시 시도해 보라. 어떤 변화가 일어났는지 알아차리라. 무엇 때문에 이 수련이 좋은가? 그다음에는 좀 어려웠거나 이상한 것 같은 수련을 하나 골라 그것을 다시 해보라. 어떤 연상이 일어나는지 알아차리되 판단하거나 분석하지 말고 주의력을 가지고 연상을 품으라. 무엇 때문에 이 수련이 어려운가?

◎ 이 책에서 수련 하나를 골라 실험 삼아 개조해 보라. 여러분이 바꾼 것이 그 수련을 어떤 방향으로 데리고 가는지, 그리고 그 다른 방향이 어떻게 느껴지는지 보라.

◎ 다른 사람에게 배웠던 신체 운동이나 수련 중에 여러분에게 도움이 되었던 것 하나를 기억하라. 스트레칭, 자세 잡기, 연속 동작, 감각 수련, 뭐든 좋다. 바디풀니스의 상태로 여겨지는 방식으로 그 수련이 어떤지 알아차리라.

◎ 여러분 자신의 몸의 권위를 사용해 자유롭게 여러분 고유의 바디풀니스 수련법을 하나 만들어보라. 그리고 그것이 여러분을 신체적으로, 정서적으로, 정신적으로 어디로 데리고 가는지 알아차리라. 기록하고 싶으면 해도 좋고, 시간이 지나면 조금 혹은 대폭 수정해서 그것을 완성해 보라. 즐기라! ◉

부록

A. 신체기관과 기능
B. 신체계통과 기능
C. 감각의 유형

신체기관과 기능

기관은 각자 분명한 형태와 기능을 가지고 있는 구조물이며, 두 종류 또는 그 이상의 조직으로 구성된다.

기관	기관의 기능	기관의 위치
뇌	신경계의 통제 센터	두개골 안
폐	혈류에 산소 공급, 이산화탄소 배출	흉강 안
간	혈액 내용물 처리: 지방 분해, 요소 생성, 유해 물질 여과, 혈당 수준 유지	복강 우측, 횡격막 아래
방광	소변 저장 및 배출	골반강
신장	노폐물과 과도한 체액 배출을 통해 몸의 화학적 균형 유지	복강 뒤, 척추 양쪽에 하나씩
심장	혈관으로 혈액 공급	흉강
위	음식을 묽은 액체로 분해시키는 위액을 분비하여 음식을 소화	복강 안, 횡격막 아래에 가로로 누워 있음
장	소장: 대부분의 소화된 음식물 흡수 대장: 수분 흡수, 고형 노폐물 배설	위와 항문 사이: 작은 부분과 큰 부분으로 구분

신체계통과 기능

계통은 공통된 기능을 가지는 기관들의 조합으로 구성된다.

계통	관련된 구조	계통의 기능
순환계	열, 혈액, 혈관, 동맥, 정맥	몸 전체에 혈액, 영양소, 산소, 이산화탄소, 호르몬 전달
소화계	입, 식도, 위, 쓸개, 소장, 대장, 직장, 항문	음식물 분해·흡수, 노폐물 제거
내분비계	뇌하수체, 갑상선, 부갑상선, 흉선, 부신, 췌장, 난소, 고환	혈액으로 호르몬 분비해 신체기능 조절(대사, 성장, 성 기능)
면역계	림프절, 비장, 골수, 림프구(B 세포, T 세포), 백혈구	박테리아, 바이러스, 병원균 방어
림프계	림프절, 림프샘, 림프관	림프 생성·운반, 과도한 림프 제거하고 혈액으로 돌려보냄
신경계	중추 신경계: 뇌, 척수 말초 신경계: 신경	수의·불수의 운동 제어, 몸 전체 부위로 신호를 보내고 받음
근육계	근육(골격근, 민무늬근, 심근)	움직임 보조, 자세·혈류 지지
생식계	질, 자궁, 난소, 음경, 고환	생식(생식세포 생성과 운반, 신생아 영양 공급)

☞ 다음 쪽으로 이어짐

계통	관련된 구조	계통의 기능
골격계	뼈, 힘줄, 인대, 연골, 치아	움직임 지지, 칼슘과 혈액 세포 저장, 기관 보호, 자세 유지
외피계	피부, 모발, 손톱	외부 세계로부터 보호, 체온 조절, 노폐물(땀) 제거, 비타민D 합성, 촉각, 탈수 예방
비뇨기계	신장, 요관, 방광, 괄약근, 요도	노폐물(요소) 제거, 혈압과 혈액량, 전해질 평형 조절을 도움, 산염기 항상성 조절
호흡기계	기관, 횡격막, 폐	산소 흡입, 이산화탄소 배출, 공기 진동을 통해 소리 생성, 후각 보조

부록 C   감각의 유형

    감각은 전문적으로 감각신경의 전기화학적 흥분과 뇌에 의한 입력 자극의 등록으로 정의될 수 있다. 뇌에 의한 이 감각의 처리와 분류 과정을 흔히 **지각**이라고 한다.

    감각을 분류하는 몇 가지 다른 방식이 있다. 대개 감각신경세포는 물리적 형태, 몸에 위치한 장소, 수행하는 특화된 기능에 따라 분류된다. 감각을 분류하는 방법 중 하나는 어떤 유형의 자극에 반응하는가에 의한 것이다. 예를 들면 다음과 같다.

◎ **화학수용기**chemoreceptors는 화학물질의 존재를 감지한다.

◎ **온도수용기**thermoreceptors는 온도의 변화를 감지한다.

◎ **기계적 감각 수용기**mechanoreceptors는 기계적 힘(움직임, 긴장, 압력)을 감지한다.

◎ **광수용기**photoreceptors는 빛을 감지한다.

◎ **통각수용기**nociceptors는 조직에 가해지는 손상이나 위협을 감지하고 통증 반응을 일으킨다.

◎ **압수용기**baroreceptors는 혈관 내 압력 수준을 감지한다.

대부분의 종種이 감각 신경세포 중 많은 유형을 공유하지만, 동물 종마다 서로 다른 유형의 감각 신경세포를 가지고 있는 경우도 있다. 예를 들면, 어떤 동물은 적외선을 알아볼 수 있는 수용기를 가지고 있다. 인간에게는 그것이 없기 때문에 우리는 그런 종류의 자극을 알아챌 수 없다. 다른 종들은 특정 수용기의 양이 다르다. 개의 후각은 우리보다 뛰어나고, 독수리는 더 예리한 시각을 가지고 있다. 여기서 생각해 볼 수 있는 바는 우리가 감각하는 것보다 세계는 훨씬 더 크다는 것이다.

모든 다른 유형의 감각신경세포를 감안할 때, 일반적인 원리에 따라 그것들을 함께 모으는 것이 유익하다. 다음 목록은 감각을 분류하려는 현재의 노력을 나타낸다.

◎ **고유수용감각**proprioception은 움직임, 신체 위치, 균형, 공간에서의 지향에 관한 감각이다. 운동감각kinesthesia이라는 용어가 고유수용감각과 서로 교체 사용되어 왔지만, 운동감각이라는 용어는 몸 움직임에 더 중점을 두고 균형에는 덜 두는 경향이 있다. 고유수용감각을 위한 감각신경세포는 내이內耳 안쪽과 몸의 다양한 관절 주변에 자리한다. 이 감각을 통해 우리는 외부 세계와의 관계, 우리의 위치와 한 신체부위에서 다른 부위까지의 위치를 읽을 수 있다. 이 감각은 데굴데굴 구를 때, 거꾸로 매달릴 때, 재주넘기를 할 때, 그리고 보통 놀이할 때 자극된다. 고유수용감각을 잘 사용하는 능력은 주의를 집중하고 유지하는 능력과 상관관계가 있다.

◎ **외수용감각**exteroception은 외부 세계로부터 자극을 선택하는

코, 눈, 귀, 피부에 있는 감지기다. 외수용감각은 몸의 표면이나 그 주변에 위치하는 경향이 있다. 감각 처리 장애가 있는 사람(자폐증 등)은 '보통' 수준의 소리, 빛, 신체 접촉을 압도적인 것으로 경험하는 등 신경세포가 작동하는 방식에 문제가 있는 경향이 있다. 어떤 이들은 현대 과학기술 생활이 이 감각을 지나치게 강조해 근본적으로 우리의 균형을 깨뜨렸다고 믿기도 한다.

◎ **내수용감각**interoception은 우리 내부 세계에 관한 자료를 수집하는 감각이다. 배고픔, 갈증, 성적 각성, 덥거나 추운 느낌, 그리고 메스꺼움, 졸림, 호흡, 심장박동 같은 좀 더 전반적인 느낌이 그 예가 될 것이다. 내부 감각을 추적하는 능력은 우리의 정서와 그에 따른 정서 지능을 추적하고 이해하는 능력과 상관관계가 있다.

우리는 흔히 내수용감각을 **신체 자각**body awareness과 동일시하는데, 고유수용감각과 심지어 외수용감각도 신체 자각을 이해하는 데 포함되어야 한다. 있는 그대로의 자기감은 움직임이나 행동(감각운동 고리)에다 이 세 유형의 감각이 조합되어 나온다. 그렇기 때문에 이 책에서는 바디풀니스의 필수 요소로서 다양한 유형의 행동과 협력해 다양한 유형의 감각 균형을 맞추는 수련을 강조한다.

주석

들어가며   **왜 바디풀니스인가**

1 일본 간사이대학의 스가무라 겐지晉村玄二는 2006년과 2007년에 두 개의 다른 컨퍼런스에서 이 용어를 사용했다. 그와 비슷한 시기에 나는 교실에서 이 용어를 비공식적으로 사용하기 시작했다.

2 Yuasa Yasuo, *The Body: Toward an Eastern Mind-Body Theory* (New York: SUNY Press, 1987).

3 18~19세기 유물론은 산업혁명 동안 일어난 기계화, 그리고 우리가 동물의 한 유형이라고, 즉 다른 생물체와 별개가 아니라고 한 다윈의 가르침에 큰 영향을 받았다.

4 Marika Tiggemann, "Media Influences on Body Image Development," in Thomas F. Cash and Thomas Pruzinsky(eds.), *Body Image: A Handbook of Theory, Research, and Clinical Practice* (New York: Guilford Press, 2002).

2장   **바디풀니스의 해부학**

1 다음을 참조하라. Martha Eddy, *Mindful Movement: The Evolution of the Somatic Arts and Conscious Action* (Chicago: Intellect Press, 2016).

3장   감각하기

1 운동감각kinesthesia은 어떤 경우에는 고유수용감각proprioception이라는 용어와 동일시된다. 고유수용감각이라는 용어는 균형감각을 포함함으로써 운동감각과 구분되기도 한다.

2 우리 몸에는 여러 종류의 근육이 있다. 예컨대, 심장은 근육이지만 뼈와 붙어 있지 않다. 또한 내장에서 일어나는 근육 작용도 있다. 이런 근육을 민무늬근이라 한다.

3 A. Jean Ayres, *Sensory Integration and Learning Disorders* (Los Angeles, CA: Western Psychological Services, 1973).

4장   호흡하기

1 지구 궤도에 다다른 직후에 폭발 사고로 우주비행사의 공기 공급 장치에서 이산화탄소를 제거하는 기계가 고장 났다. 이산화탄소가 많은 그들의 날숨은 곧 생명을 위협하는 가스 불균형을 일으켰다. 그들은 우주선 캡슐에서 찾은 물체로 새로운 이산화탄소 제거 장치를 만들어 그 문제를 용감하게 해결했다.

2 나는 이 실습의 한 형태를 히맛 카우르 빅토리아Himmat Kaur Victoria와 공저로 처음 출판했다. "Breathwork in Body Psychotherapy: Clinical Applications," *Body, Movement, and Dance in Psychotherapy*, 8(4) (April 2013), pp.216~228, https://doi.org/10.1080/17432979.2013. 828657.

3 나는 움직임 교육과 바디워크의 한 가지 방식인 애스턴 패터닝Aston-Patterning의 개발자 주디스 애스턴Judith Aston에게서 서로 가까이 기대는 갈비뼈의 이미지를 배웠다. www.astonkinetics.com을 참조하라.

5장   움직이기

1 움직임 교육 체계의 하나인 바디 마인드 센터링Body-Mind Centering은 반사 운동뿐만 아니라 기본적인 움직임들에 많은 주의를 기울인다. 만약 당신

이 이 길을 계속 공부하고 싶다면 나는 이 체계를 추천할 것이다. www.
bodymindcentering.com을 참조하라.

2 구조적 홀딩과 기능적 홀딩은 애스턴 패터닝의 개발자 주디스 애스턴이
대중화한 용어다.

6장   관계 맺기

1 이 연구는 티퍼니 필드Tiffany Field의 *Touch* (Cambridge, MA: MIT Press,
2003)에서 찾아볼 수 있다.

2 부모에 대한 정의 중 내가 가장 좋아하는 것은 앨런 쇼어Allan N. Shore가 그의
독창적인 책 *Affect Regulation and the Origins of the Self* (Mahwah,
NJ: Lawrence Erlbaum Associates, 1994)에서 제시한 정의다. 그는 부모
를 "외부의 정신생물학적 조절자external psychobiological regulators"라고 한다.
부모는 아이들이 신체적·정서적·정신적으로 자기 스스로를 감당할 수 있을
때까지 외부에서 자녀를 조절한다.

3 Mark L. Knapp and Judith A. Hall, *Nonverbal Communication in
Human Interaction* (Belmont, CA: Thomson Higher Education, 2006).

4 이런 긍정적인 조절은 우리가 덜 조절되고 덜 건강해지는 쪽으로 사람들
과 서로 영향을 주고받는 외상 유대trauma bonding라고 하는, 부정적인 조율
과 애착을 형성할 수 있다는 증거와 대조된다. 그렇기 때문에 우리에게는
조율에 관여하는 기술뿐만 아니라 조율을 끊는 기술도 필요하다.

5 만약 정좌 명상을 한 번도 해본 적이 없다면 직접 경험을 관찰하도록 그저
마음을 고요하게 하는 작업을 하는 것이 가장 좋을 것이다. 당신이 생각하
고 있는 것을 알아차릴 때마다 그저 '생각'이라고 이름 붙이고, 당신의 직
접 경험을 말없이 관찰하는 것으로 되돌아가라.

7장   몸 정체성, 몸의 권위, 바디풀니스 이야기

1 Hubert J. M. Hermans, "The Dialogical Self: Toward a Theory of
Personal and Cultural Positioning." *Culture and Psychology*, 7(3)
(2001), p.248.

2   이 실습은 오센틱 무브먼트Authentic Movement라는 무용치료 방식에서 많은
    영감을 받았다. authenticmovementcommunity.org를 참고하라.

8장   몸의 방기와 몸의 복권

1   Frank Newport, "In U.S., 42% Believe Creationist View of Human
    Origins," Gallup, news.gallup.com/poll/170822/believe-credentialist
    -view-human-origins.aspx.
2   Max Weisbuch and Kristin Pauker, "The Nonverbal Transmission of
    Inter-group Bias: A Model of Bias Contagion with Implications for
    Social Policy," *Social Issues and Policy Review*, 5(1)(December
    2011), pp.257~291.
3   두 저자 모두 크리스틴 콜드웰Christine Caldwell과 베넷 레이턴Bennett Leighton의
    편저인 *Oppression and the Body: Roots, Resistance, and Resolutions*
    (Berkeley, CA: North Atlantic Books, 2018)에서 찾을 수 있다.
4   당신은 무의식적인 형태의 편견을 검사하기 위해 개발된 내재적 연관 검
    사IAT를 확인해 보고 싶을지도 모른다. 이 검사는 온라인 검사이고, 비밀
    이 보장되며, 시간이 오래 걸리지 않는다. 검색엔진에 이 용어를 입력하면
    찾을 수 있다. 몇 가지 검사는 몸에 대한 우리의 무의식적 가정과 관련이
    있음을 인지하라.
5   Martin Luther King Jr., "Where Do We Go From Here?"(Sermon, Ⅱth
    Annual Southern Christian Leadership Conference, Atlanta, GA,
    August 16, 1967).
6   같은 글.
7   같은 글. 같은 설교에서 마틴 루서 킹은 힘이 없는 사랑은 감상적이고 무
    기력하며, 사랑이 없는 힘은 무모하고 폭력적이라고 말했다.

9장   변화와 몸

1   다음 유명한 네 가지 치료법이 이러한 표현에 적합하다. 변증법적 행동치료
    dialectical behavioral therapy, 마인드풀니스 기반 스트레스 완화Mindfulness-

based stress reduction, 마인드풀니스 기반 인지치료Mindfulness-based cognitive therpy, 수용전념치료Acceptance and commitment therapy.

2 연구는 경도와 중등도 사이의 우울증에 운동과 사회적 지지가 해로운 부작용보다는 유익한 효과를 보이며 항우울제만큼 효과적임을 보여준다.

3 '몰입flow'은 시카고대학 교수이자 연구자인 미하이 칙센트미하이Mihaly Csikszentmihalyi에 의해 알려진 용어다.

추가 주석 및 참고자료

이 부분에서는 이 책에서 언급된 자료의 출판 정보와 추가 자료 및 참고문 헌을 제공하고, 여기서 다룬 몇 가지 개념에 대해 좀 더 구체적인 내용을 간략하게 설명한다. 각 장과 장 안의 주제에 따라 정리했다. [한국어판이 있는 것에는 번역된 제목과 간단한 서지정보를 덧붙였다.]

들어가며　　　　　　왜 바디풀니스인가

- 마인드풀니스는 면역 기능을 향상시키고 스트레스를 완화한다 ☞ Ruth A. Baer, James Carmody, and Matthew Hunsinger, "Weekly Change in Mindfulness and Perceived Stress in s Mindfulness-Based Stress Reduction Program," *Journal of Clinical Psychology*, 68(7)(July 2012), pp.755~765, doi:10.1002/jclp.21865.
- 마인드풀니스는 주의 집중 장애를 줄인다 ☞ Jan M. Burg, Oliver T. Wolf, and Johannes Michalak, "Mindfulness as Self-Regulated Attention: Associations with Heart Rate Variability," *Swiss Journal of Psychology*, 71(3)(January 2012), pp.135~139.
- 마인드풀니스는 정신적·정서적 질환을 완화한다 ☞ Philippe R. Goldin and James J. Gross, "Effects of Mindfulness-Based Stress Reduction (MBSR) on Emotion Regulation in Social Anxiety Disorder," *Emotion*, 10(1)(February 2010), pp.83~91; Sheryl M. Green and Peter J. Bieling, "Expanding the Scope of Mindfulness-Based Cognitive Ther-

apy: Evidence for Effectiveness in a Hetero-geneous Psychiatric Sample," *Cognitive and Behavioral Practice*, 19(1)(2012), pp.174~180, doi:10.1016/j. cbpra.2100.02.006.

- 고양된 신체 자각 ☞ Thomas Hanna, *Somatics: Reawakening the Mind's control of Movement, Flexibility, and Health* (New York: Addison-Wesley Company, 1988); Thomas Hanna, *The Body of Life* (New York: Alfred A.Knopf, 1979); Don Hanlon Johnson, *Body, Spirit and Democracy* (Berkeley: North Atlantic Books, 1994).

- 신체감각 body sense ☞ Alan Fogel, *The Psychophysiology of Self-Awareness: Rediscovering the Lost Art of Body Sense* (New York: W.W. Norton, 2009)

- 몸미학 somaesthetics ☞ Richard Shusterman, *Body Consciousness: A Philosophy of mindfulness and Somaesthetics* (New York: Cambridge University Press, 2008).

- 체화인지와 행위인지 embodied and enactive cognition ☞ Shaun Gallagher, "Phenomenology and Embodied Cognition," in Lawrence Shapiro (ed.), *The Routledge Handbook of Embodied Cognition* (London: Routledge, 2014), pp.9~18.

- 말없이 공유된 상호주관적인 관계 맺기와 앎 ☞ Diana Fosha, *The Trans-forming Power of Affect: A Model for Accelerated Change* (New York: Basic Books, 2002); Daniel N. Stern. *The Present Moment in Psychotherapy and Everyday Life* (New York: W.W. Norton, 2004).

- 몸에서 몸으로 치유의 전달 ☞ Margaret Wilkinson, *Changing Minds in Therapy: Emotion, Attachment, Trauma, and Neurobiology* (New York: W.W. Norton, 2010)

- 자기 몸의 윤곽이 보일 때 부정적 감정 반응 ☞ Linda Jackson, "Physical Attractiveness: A Sociocultural Perspective," in Thomas F. Cash and Thomas Pruzinsky(ed.), *Body Image: A Handbook of Theory, Re-search, and Clinical Practice* (New York: Guilford Press, 2002), pp.13~21.

- 유물론 ☞ John Kaag, *American Philosophy: A Love Story* (New York: Farrar, Straus and Giroux, 2016).

- 마인드풀니스 기반 스트레스 완화 MBSR ☞ 1980년 중반부터 존 카밧진

(Kabat-Zin, 1985) 등 연구자와 임상가들은 마인드풀니스 명상이 신체 통증, 부정적 신체상, 기분 장애, 불안, 우울을 감소시킬 뿐만 아니라 자존감을 향상시킨다는 것을 임상 실험을 통해 발견했다. 카밧진 등은 그 실습이 배우기에 저렴하고 자기관찰과 자기책임을 강조하며 참가자의 자기 통제하에 활용되기 때문에 통찰과 자아 가치가 강화된 것으로 추측했다. 다수의 다른 연구에서는 MBSR가 인지 처리와 정서 처리에 모두 긍정적인 효과를 일으킨다는 것을 발견했다(Ramel et al., 2004).

- **몸-마음 연구**body-mind research ☞ 심신 의학 혹은 심신 치료와 관련한 연구를 검토해 보면, 명상 연구에서 나타난 통증의 감소, 불안과 우울의 감소, ADHD 증상의 개선이 그대로 나오는 경향이 있다.

1장   바디풀니스의 여덟 가지 핵심 원리

- **물리학, 물질, 에너지, 진동** ☞ 기초 물리학을 이해하려고 시도하는 것이 벅찰 수 있지만 다행히 그 문제에 대한(그리고 물질에 대한) 훌륭한 대중서가 많으며, 훌륭한 유튜브 영상도 몇 편 있다. 다음의 유튜브 강연을 추천한다. Brian Greene, Neil Turok, Lawrence Krauss, Sean Carroll, Michio Kaku, Brian Cox, Frank Wilczek. 우주론과 물리학에 대중이 아주 흥미롭게 접근할 수 있게 하는 데 전문적인 사람들이다. 만약 과학을 정말 파고들고 싶다면, 다음의 책을 추천한다. Carlo Rovelli, *Seven Brief Lessons on Physics* (New York: Riverhead Books, 2016)[『모든 순간의 물리학』, 김현주 옮김(쌤앤파커스, 2016)]; Steven Weinberg, *To Explain the World: The Discovery of Modern Science* (New York: Harper Perennial, 2016).
- **몸의 모든 세포에 있는 마음, 그리고 세포 조절로서의 감정** ☞ Candace B. Pert, *Molecules of Emotion: The Science Behind Mind-Body Medicine* (New York: Touchstone, 1999).
- **주의 혹은 집중** ☞ 고전적 교재: B. Alan Wallace, *The Attention Revolution: Unlocking the Power of the Focused Mind* (Boston: Wisdon Publications, 2006). 또 다른 고전적 교재: Arthur J. Deikman, *The Observing Self: Mysticism and Psychotherapy* (Boston: Beacon Press, 1983).

- **현존성**presentness ☞ Daniel N. Stern, *The Present Moment in Psychotherapy and Everyday Life* (New York: W.W. Norton, 2004). 또한 권의 탁월한 교재로, 특히 뇌에 관해 읽고 싶다면 다음을 보라. Daniel J. Siegel, *The Mindful Brain: Reflection and Attunement in the Cultivation of Well-Being* (New York: W.W. Norton Publishers, 2007)〔『마인드풀 브레인: 소통과 조율을 위한 똑똑한 뇌 만들기』, 백양숙·김지선 옮김(메타포커스, 2019)〕.

- **신경가소성**neuroplasticity ☞ 신경가소성에 관해 살펴보고 싶다면 Norman Doidge, *The Brain That Changes Itself* (New York: Penguin, 2007)〔한국어판: 『기적을 부르는 뇌: 뇌가소성 혁명이 일구어낸 인간 승리의 기록들』, 김미선 옮김(지호, 2008)〕를 추천한다. 읽기 쉽고 흥미로운 책이다.

- **움직임 자각과 교육** ☞ 에너지 보존과 대조적인 경험을 통해 문제가 있는 신체 습관을 변화시키는 과정으로 작업하는 데 좋은 움직임 교육 체계가 많이 있다. 그중 하나가 펠든크라이스Feldenkrais 기법이다. 이는 유용한 움직임을 선택하고 피로와 스트레스를 일으킬 수 있는 '기생하는' 근육 수축을 억제하는 것을 가르치는 움직임 교육 체계다. 오래된 움직임을 억제하거나 선택하기 위해서는 먼저 오래된 움직임을 감지해야 한다. 만약 다양한 움직임 교육 체계 대한 감을 얻고 싶다면 다음 웹사이트가 유용할 것이다. https://ISMETA.org

- **무의식적인 감정 처리** ☞ 우리가 알아차리기 전에 이미 느끼고 있는 감정에 대해: 이는 저명한 연구자 벤저민 리벳Benjamin Libet(1999)이 처음 발견했다. 그는 사람들이 뇌가 행동할 준비를 한 후 그 행동의 운동 행위 전에 행동할 의도를 알아차리게 되는 것을 발견했다. 우리는 행동을 거부할 수 있지만, 우리의 행동 의도는 우리가 알아차리기 전에 뇌에서 만들어진다. 즉, 우리는 우리가 느끼는 것을 통제할 수는 없지만, 느낌의 결과로 어떻게 행동할지는 통제할 수 있다. 우리가 오랜 시간 느낀 것을 변화시키는 유일한 방법은 쓸모없는 생각, 신념, 기억과 함께 감정을 담고 있는 낡은 도식에 도전하는 작업을 하는 것이다. 그러는 동안에 우리가 경험하고 있는 느낌에 대한 움직임 반응을 선택하거나 억제하기 위해 몸의 의식적인 단련법을 사용하는 것이 중요하다.

- **레브 비고츠키**Lev Vygotsky**와 근접 발달 영역** ☞ 인간 발달에 대한 대부분의 책은 물론, 교육사에 관한 자료에서도 레브 비고츠키를 언급하겠지만, 구글에서 이름을 검색해 가볍게 읽어보는 것이 좋을 것이다. 그는 교사가

학생이 이해하기 위해 스스로 올라갈 수 있는 개념적 구조를 만들어주는 지지 체계인 '비계scaffolding'에 대해 처음 이야기한 사람 중 한 명이다. 비계는 학생들에게 그냥 강의하고 학생들은 수동적으로 정보를 흡수하는 것과 대조된다.

2장   바디풀니스의 해부학

- **줄기세포**stem cells ☞ 줄기세포에 대해 더 알고 싶다면, 유튜브에 이 놀라운 세포와 세포의 많은 과정을 설명하고 극적으로 보여주는 훌륭한 짧은 영상들이 있다. 검색엔진에 이 용어를 입력해 보라.

- **세포 죽음**cell death ☞ 세포 죽음, 그리고 유기체의 죽음과 세포 죽음과의 관계에 대해 더 알고 싶다면, Sherwin B. Nuland, *How We Die* (New York: Vintage, 1995)[『사람은 어떻게 죽음을 맞이하는가』, 명희진 옮김 (세종서적, 2010)]를 보라. 이 책은 몸이 세포 수준부터 죽음의 과정을 어떻게 항해해 가는지 이해를 돕는 우아하고 시적인 책이다.

- **상호존재**interbeing ☞ 상호존재는 선불교 스승 틱낫한에 의해 알려진 용어다. 그는 이 주제에 대해 폭넓게 집필했는데, 이 영향력 있는 용어에 대한 가장 적합한 참고문헌은 아마 이 책들일 것이다. *Being Peace* (Berkeley: Parallax Press, 2005)[『틱낫한의 평화로움』, 류시화 옮김(열림원, 2002)], *Peace Is Every Step: The Path of Mindfulness in Everyday Life* (New York: Bantam, 1992)[『이른아침 나를 기억하라』, 서보경 옮김(지혜의 나무, 2003)]; *The Miracle of Mindfulness* (Boston: Beacon Press, 1999) [『틱낫한 명상』, 이현주 옮김(불광출판사, 2013)].

- **스트레스** ☞ 스트레스, 생체적응, 그리고 몸의 다양한 증상에 미치는 스트레스의 영향에 관한 아주 훌륭한 필독서가 있다. Robert M. Sapolsky, *Why Zebra's Don't Get Ulcers*, 3rd ed.(New York: Henry Holt, 2004). 스트레스에 대한 이해를 높여준 또 다른 연구자는 내분비학자 한스 셀리에Hans Selye다. 그는 일반적응증후군general adaptation syndrome의 개념을 개발했고, '스트레스stress', '긍정적 스트레스eustress', '부정적 스트레스distress'라는 용어를 창안했다. 더 공부하고 싶으면 한스 셀리에를 찾아보라. 다음은 그의 가장 유명한 책 두 권이다. *The Stress of Life*, 2nd ed.(New York: McGraw-Hill, 1978); *Stress without Distress* (New

York: Signet, 1975).

- **다미주 이론**polyvagal theory ☞ Stephen W. Porges의 다미주 이론은 흥미롭고 유용하다. 그의 책 『다미주 이론Polyvagal Theory』은 해부학과 신경과학에 관한 사전 지식이 있는 사람들을 위해 쓴 것이다. 그러나 포켓 가이드는 더 이해하기 쉽다고 홍보되었다. *The Pocket Guide to the Polyvagal Theory: The Transformative Power of Feeling Safe* (New York: W. W. Norton, 2017). 다미주 이론에 대해 더 배우고자 한다면 위키피디아나 구글에서 찾아보는 것이 가장 좋은 방법일 것이다. 그런 설명이 이해하기 더 쉽다.

- **해부학적 구조** ☞ 다음의 책들은 신체의 해부학적 구조를 탐험하고 신체 내부와 신체가 하고 있는 것에 대한 미묘한 자각을 기르는 좋은 명상 실습을 담고 있다. Jeffrey Maitland, *Spacious Body: Explorations in Somatic Ontology* (Berkeley: North Atlantic Books, 1994); Richard Lowe and Stefan Laeng-Gilliatt(ed.), *Reclaiming Vitality and Presence: Sensory Awareness as a Practice for Life* (Bberkeley: North Atlantic Books, 2007); Andrea Olsen, *Body Stories: A Guide to Experiential Anatomy* (Lebanon, NH: University Press of New England, 2004); Deane Juhan, *Job's Body: A Handbook for Body-work* (Barrytown, NY: Station Hill Press, 2003)[『바디워크: 수기치료에 대한 새로운 관점』, 송미연 옮김(군자출판사, 2010)]; Kathrin Stauffer, *Anatomy and Physiology for Psychotherapists: Connecting Body and Soul* (New York: W.W. Norton, 2010).

- **자발적 움직임 밑에 있는 자동적인 움직임** ☞ 이 원리에 대한 최고의 저작 중에 일부는 바디 마인드 센터링Body-Mind Centering에서 나왔다. 여기에 두 권의 고전이 있다. Linda Hartley, *Wisdom of the Body Moving: An Introduction to Body-Mind Centering* (Berkeley: North Atlantic Books, 1995); Bonnie Bainbridge Cohen, *Sensing, Feeling, and Action: The Experiential Anatomy of Body-Mind Centering* (Toronto: Contact Editions, 1994).

- **감각 자각** ☞ 감각적 민감성에 대해 작업하는 데 활용할 수 있는 좋은 몸 수련법이 많다. 그중 상대적으로 잘 알려진 몇 가지 수련법으로는 유진 겐들린Eugene T. Gendlin이 개발한 포커싱Focusing, 샬럿 셀버Charlotte Selver가 개발한 감각 자각sensory awareness, 매리언 로즌Marion Rosen이 개발한 로즌 메소드Rosen Method, 토머스 해나Thomas Hanna가 개발한 소마틱스somatics 가 있다.

- **내수용감각과 정서 지능** ☞ 이 분야의 연구는 안토니오 다마시오Antonio Damasio와 조셉 르두Jeseph LeDoux가 개척했고, 휴고 크리츨리Hugo Critchley 가 뒤를 이었다. Hugo D. Critchley, Stephan Wiens, Pia Rotshtein, Arne Öhman, and Raymond J. Dolan, "Neural Systems Supporting Interoceptive Awareness)," *Nature Neuroscience*, 7(2)(February 2004), pp.189~195 참조. 더 쉽게 이해할 수 있는 글로는 내수용감각을 정서 지능이라고 생각하는 다음 글이 있다. Sandra Blackesless and Matthew Blackeslee, "Where Mind and Body Meet," *Scientific American Mind*, 18(4)(August/September 2007), pp.44~51, www.scientificamerican.com/article/where-mind-and-body-meet.

- **신체 자각과 감각의 유형** ☞ 이 주제에 대한 학술적 논의를 위해, 탁월한 개관인 다음 자료를 참고하라. Wolf E. Mehling, Virajini Gopisetty, Jennifer Daubenmier, Synthia J. Price, Frederick M. Jecht, Anita Stewart, "Body Awareness: Construct and Self-Report Measures," *PLoS ONE*, 4(5)(2009), pp.35614, doi:10.1371/journal.pon3.0005614. 예를 들면, 멜링은 "확산된 감정 기반의 과민 상태는 부적응적인 반면에, 신체 감각의 정확한 세부사항과 '구체적인 몸의 모니터링'과 현재 순간의 특징에 대한 감각적 식별은 적응적인 것 같다"라고 말한다.

- **감각적 풍부함** ☞ 풍부한 감각적 삶을 옹호하는 사랑스러운 고전적 저서 가 몇 권 있다. 가장 멋진 세 권을 추천한다. Morris Berman, *Coming to Our Senses: Body and Spirit in the Hidden History of the West* (New York: Bantam, 1989); David Abram, *The Spell of the Sensuous* (New York: Vintage, 1997); Diane Ackerman, *A Natural History of the Senses* (New York: Vintage, 1991)[『감각의 박물학』, 백미영 옮김(작가 정신, 2004)].

- **감각 처리 장애** ☞ 감각 처리 장애는 흔히 감각 통합sensory integration 이라는 용어 아래서 논의된다. 감각 통합 작업은 종종 물리치료와 작업치료 요법의 범주에 들어간다. 특히 아동을 치료할 때 그렇다. 감각 통합에 관해 읽어볼 만한 고전적인 책은 다음과 같다. Carol Stock Kranowitz, *The Out-of-Sync Child Has Fun* (New York: Tarcherperigree, 2006), A. Jean Ayers, *Sensory Integration and Learning Disorders* (Los Angeles: Western Psychological Services, 1973).

- **감각 처리** ☞ 감각 자각과 처리에 대한 학술적인 접근을 위해서는 Alan Fogel, *The Psychophysiology of Self-Awareness: Rediscovering the Lost Art of Body Sense* (New York: W.W. Norton, 2009) 또는 *Body Sense: The Science and Practice of Embodied Self-Awareness* (New York: W.W. Norton, 2003)를 추천한다.

- **직관** ☞ 《의식 연구 The Journal of Consciousness Studies》는 직관에 관한 글을 정기적으로 발행한다. 이 학술지의 한 저자는 난해하지만 명쾌한 글을 썼는데, 그 글을 추천한다. Claire Petitmengin-Peugeot, "The Intuitive Experience," *The Journal of Consciousness Studies*, 6(2~3)(1999), pp.43~77.

4장   호흡하기

- **호흡하기의 신체적·심리적 이점** ☞ 히맛 카우르 빅토리아와 나는 치료적 호흡하기의 이론과 실제에 대한 평론을 제공하고자 글 두 편을 썼다. Christine Caldwell and Himmat K. Victoria, "Breathwork in Body Psychotherapy: Towards a More Unified Theory and Practice," *Movement and Dance in Psychotherapy*, 6(2)(2011), pp.89~101; Himmat K. Victoria and Christine Caldwell, "Breathwork in Body Psychotherapy II: Clinical Application," *Movement and Dance in Psychotherapy*, 8(4)(2013), pp.2016~2028.

- **호흡 생리학** ☞ Joseph Grimaldi with Robert Fried, *The Psychology and Physiology of Breathing: In Behavioral Medicine, Clinical Psychology and Psychiatry* (New York: Plenum Press, 1993).

- **호흡 해부학** ☞ Blandine Calais-Germain, *Anatomy of Breathing*

(Seattle: Eastland Press, 2006)〔『호흡 작용의 해부학』, 김민호 옮김(영
문출판사, 2009)〕.

- **호흡과 감정** ☞ Susana Block, Madeleine Lemeignan, and Nancy
Aquilera, "Specific Respiratory Patterns Distinguish among Human
Basic Emotions," *International Journal of Psychophysiology*, II(2)
(August 1991), pp.141~154; Frans Boiten, "The Effects of Emotional
Behaviour on Components of the Respiratory Cycle," *Biological Psy-
chology*, 49(1~2)(September 1998), pp.29~51; Christopher Gilbert,
"Emotional Sources of Dysfunctional Breathing," *Journal of Body-
work and Movement Therapies*, 2(4)(October 1998), pp.224~330.

- **호흡 장애** ☞ Leon Chaitow, Dinah Bradley, and Christopher Gilbert,
Multidisciplinary Approaches to Breathing Pattern Disorders (London:
harcourt, 2002).

- **좋은 호흡하기 수련** ☞ Donna Farhi, *The Breathing Book: Good
Health and Vitality through Essential Breath Work* (New York:
Henry Holt, 1996); Gay Hendricks, *Conscious Breathing: Breath-
work for Health, Stress Release, and Personal Mastery* (New York:
Bantam Books, 1995); Gay Hendricks and Kathlyn Hendricks,
Radiance: Breathwork, Movement & Body-Centered Psychotherapy
(Berkeley: Wingbow Press, 1991); Ilse Middendorf and Jureg
Roffler, "The Breathing Self: The Experience of Breath as an Art to
Healing Yourself," *International Journal of Yoga Therapy*, 5(1)
(1994), pp.13~18.

- **호흡과 영성** ☞ Peter Levine and Ian Macnaughton, "Breath and
Consciousness: Reconsidering the Viability of Breathwork in Psycho-
logical and Spiritual Interventions in Human Development," in Ian
Macnaughton(ed.), *Body, Breath, and Consciousness: A Somatic
Anthology: A Collection of Articles on Family Systems, Self Psy-
chology, the Bodydynamics Model of Somatic Developmental Psy-
chology, Shock, Trauma, and Breathwork* (Berkeley: North Atlantic
Books, 2004), pp.367~394.

- **노인의 낙상과 인지** ☞ 오리건 뇌 노화 연구팀(피터 웨인Peter Wayne, 하버드 의과대학)은 노인의 낙상과 인지 손상 사이에 상관관계가 있고, 그 둘 사이의 연결 고리가 자세 조절이라는 것을 발견했다. 그들은 또한 걷는 방식을 통해 인지력 감퇴를 진단할 수 있다는 것을 입증했다. 자세 조절 능력을 향상시키면 낙상의 위험을 줄이고 인지력 감퇴를 늦출 수 있다. 한 가지 제안은 인지적인 일을 하는 동안 균형을 자극하는 것이었다.

- **움직임의 해부학적 구조** ☞ Blandine Calais-Germain, *Anatomy of Movement* (Seattle: Eastland Press, 2007).

- **주의와 움직임** ☞ UC 버클리의 데이비드 클라크David Clark 박사는 주의력 결핍 과잉 행동 장애ADHD를 연구했는데, 역시 움직임과 인지 사이의 연결 고리를 발견했다. 오랫동안 인지 장애로 간주되었던 ADHD는 운동 문제와 관련이 있는 것으로 드러났다. 특히 이 연구는 ADHD를 가지고 있는 사람이 움직일 때 꼭 필요하지 않은 행위를 억제하는 데 어려움이 있다는 점을 발견했다.

- **동물과 인간의 놀이와 놀이 치료** ☞ 이 분야에서 내가 좋아하는 작가 중 한 명은 나의 친구인 마크 베코프Marc Bekoff다. 이 분야에 관한 그의 출판물은 너무나 많지만, 나는 다음 책을 가장 좋아한다. Marc Bekoff and John Bybers(eds.), *Animal Play; Evolutionary, Comparative and Ecological Perspectives* (Cambridge, UK: Cambridge University Press, 1998). 다른 고전으로는 다음 저서들이 있다. Diane Ackerman, *Deep Play* (New York: vintage, 2000); Robert M. Fagan, *Animal Play Behavior* (Oxford, UK: Oxford University Press, 1981); Charles Schaefer(ed.), *Foundations of Play Therapy* (Hoboken, NJ: John-Wiley, 2003)[『놀이치료의 기초』, 김은정 옮김(시그마프레스, 2006)]; Peter K. Smith(ed.), *Play in Animals and Humans* (Hoboken, NJ: Blackwell, 1986).

- **모터 플랜, 반사, 기본적인 움직임** ☞ 보니 베인브리지 코언Bonnie Bainbridge Cohen의 작업인 바디 마인드 센터링Body-Mind Centering은 유아기의 필수적인 움직임에 대해 이해하는 데 큰 기여를 했다. 그것에 관한 두 권의 고전이 2장의 추가 주석에 나열되어 있다. 여기 또 한 권을 소개한다. Susan Aposhyan, *Natural Intelligence: Body-Mind Integration and*

Human Development (Baltimore, MD: Williams & Wilkins, 1999).

- **트라우마 기반 심리치료에서 움직임** ☞ 트라우마 중심 신체 심리치료 기법인 감각운동 심리치료Sensorimotor psychotherapy가 적극 권장된다. 이에 관한 훌륭한 저서 두 권은 다음과 같다. Pat Ogden, Kekuni Minton, and Clare Pain, *Trauma and the Body: A Sensorimotor Approach to Psychotherapy* (New York: W.W. Norton, 2006)[『트라우마와 몸』, 김명권 옮김(학지사, 2019)]; Pat Ogden and Janina Fisher, *Sensorimotor Psychotherapy: Interventions for Trauma and Attachment* (New York: W.W. Norton, 2015). 다음 책들도 추천한다. Peter Levine, *Waking the Tiger: Healing Trauma* (Berkeley: North Atlantic Books, 1997); Babette Rothschild, *The Body Remembers: The Psychophysiology of Trauma and Trauma Treatment* (New York: W.W. Norton, 2000)[『내 인생을 힘들게 하는 트라우마』, 김좌준 옮김(소울메이트, 2013)].

- **움직임과 유아기 발달** ☞ 이 분야 최고의 책 중 하나는 이 얇은 책이다. Ruella Frank and Frances La Barre, *The First Year and the Rest of Your Life: Movement, Development, and Psychotherapeutic Change* (New York: Routledge, 2011).

- **비언어적 의사소통**NVC ☞ NVC에 대한 초기의, 그리고 불후의 고전 중 하나로 Nancy Henley, *Body Politics: Power, Sex, and Nonverbal Communication* (Upper Saddle River, NJ: Prentice Hall, 1986)를 보라. 이 분야의 보다 학술적인 저서로는 다음의 두 권이 있다. Mark L. Knapp and Judith A. Hall, *Nonverbal Communication in Human Interaction* (Belmont, CA: Thomson Higher Education, 2006); John O'Neill, *The Communicative Body: Studies in Communicative Philosophy, Politics, and Sociology* (Evanston, IL: Northwestern University Press, 1989).

- **자세와 심리 상태** ☞ 일부 분야의 연구는 몸 중심 치료 또는 건강 및 웰빙과 매우 관련이 있는(혹은 그것이 부족한) 상태에 좀 더 직접적으로 초점을 둔다. 예를 들면, 자세 조절 문제가 양극성 장애의 우연한 증상이 아니라 '핵심 특징'일지도 모른다는 것이 상정되어 왔다. 인디애나대학 연구진은 변화하는 감각 입력에 적응하는 구체적인 문제가 이 정신 장애의 핵심에 위치할 수 있다고 추측한다(Amanda Bolbecker et al., *Postural Control in*

Bipolar Disorder: Increased Sway Area and Decreased Dynamical Complexity, https://doi.org/10.1371/journal.pone.0019824). 이는 조현병을 감각 통합 문제와 상관관계가 있다고 보는 다양한 조현병 이론과 잘 들어맞는다. 또 하나의 좋은 글을 소개한다. Richard E. Petty, Pablo Brinol, and Benjamin Wagner, "Body Posture Effects on Self-Evaluation: A Self-Validation Approach," *European Journal of Social Psychology*, 39(6)(2009), pp.1053~1064.

- **점진적 이완** ☞ 대부분의 대중적인 이완 서적에는 에드먼드 제이콥슨 Edmund Jacobson의 이완 작업의 한 버전이 있을 것이다. 점진적 이완 실습을 안내하는 당신의 목소리를 녹음하는 것이 유용할지도 모른다. 신체 긴장도의 기능으로서 정서 처리와 결부시킨 제이콥슨의 원작은 다음과 같다. *Biology of Emotions: New Understanding Derived from Biological Multidisciplinary Investigation; First Electrophysiological Measure-ments* (Springfield, IL: Charles C. Thomas, 1967).

- **걷기 명상** ☞ 명상에 관한 많은 책들이 이 탁월한 수련법을 다룰 것이다. 걷기 명상을 중심화한 것으로 유명한 틱낫한은 이 주제에 대해 몇 권의 책을 썼는데, 이 작은 책이 그중 하나다. *Walking Meditation: Peace is Every Step. It Turns the Endless Path to Joy* (Boulder, CO: Sounds Ture, 2006)[『틱낫한의 걷기명상』, 이은정 옮김(웅진씽크빅, 2007)].

6장   관계 맺기

- **어릴 적 양육자와의 상호작용** ☞ M. Bullowa, "When Infant and Adult Communicate How Do They Synchronize Their Behaviors?" in Adam Kendon, Richard M. Harris, and Mary Key(ed.), *Organization of Behavior in Face-to-Face Interaction* (Chicago: Aldine Publishing Company, 1975).

- **'외부의 정신생물학적 조절자'로서의 부모** ☞ Allan N. Schore, *Affect Regulation and the Origin of the Self: The Neurobiology of Emotional Development* (Mahwah, NJ: Lawrence Erlbaum Associates, 1994).

- **놀이 행동** ☞ 관조적 놀이 단계에 대한 의견을 위해 성인 집단 놀이 치료에 관한 나의 글을 참고하라. Christine Caldwell, "Adult Group Play

Therapy," in Charles E. Schaefer(ed.), *Play Therapy with Adults* (Hoboken, NJ: John Wiley and Sons, 2003), pp.301~316.

- **오래 지속되는 신체적 경향성** ☞ 이 주제에 대한 훌륭한 논의를 여기서 찾을 수 있다. Pat Ogden, Kenuni Minton, and Clare Pain, *Trauma and the Body: A Sensorimotor Approach to Psychotherapy* (New York: W.W. Norton, 2006).

- **신체 경계와 테두리, 방어** ☞ 우리의 테두리와 한계에 대한 감각과 관련이 있는 신체 경계에 대한 생각은 1950년대와 1960년대에 신체상 연구와 함께 시작되었다. 그것을 위해 시모어 피셔Seymour Fisher와 시드니 클리블랜드Sidney E. Cleveland의 연구를 살펴보라. 좀 더 최근에 이 생각은 다양한 신체 심리치료자들이 이어받았는데, 스탠리 킬먼Stanley Keleman, 그리고 잭 리 로젠버그Jack Lee Rosenberg와 마저리 랜드Marjorie Rand가 가장 두드러진다.

- **터치** ☞ 티퍼니 필드Tiffany Field 박사는 터치에 대해 연구해 왔다. 그녀는 플로리다대학에서 경력의 많은 시간을 터치의 박탈이 유아, 특히 입원한 유아에게 미치는 영향을 연구하며 보냈다.

- **신체 조율과 공동조절** ☞ 이 생각들은 대다수 심리치료자와 발달심리학자에 의해 연구되어 왔다. 바로 앞서 '외부의 정신생물학적 조절자로서의 부모'에서 인용했던 앨런 쇼어Allan N. Schore는 아마 유아와 아동과의 공동조절에 관한 연구 문헌에서 가장 폭넓게 인용되었을 것이다. 성인을 위한 책 가운데 최고의 저서 중 하나는 심리치료자 데이비드 월린David J. Wallin의 *Attachment in Psychotherapy* (New York: Guilford Press, 2007) [『애착과 심리치료』, 김진숙 외 옮김(학지사, 2010)]이다.

7장   몸 정체성, 몸의 권위, 바디풀니스 이야기

- **내러티브 정체성** ☞ 만약 당신이 매우 학술적이라고 느낀다면, 내러티브 정체성에 관한 훌륭한 글 세 편을 소개한다. Dan P. McAdams, Ruthellen Josselson, and Amia Lieblich(eds.), *Identity and Story: Creating Self in Narrative* (Washington, DC: American Psychological Association, 2006); Hubert J.M. Hermans, "The Dialogical Self: Toward a Theory of Personal and Cultural Positioning," *Culture and Psychology*, 7(3)

(2001), pp.243~281; Dan P. McAdams, *The Redemptive Self* (New York: Oxford University Press, 2013).

- **신체 기억** ☞ 이 주제를 더 자세히 다룬 글은 다음에서 볼 수 있다. Christine Caldwell, "Sensation, Movement, and Emotion: Explicit Procedures for Implicit Memories," in Sabine C. Koch, Thomas Fuchs, Michela Summa, M., and Cornelia Muller(eds.), *Body Memory, Metaphor and Movement* (Amsterdam: John Benjamins, 2012), pp.255~266.

- **몸의 권위** ☞ 이 주제에 관해 다른 데서 글을 썼는데, 나는 인류학자 브리짓 조던Brigitte Jordon의 작업에서 이 생각에 대한 영감을 받았다. 그녀는 다른 문화권에서의 출산과 더불어, 기술적으로 진보된 사회에서 여성들이 산부인과 병동에 들어갈 때 어떻게 자신의 몸에 대한 권위 있는 앎을 포기하는지에 대해 연구했다. 이 주제에 관한 최고의 책 중 하나는 Robbie E. Davis-Floyd and Carolyn F. Sargent(eds.), *Childbirth and Authoritative knowledge: Cross-Cultural Perspectives* (Berkeley: University of California Press, 1997)이다.

- **몸 정체성과 몸 이야기** ☞ Christine Caldwell, "Body Identity Development: Definitions and Discussions," *Body, Movement, and Dance in Psychotherapy*, II(4)(2016), pp.220~234.

- **몸에 대한 권위 있는 앎 — 비언어적 의사소통** ☞ 고전적인 글: Nancy Henley, *Body Politics: Power, Sex, and Nonverbal Communication* (Upper Saddle River, NJ: Pretice Hall, 1986).

- **도덕** ☞ 조금 오래되기는 했지만 다음 책은 우리의 사회성과 '동물적 본성'이 우리를 도덕적 삶을 향해 나아가게 만드는 방식들에 대해 논의한다. Robert Wright, *The Moral Animal: Why We Are the Way We Are: The New Science of Evolutionary Psychology* (New York: Vintage Books, 1994)[『도덕적 동물: 진화심리학으로 들여다 본 인간의 본성』, 박영준 옮김(사이언스북스, 2003)].

- **움직임 탐구** ☞ 나는 이 개념을 여러 해 동안 가르쳐왔지만, 이에 관한 글은 쓰지 않았다. 움직임 탐구 수련은 그 형태와 형식 측면에서 무용치료의 한 방식인 오센틱 무브먼트Authentic Movement에 여러 면에서 빚을 지고 있다. 드러나는 움직임 충동을 탐험하는 이 자기 주도적 방식은 메리 화이트하우스Mary Starks Whitehouse가 개발했다. 이 주제에 관한 좋은 책은 다음과 같다. Patrizia Pallaro(ed.), *Authentic Movement: A Collection of*

Essays by Mary Starks Whitehouse, Janet Adler and Joan Chodorow
(Philadelphia: Jessica Kingsley Publishers, 1999).

8장   몸의 방기와 몸의 복권

- **몸의 방기는 어떻게 시작되었는가** ☞ 나의 첫 저서 *Getting Our Bodies Back*은 몸에서 중독적인 경험이 어떻게 발달되고, 어떻게 유지되고, 또 어떻게 거기서 회복할 수 있는지, 몸의 중독적인 경험에 대해 상세히 설명한다. 이 책은 몸의 방기라는 초기의 개념을 중독적인 경험의 핵심 특징으로 전제한다. Christine Caldwell, *Getting Our Bodies Back* (Boston: Shambhala Publications, 1996)[『몸으로 떠나는 여행』, 김정명 옮김(한울, 2016)].

- **반억압 전략으로서 관조적 몸 수련** ☞ 데버라 오어 Deborah Orr가 쓴 학술 논문은 신체 억압이 우리가 학습하는 방식과 우리의 교육 체계에 영향을 미치는 방식을 이해하는 데 유용한 도구가 될 것이다. 그녀는 지식에 다르게 접근하는 방식으로, 그리고 정신화 mentalizing의 패권에 저항하는 수단으로 요가와 태극권과 같은 신체 기반 수련을 옹호한다. Deborah Orr, "The Uses of Mindfulness in Anti-Oppressive Pedagogies: Philosophy and Praxis," *Canadian Journal of Education*, 27(4)(2002), pp. 477~490.

- **인간 예외주의에 대한 다윈의 위협** ☞ 이 생각에 대한 접근 경로는 다양하지만, 시작할 수 있는 고전적은 책은 Daniel C. Dennett, *Darwin's Dangerous Idea: Evolution and the Meanings of Life* (New York: Simon & Schuster, 1995)이다.

- **억압되고 소외된 몸** ☞ 베넷 레이턴 Lucy Bennett Leighton과 나는 *Oppression and the Body: Roots, Resistance, and Resolutions* (Berkeley: North Atlantic Books, 2018)를 공동으로 편저했다. 이 책에서는 다양한 작가들이 우리가 어떻게 전반적으로 몸을 억압하는지, 우리가 어떻게 특정한 몸을 억압하는지, 그리고 저항의 한 형태로서 체화된 본성을 회복하기 위해 우리가 무엇을 할 수 있는지를 검토한다.

- **마인드풀니스와 수용 기반 치료** ☞ 이 심리치료에 대한 훌륭한 읽을거리로 다음 책을 추천한다. Christopher K. Germer, Ronald D. Siegel, and Paul R. Fulton(eds.), *Mindfulness & Psychotherapy* (New York: Guilford Press, 2005)

- **운동과 정서적 건강** ☞ 적당한 운동은 불안, 우울, 알코올 의존, 만성 통증, 심지어 조현병까지 모든 종류의 정신 장애에 좋다. 운동의 효과는 개인 심리치료나 집단 심리치료, 인지치료와 비교해도 손색이 없다. Gregg A. Tkachuk and Garry L. Martin, "Exercise Therapy for Patients with Psychiatric Disorders: Research and Clinical Implications," *Professional Psychology: Research and Practice*, 30(3)(1999), pp.275~282. 여러 연구는 운동이나 춤이 우울·불안 완화나 특정 유형의 기억력 향상과 강력한 관계가 있음을 보여준다(Leste and Rust, 1984; Martinsen and Solberg, 1989; Nakamura et al., 2007). 무용동작치료와 요가를 결합한 것이 스트레스 관리와 의사소통 기술을 향상시킬 뿐만 아니라 사회적 행동을 개선한다는 것이 밝혀졌다(Barton, 2011).

- **신체 자각과 정서 지능** ☞ 또 다른 연구는 신체 자각 훈련이 정서 처리를 돕는다는 것을 발견했고(Sze et al., 2010), 한 질적 연구는 신체 움직임에 대한 의식을 높이는 것이 "상호 연결된, 몸에 뿌리를 둔 문화적 정체감을 낳는다"는 것을 발견했다(Caroline Potter, "Sense of Motion, Senses of Self: Becoming a Dancer," 2008, www.tandfonline.com/doi/abs/10.1080/00141840802563915).

- **쾌락** ☞ Warren, Brown and Ryan(2003, 2007)은 마인드풀니스를 더 많이 하는 사람이 쾌락을 더 자주, 강렬하게 느끼고, 불쾌감을 덜 자주, 덜 강렬하게 느끼며, 자신의 일상 활동에 대해 더 자율적으로 느낀다는 점을 발견했다.

- **무술과 주의** ☞ 어려움을 겪는 청소년을 연구하면서 마인드풀니스라는 구성 개념에 무술을 포함한 다른 연구자들은 ADHD 증상과 부모와의 관계가 개선되었을 뿐만 아니라 불안이 줄어든 것을 발견했다. Jillian Haydicky, Judith Weiner, Paul Bdali, Karen miligan, and Joseph M. Ducharme, "Evaluation of Mindfulness-Based Intervention for Adolescents with Learning Disabilities and Co-Occurring ADHD and

Anxiety," *Mindfulness*, 3(2) (June 2012), pp.151~164.

- **쾌락에 대해 '상한선'을 두는 것** ☞ 상한선이라는 개념의 문제는 게이 헨드릭스Gay Hendricks와 캐슬린 헨드릭스Kathlyn Hendricks가 그들의 고전적 저서 *Conscious Loving: The Journey to Commitment* (New York: Bantam, 1990)에서 널리 알렸다.
- **몰입 상태/창의적 상태** ☞ '몰입flow'이라는 용어를 만든 사람은 시카고대학의 미하이 칙센트미하이Mihaly Csikszentmihalyi다. 그의 작품을 시작하기에는 다음 책이 가장 좋다. *Flow: The Psychology of Optimal Experience* (New York: Harper, 2008)[『몰입 flow』, 최인수 옮김(한울림, 2004)].

10장   깨달은 몸

- **바디풀니스 연구** ☞ 심신 연구에 대한 메타분석에서는 편두통, 섬유근육통, 다발성 경화증, 간질, 뇌졸중, 파킨슨병의 완화를 포함한 유익한 효과가 증대된다는 것을 밝혔다. 심신 치료라는 개념에 포함된 수련은 명상, 이완, 의식적 호흡, 요가, 태극권, 기공, 최면, 바이오피드백이다(Wahbeh et al., 2008). 이는 분명 하향식 기술과 상향식 기술을 다 포함하는 매우 광범위하고 포괄적인 망이지만, 다시 (감각 자각과 움직임을 통해) 몸과 양질의 주의를 기울이는 능력을 수반하는 현재 중심의 경험적 수련의 가능한 유용성을 가리킨다.
- **심신 수련과 신체 건강** ☞ 이완, 인지행동치료, 명상, 이미지, 바이오피드백, 최면을 포함하는 심신 의학 치료에 대한 또 다른 메타분석은 관상동맥 심장질환, 두통, 불면증, 요실금, 만성 허리통증, 암 질환과 치료 관련 증상의 감소와 향상된 수술 후 결과의 영역에서 효력이 있다는 상당한 근거를 발견했다(Astin et al., 2003).
- **기억 자각 명상** ☞ 이는 제이슨 시프Jason Siff가 개발한 명상 방식이다. 이 명상은 명상하려는 의도, 의도적인 자세, 그리고 헤맬 때 당신을 붙들기 위해 돌아올 장소, 이 세 요소로 이루어진다. 시프는 명상이 주의를 어디에 두느냐에 관한 것이라고 느낀다. 몸과 호흡에 대한 자각이 전경으로 이동함에 따라 생각과 감정은 자연적으로 진정된다. 그는 화, 우울처럼 우리가 생각에 붙이는 이름표에 의문을 가지라고 한다. 이름표가 없는 경험은 무엇인가? 그는 우리에게 생각과 거리를 두거나 떨어지거나 생각을 멈추

려고 하지 말고, 오히려 관여하라고 한다. 이 방법은 우리가 이해하는 것처럼 몸 챙김과 많은 특징을 공유한다(Siff, 2014).

• **땀 흘려 기도하라** ☞ 이 사랑스러운 진술은 개브리엘 로스Gabrielle Roth의 1998년 저서 제목이다. 그는 움직임과 극장 예술가로서 5리듬이라는 움직임 기반의 개인적·영적 발달 양식을 개발했다. 이 수련은 움직이는 몸을 깨우기 위해 분별 있게 움직이는 기쁨과 수련을 결합한 훌륭한 예가 된다 (Gabrielle Roth, *Sweat Your Prayers: The Five Rhythms of the Soul — Movement as Spiritual Practice*, New York: Toucher/Putnam, 1997).

참고문헌

Aposhyan, Susan, *Natural Intelligence: Body-Mind Integration and Human Development*. Baltimore, MD: Williams & Wilkins, 1999.

Astin, J., Shapiro, D. Eisenberg, and K. Forys. "Mind-Body Medicine: State of Science, Implications for Practice." *Journal of the American Board of Family Medicine*, 16(2)(March I, 2003), pp.131~147.

Ayres, A. Jean. *Sensory Integration and Learning Disorders*. Los Angeles: Western Psychological Services, 1973.

Baer, Ruth A., James Carmody, and Matthew Hunsinger. "Weekly Change in Mindfulness and Perceived Stress in a Mindfulness-Based Stress Reduction Program." *Journal of Clinical Psychology*, 68(7)(July 2012), pp.755~765. doi:10.1002/jclp.21865.

Barton, Emma J. "Movement and Mindfulness: A formative Evaluation of a Dance/Movement and Yoga Therapy Program with Participants Experiencing Severe Mental Illness." *American Journal of Dance Therapy*, 33(2)(December 2011), pp.157~191.

Berman, Morris. *Coming to Our Senses: Body and Spirit in the Hidden History of the West*. New York: Bantam, 1989.

Bollas, Christopher. *The Shadow of the Object: Psychoanalysis of the Unthought Known*. New York: Columbia University Press, 1987.

Boorstein, Sylvia. *Don't Just Do Someting, Sit There: A Mindfulness Retreat with Sylvia Boorstein*. San Francisco: HarperCollins, 1996.

Brown, Kirk Warren, and Richard M. Ryan. "The Benefits of Being Present: Mindfulness and Its Role in Psychological Wellbeing." *Journal of Personality and Social Psychology*, 84(4)(2003), pp.822~848.

Brown, Kirk Warren, and Richard M. Ryan, and J. David Creswell. "Mindfulness: Theoretical Foundations and Evidence for its Salutary Effects." *Psychological Inquiry*, 18(4)(2007), pp.211~237.

Burg, Jan M., Oliver T. Wolf, and Johannes Michalak. "Mindfulness as Self-

Regulated Attention: Associations with Heart Rate Variability." *Swiss Journal of Psychology*, 71(3)(2012), pp.135~139.

Butler, Judith. *Bodies That Matter: On the Discursive Limits of "Sex,"* New York: Routledge, 1993.

Caldwell, Christine. "Adult Group Play Therapy." In Charles E. Schaefer(ed.). *Play Therapy with Adults,* , pp.301~316. Hoboken, NJ: John Wiley and Sons, 2003.

_____. "Body Identity Development: Definitions and Discussions." *Body, Movement, and Dance in Psychotherapy*, II(4)(2016), pp.220~234. doi:10.10 80/17432979.2016.1145141.

_____(ed.). "Body Identity Development: Who We Are and Who We Become." In Christine Caldwell and Lucia Bennett Leighton(eds.). *Oppression and the Body*. Berkeley, CA: North Atlantic Books, 2018, pp.31~50.

_____. "Conscious Movement Sequencing: The Core of the Dance Movement Psychotherapy Experience." In Helen Payne(ed.). *Essentials of Dance Movement Psychotherapy: International Perspectives on Theory, Research, and Practice*, pp.51~64. London: Routledge, 2017.

_____. "Diversity Issues in Movement Observation and Assessment." *American Journal of Dance Therapy*, 35(2)(2013), pp.183~200. doi: 10.1007/s10465-013-9159-9.

_____. *Getting Our Bodies Back*. Boston: Shambala Publications, 1996.

_____. "Mindfulness and Bodyfulness: A New Paradigm," *Journal of Contemplative Inquiry*, I(I)(2014), pp.77~96.

_____. "Sensation, Movement, and Emotion: Explicit Procedures for Implicit Memories." In Sabine Co. Koch, Thomas Fuchs, Michela Summa, and Cornelia Muller(eds.). *Body, Memory, Metaphor and Movement*, pp.255~266. Amsterdam: John Benjamins, 2012.

Caldwell, Christine, and Himmat K. Victoria. "Breathwork in Body Psycho-therapy: Towards a More Unified Theory and Practice." *Body, Movement and Dance in Psychotherapy*, 6(2)(2011), pp.89~101.

Chiesa, Alberto, Paolo Brambila, and Alessandro Seretti. "Functional Neural Correlates of Mindfulness Meditations in Comparison with Psychotherapy, Pharmacotherapy and Placebo Effects. Is There a Link?" *Acta Neuropsychia-trica*, 22(3)(2010), pp.104~117.

Chritchely, Hugo D., Stephan Wiens, Pia Rotshtein, Arne Öhman, and Raymond J. Dolan. "neural Systems Supporting Interceptive Awareness." *Nature Neuroscience*, 7(2)(February 2004), pp.189~195.

Csikszentmihaly, Mihaly. *Flow: The Psychology of Optimal Experience*. New York: Harper, 2008.

Damasio, Antonio. *Self Comes to Mind: Constructing the Conscious Brain*. New York: Vintage Books, 2012.

Davidson, Richard J., John Kabat-Zinn, Jessica R. Schumacher, Melissa

Rosenkranz, Daniel Muller, Saki Santorelli, Ferris Urbanowsk, Anne Harrington, Katherine Bonus, and John F. Sheridan. "Alterations in Brain and Immune Function Produced by Mindfulness Meditation." *Psychosomatic Medicine*, 65(4)(2003), pp.564~570.

Davis, Daphne M., and Jeffery A. Hayes. "What Are the Benefits of Mindfulness? A Practice Review of Psychotherapy-Related Research." *Psychotherapy*, 48(2)(2011), pp.198~208.

Davis-Floyd, Robbie E., and Cronly F. *Childbirth and Authoritative Knowldege: Cross-Cultural Perspectives*. Berkely: University of California Press, 1997.

Eddy, Martha. *Mindful Movement: The Evolution of the Somatic Arts and Conscious Action*. Chicago: University of Chicago Press, 2016.

Erikson, Erik H. *Childhood and Society*. 2nd ed. New York: Norton, 1963.

Farb, Norman A. S., Adam K. Anderson, Helen Mayberg, Jim Bean, Deborah McKeon, and Zindel V. Segal. "Minding One's Emotions: Mindfulness Training Alters the Neural Expression of Sadness." *Emotion*, 10(1)(Februrary 2010), pp.25~33.

Field, Tiffany. *Touch*. Cambridge, MA: MIT Press, 2001.

Fogel, Alan. *The Psychophysiology of Self-Awareness: Rediscovering the Lost Art of Body Sense*. New York: W.W. Norton, 2009.

Fosha, Diana. *The Transforming Power of Affect: A Model for Accelerated Change*. New York: Basic Books, 2000.

Frank, Ruella, and Frances La Barre. *The First Year and the Rest of Your Life: Movement, Development, and Psychotherapeutic Change*. New York: Routledge, 2011.

Gallagher, Shaun. "Phenomenology and Embodied Cognition." In Lawrence Shapiro(ed.). *The Routledge Handbook of Embodied Cognition*, pp.9~18. London: Routledge, 2014.

Gazzaniga, Michael S. "Cerebral Specialization and Interhemispheric Communication." *Brain*, 123(7)(July 2000), pp.1293~1326.

Germer, Christopher K., Ronald D. Siegel, and Paul R. Fulton(eds.). *Mindfulness & Psychotherapy*. New York: Guilford Press, 2005.

Goldin, Philippe R., and James J. Gross. "Effects of Mindfulness-Based Stress Reduction (MBSR) on Emotion Regulation in Social Anxiety Disorder." *Emotion*, 10(1)(February 2010), pp.83~81.

Green, Sheryl M., and Peter J. Bieling. "Expanding the Scope of Mindfulness-Based Cognitive Therapy: Evidence for Effectiveness in a Heterogeneous Psychiatric Sample." *Cognitive and Behavioral Practice*, 19(1)(2012), pp.174~180. doi:10.1016/j.cbpra.2011.02.006.

Grepmair, Ludwig, Ferdinand Meitterlehner, Thomas Loew, Egon Bachler, Wolfhardt Rother, and Marius Nickel. "Promoting Mindfulness in Psychotherapists in Training Influences the Treatment Results of Their Patients: A Randomized, Double-Blind, Controlled Study." *Psychotherapy and Psycho-*

somatics, 76(6)(2007), pp.332~338. doi:10.1159/000107560.

Hanna, Thomas, *The Body of Life*. New York: Alfred A. Knopf, 1979.

_____. *Somatics: Reawakening the Mind's Control of Movement, Flexibility, and Health*. New York: Addison-Wesley Company, 1988.

Hannaford, Carla. *Smart Moves: Why Learning Is Not All in Your Head*. Arlington, VA: Great Ocean Pulishers, 2005.

Haydicky, Jillian, Judith Weiner, Paul Bdali, Karen Miligan, and Joseph M. Ducharme. "Evaluation of a Mindfulness-Based Intervention for Adolescents with Learning Disabilities and Co-Occuring ADHD and Anxiety." *Mindfulness*, 3(2)(June 2012), pp.151~164.

Hermans, Hubert J.M. "The Dialogical Self: Toward a Theory of Personal and Cultural Positoining." *Culture and Psychology*, 7(3)(2001), pp.243~281.

Jackson, Linda. "Physical Attractiveness: A Sociocultural Perspective." In Thomas F. Cash and Thomas Pruzinsky(eds.). *Body Image: A Handbook of Theory, Research, and Clinical Practice*, pp.13~22. New York: Guilford Press, 2002.

Jha, Amishi P., Elizabeth A. Stanley, Anastasia Kiyonaga, Ling Wong, and Lis Gelfand. "Examining the Protective Effects of Mindfulness Training on Working Memory Capacity and Affective Experience." *Emotion*, 10(1) (February 2010), pp.54~64.

Johnson, Don Hanlon. *Body, Spirit and Democracy*. Berkeley: North Atlantic Books, 1994.

Kabat-Zinn, Jon. *Full Catastrophe Living: Using the Wisdom of Your Body and Mind to Face Stress, Pain, and Illness*. New York: Delta, 1991.

_____. "Mindfulness-Based Intervention in Context: Past, Present, and Future." *Clinical Psychology Science and Practice*, 10(2)(June 2003), pp.144~156.

Kabat-Zinn, Jon, Leslie Lipworth, and Robert Burney. "The Clinical Use of Mindfulness Meditation for the Self-Regulation of Chronic Pain." *Journal of Behavioral Medicine*, 8(2)(June 1985), pp.163~190.

Keng, Shian-Ling, Moria J. Smoski, and Clive Robins. "Effects of Mindfulness on Psychological Health: A Review of Empirical Studies." *Clinical Psychology Review*, 31(6)(August 2011), pp.1041~1056. doi:10.1016/j.cpr.2011.04.006.

Knapp, Mark L., and Judith A. Hall. *Nonverbal Communication in Human Interaction*. Belmont, CA: Thomson Higher Education, 2006.

Kopp, Sheldon. *Back to One: A Practical Guide for Psychotherapists*. Palo Alto, CA: Science and Behavior Books, 1977.

LeDoux, Joseph. *The Emotional Brain: The Mysterious Underpinnings of Emotional Life*. New York: Simon & Shuster, 1996.

Lefevre, Carole. "Posture, Muscular Tone and Visual Attention in 5-Month-Old Infants." *Infant and Child Development*, II(4)(December 2002), pp.335~346.

Leste Andre, and Joh Rust. "Effects of Dance on Axiety." *Perceptual and Motor Skills*, 58(3)(June 1984), pp.767~772.

Libert, Benjamin, "Do We Have Free Will?" *Journal of Consciousness Studies*, 6(8~9)(August, 1999), pp.47~57.

Lutz, Antonie, Lawrence L. Greischar, Nancy B. Rawlings, Matthieu Ricard, and Richard J. Davidson. "Long-Term Meditators Self-Induce High-Amplitude Gamma Synchrony during Mental Practice." *Proceedings of the National Academy of Sciences*, 101(46)(November 16, 2004), pp.16369~16373.

Martinsen, Egil W., Asle Hoffart, and Yvind Solberg, "Aerobic and Non-Aerobic Forms of Exercise in the Treatment of Anxiety Disorders." *Stress Medicine*, 5(2)(April 1989), pp.115~120. doi:10.1002/smi.2460050209.

McAdams, Dan P., Ruthellen Josselson, and Amia Lieblich(eds.). *Identity and Story: Creating Self in Narrative*. Washington, DC: American Psychological Association, 2006.

Mehling, Wolf E., Virajini Gopisetty, Jennifer Daubenmier, Cynthia J. Price, Frederick M. Hecht, and Anita Stewart. "Body Aareness: Construct and Self-Report Measures." *PLoS ONE*, 4(5)(2009), pp.e5614. doi:10.1371/journal.pone.0005614.

Michalak, Johannes, Nikolaus Troje, and Thomas Heidenreich. "The Effects of Mindfulness-Based Cognitive Therapy on Depressive Gait Patterns." *Journal of Cognitive and Behavioral Psychotherapies*, II(1)(March 2011), pp.13~27.

Nakamura, Toru, Kideaki Soya, Custer C. Deocaris, Akiyo Kimpara, Miho Iimura, Takahiko Fujikawa, Kyukki Chang, Bruce S. McEwen, and Takeshi Nishijima. "BDNF Induction with Mild Exercise in the Rat Hippocampus." *Biochemical Biophysical Research Community*, 358(4)(July 13, 2007), pp.961~967.

Ogden, Pat, Kekuni Minton, and Clare Pain, *Trauma and the Body: A Sensorimotor Approach to Psychotherapy*. New York: W.W. Norton, 2006.

Oliver, Mary. *New and Selected Poems*. Boston: Beacon Press, 1992.

Orr, Deborah. "The Uses of Mindfulness in Anti-Oppressive Pedagogies: Philosophy and Praxis." *Canadian Journal of Education*, 27(4)(2002), pp.477~490.

Pallaro, Patrizia(ed.). *Authentic Movement: A Collection of Essays by Mary Starks Whitehouse, Janet Adler and Joan Chodorow*. Philadelphia: Jessica Kingsley Publishers, 1999.

Pert, Candace. *The Molecules of Emotion: The Science Behind Mind-Body Medicine*. New York: Touchstone, 1997.

Porges, Stephen W. "The Polyvagal Theory: Phylogenetic Substrates of a Social Nervous System." *International Journal of Psychophysiology*, 42(2)(October 2001), pp.123~146.

Ramel, Wiveka, Philippe R. Goldin, Paula E. Carmona, and John R. McQuaid. "The Effects of Mindfulness MEditation on Cognitive Process and Affect in Patients with Past Depression." *Cognitive Therapy and Research*, 28(4)(August 2004), pp.433~455.

Robbins, Michael W. "Scientists See Yet Another Reason to Go to the Gym." *Discover Magazine* (January 2004). http://discovermagazine.com/2004/jan/neuroscience#.UtLssJ5dWSo.

Resenberg, Jack Lee, and Marjorie Rand. *Body, Self, and the Soul: Sustaining Integration.* Atlanta, GA: Humanics Trade Group, 1985.

Schore, Allan N. *Affect Regulation and the Origin of the Self: The Neurobiology of Emotional Development.* Mahwah, NJ: Lawrence Erlbaum Associates, 1994.

Sherrell, Carla. "The Oppression of Black Bodies: The Demand to Simulate White Bodies and White Embodiment." In Christine Caldwell and Lucia Bennett Leighton(eds.). *Oppression and the Body: Roots, Resistances, and Resolutions.* Berkeley, CA: North Atlantic Press, 2018, pp.141~156.

Shusterman, Richard. *Body Consciousness: A Philosophy of Mindfulness and Somaesthetics.* New York: Cambridge University Press, 2008.

Sigel, Daniel J. *The Mindful Brain: Reflection and Attunement in the Cultivation of Well-Being.* New York: W.W. Norton, 2007.

Siff, Jason. *Thoughts Are Not the Enemy: An Innovative Approach to Meditation.* Boulder, CO: Shambhala Publications, 2014.

Silow, T. Personal communication, USABP Conference, Boulder, CO, August 12, 2012.

Smalley, Susan, L., Sandra K. Loo, T. Sigi Halle, Anshu Shrestha, James McGough, Lisa Flook, and Steven Reise. "Mindfulness and Attention Deficit Hyperactivity Disorder." *Journal of Clinical Psychology*, 65(10)(October 2009), pp.1087~1098.

Stern, Daniel N. *The Present Moment in Psychotherapy and Everyday Life.* New York: W.W. Norton, 2004.

Sugamura, G., H. Takase, Y. Haruki, and F. Koshikawa. "Bodyfulness and Posture: It's Concept and Some Empirical Support." Poster Presentation at the 65th Convention of the International Council of Psychologists, San Diego, CA, December 2007.

Sugamura, G., Y. Haruki, and F. Koshikawa. "Mindfulness and Bodyfulness in the Practices of Meditation: A Comparison of Western and Eastern Theories of Mind-Body." Poster presentation at the First Convention of the Asian Psychological Association, Bali, Indonesian, June 2006.

Sze, Jocelyn A., Anett Gyurak, Joyce W. Yuan, and Robert W. Levenson. "Coherence between Emotional Experience and Physiology: Does Body Awareness Training Have an Impact?" *Emotion*, 10(6)(December 2010), pp.803~814.

Tiggemann, Marika. "Media Influences on Body Image Development." In Thomas F. Cash and Thomas Pruzinsky(eds.). *Body Image: An Handbook of Theory, Research, and Clinical Practice*, pp.91~98. New York: Guilford Press, 2002.

van der Oord, Saskia, Susan M. Bögels, and Dorreke Peijnenburg. "The Effectiveness of Mindfulness Training for Children with ADHD and Mindful Parenting for Their Parents." *Journal of Child and Family Studies*, 21(1)

(February 2012), pp.139~147. doi:10.1007/s10826-011-9457-0.

Victoria, H. Kaur, and Christine Caldwell. "Breathwork in Body Psychotherapy: Clinical Applications." *Body, Movement and Dance in Pshychotherapy*, 8(4) (2013), pp.216~228.

Wahbeh, Helane, Elsas Siegward-M, and Barry S. Oken. "Mind-Body Interventions." *Neurology*, 70(24)(June 2008), pp.2321~2328.

Wallace, B. Alan. *The Attention Revolution: Unlocking the Power of the Focused Mind*. Boston: Wisdom Publications, 2006.

Wallin, David J. *Attachment in Psychoherapy*. New York: Guilford Press, 2007.

Weisbuch, Max, and Kristin Pauker. "The Nonverbal Transmission of Intergroup Bias: A Model of Bias Contagion with Implications for Social Policy." *Social Issues and Policy Review*, 5(1)(December 2011), pp.257~291.

Welwood, John. *Toward a Psychology of Awakening: Buddhism, Pcyhotherapy, and the Path of Personal and Spiritual Transformation*. Boston: Shambhala Publications, 2000.

Wilkinson, Margaret. *Changing Minds in Therapy: Emotion, Attachment, Trauma, and Neurobiology*. New York: W.W. Norton, 2010.

Williams, J., "Mindfulness and Psychological Process." *Emotion*, 10(1)(February 2010), pp.1~7. doi:10.1037/a0018360.

Wittgenstein, Ludwig. *Philosophical Investigations*. Oxford, UK: Basil Blackwell, 1968.

Wollacott, Marjorie, and Anne Shumway-Cook. "Attention and the Control of Posture and Gait: A Review of an Emerging Area of Research." *Gait and Posture*, 16(1)(August 2002), pp.1~14.

Yuasa, Yasuo. *The Body: Toward a Eastern Mind-Body Theory*. New York: SUNY Press, 1987.

옮긴이 후기

        번역은 어려운 작업이다. 더구나 바디풀니스와 같이 융복합적 지식과 정교한 수련 방법이 포함되어 있는 책을 번역해 독자와의 소통을 돕는 것은 결코 만만한 일이 아니다. 적어도 저자가 이 책을 통해 이야기하는 내용은 몸학somatics에 대한 전문지식은 물론 관조적 수련 체험이 어느 정도 있어야 해독할 수 있다. 몸은 언어를 넘어서 생명을 구현하는 모체이기 때문이다.

    최근 몸학 수련과 관련한 서적들이 여기저기서 출판되고 있는데도 독자층이 제한되어 있는 것 역시 같은 이유에서다. 오랜 시간 몸학 분야를 공부해 온 나로서는 이런 서적들이 국내에 많이 출판되어 많은 사람이 제대로 된 몸학을 접하고 관조적 움직임을 통해 자각하는 능력을 기를 수 있기를 바란다. 그러나 그 내용이 우리말로 정확히 번역되는 데는 한계가 있을 수밖에 없다. 실제 국내에서 출판된 몸학 관련 책들이 이 한계를 넘어선 경우는 많지 않다.

    그러나 이번에 국내에 소개되는 이 책에 대해서는 그런 우려를 씻어도 좋을 것 같다. 독일에서 열리는 크리스틴 콜드웰의 바디풀니스 프로그램에 지난 5년간 직접 참여해 해당 전문가 자격을 취득한 신금옥 선생과 황미정 선생에 의해 초역이 이루어졌기 때문이다. 미국 콜로라도주에 있는 나로파대학에 몸심리학Somatic Psychology 전공을 개설해 몸 중심 심리학 분야의 뿌리를 내린 콜드웰 교수는, 대학에서 은퇴한 뒤 2018년 11월 자신의 수련프로그램을 집대성한 책 『바디풀니스Bodyfulness』를 출간했다. 그녀는 은퇴 전 내게 보낸 메일에서 이 책에 관해 이야기한 적이 있다. 제목만 들어도 가슴이 뛸 만큼 강한 에너지가 느껴졌다. 나는 샴발라 출판사에서 이 책이 나오자마자 아마존에서 구입해 읽기 시작했다. 예상했던 대로 바디풀니스는 특별한 방식의 관조 명상을 통해 웰빙과 힐링으로 들어가는 길을 구체적으로 알려주는 놀라운 책이었다. 또한 맥락은 다르지만 이 책의 일정 부분은 나 자신이 생각하고 준비하던 책의 아이디어와 우연히도 상통하는 부분이 있었다.

나는 오래전부터 '완전한 몸'을 주제로 저술 작업을 구상해 왔다. 그녀의 책에는 내가 AI 시대를 살아가는 현대인을 위한 대안적 담론과 수련으로 소개하고자 했던 몸학 관조 수련의 일정 부분이 더욱 완성된 모습으로 기술되어 있었다. 나는 곧바로 콜드웰 교수에게 이 책을 번역하겠다고 메일을 보냈다. 그러자 그녀에게 공부한 한국인 무빙사이클 촉진자들이 이미 번역 의사를 보내왔다며 함께할 가능성을 타진하는 물음과 함께 응답이 왔다. 그녀로부터 신금옥 선생과 황미정 선생을 소개받고 이 책의 번역을 공동으로 수행하게 된 것이다.

15년 전 크리스틴 콜드웰 교수의 초청으로 콜로라도주의 나로파대학에서 연구년을 보낸 적이 있다. 그때 그녀의 책 *Getting Our Bodies Back*(1996)을 『몸으로 떠나는 여행』(2007)이라는 제목의 책으로 번역한 바 있다. 몸학에 기초한 관상수련과 상담이 어떻게 중독을 예방하고 치유하는지 구체적으로 보여주는 귀한 책이었다. 당시는 한국에서 '바다이야기'로 대표되는 도박 중독이 사회적 이슈로 등장해 각계 전문가들이 문제 해결을 놓고 전전긍긍하던 시기였다. 중독의 수렁에 빠져들고 있는 우리 사회에 꼭 필요한 내용을 소개할 수 있었다. 전문서임에도 불구하고 그 책은 임상심리, 의료보건, 예술치유, 명상수련 분야에서 비교적 두터운 독자층을 형성하며 좋은 반응을 보이고 있다. 현재 한울엠플러스에서 3쇄가 출간되고 있다.

콜드웰 교수의 바디풀니스는 『몸으로 떠나는 여행』의 연장선인 동시에 완결편이라 할 수 있다. 그녀가 한국인 독자에게 쓴 서문에서 이야기하듯, 『바디풀니스』는 그 개념에서부터 수련법에 이르기까지 암흑 속을 걷는 사람들에게 '집'으로 돌아가는 이정표가 되는 책이다. 그 집은 바로 우리 자신의 몸이며, 그 집에 도달하기 위해서는 관상을 통해 자신의 행위를 알아차리는 정교한 연습이 필요하다. 콜드웰 교수는 그 핵심이 "행위 가운데 있는 주의력attention during action"이라고 말한다.

많은 현자들이 암흑 속을 걷는 사람들에게 빛을 비추는 노력을 해왔다. 그들의 공통적 메시지는 "깨어나라"로 함축될 수 있다. 플라톤의 동굴 이야기가 그렇고, 붓다가 말한 마야도 깨어나지 못한 세계가 이를 상징한다. 예수의 많은 비유도 결국은 미망,

곧 죽음에서 깨어나야 함을 강조한다. 종교의 대부분이 이 '깨어남'을 강조하지만, 대부분 마음이나 영혼의 활동을 강조하는 이원론적 구도에 그친다. 몸은 그 하수인에 불과하다는 생각에 몸에 대해서는 신경을 덜 쓴 것이다. 심지어 몸을 부정적으로 몰아붙이는 일도 다반사였다. 본디 성인과 현자의 깨어남은 몸과 마음의 분리에 있지 않음이 분명한데, 경전을 해석하는 과정에서 마음의 역할을 과하게 강조하다 보니 그런 오류가 형성된 것으로 보인다.

현대 과학에 주춧돌을 세우는 역할을 한 데카르트도 몸을 정신에서 분리될 수밖에 없는 물질로 규정했다. 그 영향 안에 놓여 있는 현대교육은 여전히 읽기, 쓰기, 셈하기를 통한 마음의 교육을 과도하게 강조한다. 마음의 교육이 잘 이루어지면 몸의 행위도 그것에 의해 제어될 수 있다고 생각하는 것이다. 이것은 사실일까?

현재 우리 사회에서는 마음의 교육만으로 인간이 제대로 성장할 수 없음을 통감하는 사건들이 여기저기서 일어나고 있다. 지식인, 엘리트라 불리는 사람들이 빠져 있는 미망의 세계는 지식정보 습득 위주 교육의 결과물이다. 몸을 외면한 마음의 교육은 (신경과학적으로 볼 때도 성립될 수 없지만) 위선자를 길러내기 쉬운 것이 사실이다.

콜드웰 교수는 신경생리를 깊이 공부한 몸 중심 심리학자로, 그의 스승 틱낫한에게서 수련을 받았다. 자신만의 독특한 몸학 기반 수련법을 개발해 심리치료 전문가로 활동하고 있다. 그녀는 전 세계에 유행처럼 번지고 있는 마음챙김 수련mindfulness practice이라는 용어와 개념으로는 사람들이 충분히 깨어날 수 없다는 점을 강조한다. 또한 최근 인지심리학에서 강조하는 체화인지embodied cognition의 개념도 넘어선다. 그녀에게 깨어남은 생명 현상이다. 자아와 타자, 환경 이 모두가 함께 만들어나가는 몸적 변화somatic transformation다. 개인적으로 이 책의 제목인 '바디풀니스'를 '몸챙김'으로 번역하고 싶었지만, 원어가 지닌 포괄성과 원저자가 의도한 느낌을 살리는 것이 좋겠다는 다른 번역자들의 의견을 따르기로 했다.

이 책은 의료 전문가, 다양한 심리요법 전문가, 교육자, 종교인 등과 같이 치유와 교육을 담당하는 사람들을 위한 전문서다. 또한 수행에 관심 있는 일반인도 관심을 가지고 읽을 수 있는 흥미로운 수행 전문서이기도 하다. 책을 읽으며 바디풀니스의 내용 속에 숨어 있는 보물을 캐는 방법은 독자가 결정할 것이다. 그러나 번역자로서 한 가지 권하고 싶은 것은, 책을 읽고 감명을 받는 데 그치지 말고 반드시 실습을 해보라는 것이다. 몸으로 충만한 하루하루를 사는 것이 참다운 변화를 경험하고 웰빙과 힐링을 실현할 수 있는 지름길이기 때문이다.

이 책이 한국에서 출판될 수 있도록 배려해 한국어판 서문을 보내준 원저자 콜드웰 교수에게 말로 다할 수 없는 고마움을 전한다. 또한 이 책의 번역을 시작하면서부터 독일을 오가며 공동번역에 성의를 다한 신금옥 선생과 황미정 선생께도 깊이 감사드린다. 이분들이 이 책의 번역에 기울인 정성에 비하면 나의 노력은 미천하지만, 여러 사정상 공동 번역자로 이름까지 올리게 되었다. 마지막으로 각박한 출판계의 현실에도 좋은 책을 내기 위해 노력을 아끼지 않는 한울엠플러스(주) 김종수 대표님과 이 책의 출간을 도와주신 윤순현 차장님, 교정교열에 정성을 아끼지 않은 편집부 최규선 팀장께도 깊은 감사의 뜻을 전하고 싶다.

2020년 2월
옮긴이를 대표하여
김정명

찾아보기

12단계 프로그램, 168

가동성
　가동성 변화도, 162~163, 167, 169
　　☞ '연속체'의 '움직임' 항목도
　　볼 것
　변화, 245
　신체계통, 84~85
　운동 능력 단련, 274
　움직임, 163~165
가치, 211, 216
각성, 64, 76, 104
감각, 107, 197
　내부 감각, 104~106
　능동적인 초점 맞추기, 110~111
　매 순간 감각에 관여하는 것, 172
　민감성을 키우는 것, 229
　반응, 48
　수련에서의 감각, 64, 66~68, 106~
　　107
　연상, 64, 276~277

　운동에너지, 169
　입력 양, 109~110
　자각, 79, 86
　조율, 185
　종류, 101~104
　특정 감각 유형에 대한 선호, 106
　호흡, 119~120
　주시, 105~106
감각운동 순환 과정, 86, 139, 167, 275
개인공간, 165~167
개인주의, 238, 243
건강과 웰빙
　내적 웰빙, 104
　노화, 171
　단련, 54
　몸의 조직, 77~78
　변화, 250~251
　새로운 신체 내러티브, 215
　새로움과 도전, 60
　에너지, 132
　의식적인 호흡, 115~118, 120~121
　정신 건강, 237

건강과 웰빙 〔앞에서 이어짐〕
   중도, 43, 83
   투과성, 73, 178~179
   파트너 춤, 197
건강염려증 hypochondriasis, 106
겐들린, 유진 Eugene T. Gendlin, 113
경계, 73, 178~180, 182, 189, 192~193, 274
고르스키, 베이트 Beit Gorski, 237
고립, 180
고유수용감각, 229, 291
고통
   고통 신호, 254, 263~266
   고통을 다루는 것, 90, 221
   고통의 소멸, 272
   고통의 순환을 깨는 것, 49
   만성 통증과 수용, 248
   무기력, 89
   변화, 248, 253
   수련에서의 통증의 감각, 106
   신체 혐오, 232~233
   접촉하고 흘려보내기 수련, 266
   해리, 233~234
   호흡으로 고통을 다루는 것, 116
   회피, 67, 229
골격계통, 83~84, 144
공간, 165~166, 206, 238, 262
공격, 43, 168, 210, 232
공동체, 83, 156, 166, 195~196, 204
과다긴장 hypertonic, 144, 174
관계, 195~197
   공유된 모터 플랜, 151
   놀이의 역할, 192~193
   다미주 이론, 88

몸들의 공동조절, 189~193
바디풀니스, 195~197
반투과성, 178~180, 184~186
선택적 투과성, 73
신체 습관, 177~178
의식적 진동, 46
터치, 181~183
피드백 순환 과정, 48
호흡, 124, 130~132
힘, 168, 171
관조적 수련
   감각, 110
   놀이, 193
   모터 플랜, 152
   몸 중심 관조 수련, 47
   바디풀니스, 93, 281
   스트레스, 79
   염증, 80
   움직임 전개 과정 완결하기, 217~218
   의식적인 터치, 183
   조율, 185
   피트니스, 172
   학습된 무기력, 89
   ☞ '명상' 또한 볼 것
관조 전통, 51, 202
구피 Goofy, 262~263, 270~271
권위(몸의 권위), 279
   공동권위, 208
   권위와의 관계, 211
   몸의 권위에 기대는 것, 227
   몸의 권위에 대한 신뢰와 의문, 215
   몸의 방기와 권위, 231

권위(몸의 권위) 〔앞에서 이어짐〕
    문화의 연속체, 238~239
    바디풀니스 수련에서 몸의 권위,
      226
    산 경험의 권위, 280
    수련에서 몸의 권위, 213~214, 282
    안내자로서 몸의 권위, 224
    오류, 212
균형, 44~46, 65, 274
    감각과 균형, 106
    고유수용감각과 균형, 291
    변화와 유지의 균형, 78
    진동과 균형, 44
    호흡과 균형, 123
극단, 43, 84, 111, 145
근육
    근육조직, 75
    긴장도, 144~146
    수의근과 불수의근, 143
    신경계, 85
    안정성과 가동성, 164~165
    운동감각, 102
    자세를 유지하는 근육, 171
    종류, 291
    주의력 근육, 111
    진동, 42, 83
근접발달영역, 59~60
기관, 82~83
기억, 58~59, 62~63, 80 ☞ '신체 기억' 또
  한 볼 것
기절, 89, 141, 145
긴장도
    목소리, 93, 141, 157, 185, 236, 239

몸 중심의 긴장도, 45
움직임, 141, 144~146
피트니스, 171~174
깨달음, 72, 227, 272~273, 280
깨어 있음, 197, 278 ☞ '깨달음' 또한
  볼 것

나 자리들I positions, 202, 205
내분비계, 86
내수용감각, 104~105, 141, 289, 301
내장, 86
내장변연계 순환 과정, 86, 275
내재적 연관 검사IAT, 293
노력
    깨어남, 272
    변화, 52, 211, 251
    움직임, 65, 166, 217
    주의, 45, 110
    진동, 251, 257, 266
    집중, 45
    타인과의 관계, 185, 187
    호흡, 117, 120, 123, 127~129
노화, 57, 159, 231, 252
놀이, 141, 278
    모터 플랜, 152
    몸 정체성 수련, 206
    바디풀니스, 278
    반사, 147
    변화 주도자, 254
    수련에서의 놀이, 267~269
    이점, 160
    중요성, 192

놀이 [앞에서 이어짐]

    쾌락 능력 발달, 256

뇌

    놀이, 192

    뇌와 몸 간의 피드백 순환 과정, 47

    반사, 146

    변화에 대한 반응, 257~258

    새로움, 58

    신경계, 82

    연상의 기반, 62

    의지, 210

    진동, 42, 84

    창의적 움직임, 159

    쾌락, 167

느낌

    내수용감각, 104

    묻혀 있는 자원, 143

    비언어적 의사소통, 157~158

    연상, 276

    염증, 80

    움직임, 167

    직감, 86

    함께 만들기, 104~105, 195

    호흡, 120~121, 124

능동적 관여, 77, 259~261

능숙함, 54~55, 65, 72, 251, 259, 276

다미주 이론polyvagal theory, 88, 93, 300

다윈, 찰스Charles Darwin, 234, 252, 309

단련, 54~56, 65, 108, 274, 279

단조로움을 피하는 것, 246, 261

달라이 라마Dalai Lama, 254

대사(신진대사)

    공동조절, 190

    균형, 45

    내수용감각, 104

    세포대사, 73

    에너지 보존, 50

    움직임, 140

    진동, 275

    피드백 순환 과정, 86

    하나로 돌아가는 것, 77

    호흡, 134, 277

동기, 65, 92, 94, 150, 246, 252~260

동물적 본성, 234

두려움

    다름에 대한 두려움, 238

    몸에 대한 두려움, 72, 232

    벽을 세워 차단하는 것, 80

    새로움에 대한 두려움, 261

    질병과 죽음에 대한 두려움, 232

    피드백 순환 과정, 86

    호흡, 119

마음(정신), 45, 74, 202~203, 233

마인드풀니스mindfulness, 136, 248, 279, 293

마인드풀 무브먼트mindful movement, 91

만성긴장, 174

메타신체감각metaphysicality, 212

메타인지metacognition, 212

면역계, 86

명상

    걷기 명상, 152

명상 〔앞에서 이어짐〕
　　관계, 178
　　균형, 45
　　수도승의 일화, 77
　　움직임 명상, 79
　　자세, 171
　　정좌 명상, 47, 79, 164, 195~196, 224,
　　　292
　　주의력 훈련, 111
　　피드백 순환 과정, 47
모터 플랜motor plan, 155
　　목적, 139
　　발달과 해체, 141, 150~153
　　방어, 139, 145
　　움직임 연속체, 90~91, 94~96
　　자발적 움직임, 159~160
목표 지향
　　놀이, 160
　　모터 플랜, 150
　　변화, 256, 258, 262, 269~270
　　신체 내러티브, 225
　　창의적 움직임, 162, 192
몰입flow, 257~258, 311
몸(신체)
　　계획 대상으로서의 몸, 231~232
　　공동조절, 189~192
　　관계적 놀이와 몸, 192~193
　　단조로움을 피하는 것, 246
　　마음과의 관계, 233
　　몸을 무시하는 것, 229~230
　　몸을 사랑하는 것, 243
　　몸의 온전함, 277, 280
　　운영 효율성, 54

원시적이면서도 복잡한 몸, 92
자동적 신체 습관, 53
정의, 41~42
조율, 186~189
판단, 67
몸과 마음의 분리, 232~235, 237
몸 신호
　　감각, 48~49
　　고통 신호, 254, 263~266
　　몸 신호를 무시하는 것, 229~230
　　몸 신호를 신뢰하는 것, 209, 212
　　몸 신호에 귀 기울이는 것, 276, 280
　　몸 신호에 대한 수련, 67
　　연상, 62
몸의 방기bodylessness의 네 가지 조건,
　　228
몸 정체성, 201~206
몸차별주의, 236, 239, 242
무감각, 94, 119, 121
무기력, 89, 127, 168, 208, 210
무술, 217
무아無我, 71
『무언가 하려들지 말고, 그냥 거기 앉
　　아 있으라Don't Just Do Something, Sit
　　There』(실비아 부어스타인), 258
무의식, 270
　　생각과 기억, 80
　　신체 기억, 204~205, 218~220
　　신체적·심리학적 무의식, 141~142
　　의사소통, 184~187
　　정서적 무의식, 62
　　편견, 232, 277, 293
　　호흡, 119

문제 해결, 109, 159
문화
    공간 사용의 문화 간 차이, 166
    몸을 무시하는 것, 230
    몸차별주의, 236
    비언어적 의사소통, 155~157
    신체 문화의 차이, 237~239
    터치의 연속체, 182
물리학, 41, 44
미세한 움직임, 102, 164, 274, 277
미주신경, 87~90, 93, 104
믿음, 261~262

바디 마인드 센터링Body-Mind Centering,
    291
바디풀니스bodyfulness, 212, 279
    감각운동 순환 과정, 86
    관계에서의 바디풀니스, 179~180,
        190~191
    균형 잡힌 호흡 수련, 129
    네 개의 수련 기둥, 277
    단련, 54
    단조로움을 피하는 것, 246
    바디풀니스를 잃는 것, 231
    바디풀니스 순간을 늘리는 것, 273
    바디풀니스에서의 새로움, 261~
        262
    바디풀니스의 여덟 가지 요소 간
        관계, 64~65
    바디풀니스의 영향력, 276
    바디풀니스 함께 만들기, 195~197
    변화, 253

안정성과 가동성, 163
움직임과 바디풀니스, 153, 162
의식적 호흡, 120, 137~138
자기감, 201, 215
자동적인 움직임, 140~144
조율, 185
주의력의 초점, 110
준비와 공부, 69
직관, 102
진동, 42~44
체화와 바디풀니스의 차이, 13, 212
쾌락, 256
피트니스, 172~174
행위에 바디풀니스 과정 불어넣
    기, 218
바디풀니스 수련, 195, 278~279
    기초, 65
    놀이, 152, 193, 278
    몸 수련법과의 차이, 105~106
    복측 미주신경복합체, 90
    산 경험, 280
    수용과 조절, 248
    움직임을 시작하고 멈추는 기술,
        211, 214
    의지와 권위, 215
    자기만의 수련법 만들기, 282
    편견을 표면화하는 것, 235
    힘, 208~209
반사, 141, 146~148
    목적, 139
    움직임 연속체, 90, 95
    자발적 움직임, 159~160
반투과성, 73~74, 137, 178~180, 184~185,

274, 277

방어, 80, 121, 180

백인 특권, 236~237

변연계, 119

변화, 275~276

　　내·외부 영향이 섞인 영역, 250~
　　　251

　　능동적 관여, 259~260

　　도전과 변화, 56~58, 65

　　몸의 경험에서 비롯되는 변화, 57

　　바깥에서 오는 변화, 246~248

　　변화에 대한 저항, 52, 253, 260

　　변화의 복잡성, 246

　　변화의 역설, 259~260

　　변화의 출처 식별, 247~248

　　습관과 변화, 52

　　안정성, 78

　　압력에 기반을 둔 변화, 254

　　자기 주도적 변화, 249

　　즐거움에 기반을 둔 변화, 254~256

　　탐구를 통한 변화, 256~259

병원균, 79

부어스타인, 실비아Sylvia Boorstein, 258

불교, 43, 71, 220~221

불교 심리학, 266

불안, 106, 111, 119, 121, 126, 168

블레이크, 윌리엄William Blake, 101

비고츠키, 레브Lev Vygotsky, 59~60

비난, 72, 233

비언어적 의사소통

　　관계, 184

　　움직임, 141, 155~157

　　자발적 움직임, 159

터치, 141

호흡, 130

빈곤, 89, 248

빛 호흡작업 체계Radiance Breathwork
　　system, 133

사랑, 241, 293

사회체계

　　공간 사용, 166

　　몸의 권위, 238~239

　　몸의 반영, 84

　　몸의 방기, 231

　　비언어적 의사소통, 155~157

　　사회적 불평등, 235~237, 251

　　연속체, 43

상처, 79~80

상향식·하향식 원리, 47~50, 124~125,
　　249~252

상호의존성, 69, 71, 74, 85~89, 92, 275

상호존재interbeing, 74, 87, 179, 274, 281,
　　299

새김수련embeded practice, 281

새로움, 174, 261~263, 277

　　새로움을 통한 대비, 58~60, 65

　　수련에서의 새로움, 265~266, 271

　　창의적 움직임, 159~160

　　피트니스, 172

생각

　　구두 언어, 156

　　바디풀니스, 276

　　벽을 세워 차단하는 것, 80~81

　　습관, 51~53, 177

Bodyfulness

생각 [앞에서 이어짐]
   압력 증상, 253
   오류, 212
   이름 붙이기, 96, 292
   창의적 움직임, 160
   피드백 순환 과정, 47~49, 65
생체적응, 78~79
설정점, 45, 76, 117, 133, 274
성별 문제, 244
   공간, 166
   몸의 객체화, 232
   몸차별주의, 236
   문화적 차이, 239
   비언어적 의사소통, 155
   정체성, 204
   터치, 182
세포, 56~57, 70~74, 178~179, 275
섹스, 193, 229, 254, 256
셰럴, 칼라Carla Sherrell, 237
소매틱 무브먼트somatic movement, 91
소비문화, 231
소외, 239, 248, 255
소화기관, 42, 97
속도, 77, 114, 166, 185, 226
수련법
   감각하기와 관련한 수련, 112
   개인공간 수련, 166~167
   계속 수련하기, 282
   공동조절 수련, 191
   관계 놀이 수련, 194
   관계와 공동체 수련, 195~197
   구피Goofy 수련, 270~271
   균형을 위한 수련, 46, 81~82

내부, 경계, 외부 감각 수련,
   106~107
단련을 위한 수련, 55
모터 플랜 수련, 153~155
몸을 찾기 위한 수련, 242~244
바디풀니스의 여덟 가지 원리에 관
   한 수련, 66
바디풀니스 해부학에 관한 수련,
   93~97
반사 수련, 147~148
받아들이기와 내보내기 수련,
   74~75
변화, 도전, 대비, 새로움을 위한
   수련, 60~61
신체 기억 수련, 218~220
신체 긴장도 수련, 145~146
안정성과 가동성 수련, 164~165
압력에 대한 수련, 263~265
에너지 보존을 위한 수련, 53
연상과 정서를 위한 수련, 63~64
운동감각 수련, 103
의사소통으로서의 움직임 수련,
   157~158
의식적인 경계 수련, 181
이완 수련, 175~176
자동적 움직임 수련, 142~144
접촉하고 흘려보내기 수련, 266
정체성 수련, 206~207
조율 수련, 186~189
직감 수련, 104~105
진동을 위한 수련, 44
창의적 움직임 수련, 160
쾌락에 대한 수련, 266~269

           찾아보기

수련법 〔앞에서 이어짐〕
  탐구를 위한 수련, 269~270
  터치 수련, 182~183
  피드백 순환 과정을 위한 수련, 49~
    50
  피트니스 수련, 173~174
  현재 순간의 움직임 수련, 225~226
  힘(강력함) 수련, 169~171, 212~215
  ☞ '호흡 수련' 또한 볼 것
수면(잠), 111, 126, 133, 173
수용, 208, 248, 250
수용 기반 치료, 248, 310
수행통제, 63
〈스타 트렉: 더 넥스트 제너레이션〉,
  273
스트레스, 255
  긍정적·부정적 스트레스, 78
  놀이, 192
  몸차별주의, 236
  변화, 253
  정서적·정신적 상태, 87
  항상성, 76
  호흡, 118
습관, 277
  각인된 습관, 177
  단련, 54~55
  몸을 무시하는 습관, 230
  변화, 245, 249
  불안정한 습관, 211
  상상된 과거를 반복하는 습관, 216
  새로운 선택을 만들어내는 것, 52~
    53
  새로움, 261

수동적 쾌락, 255
  에너지 보존, 50~52
  움직임 습관, 151
  자동적 습관, 53
  창의적 움직임, 159, 162
  행동 패턴, 212
신경, 47, 59, 76, 87, 97 ☞ '신경세포' 또한
  볼 것
신경가소성, 56, 67, 108, 278, 298
신경계
  감각 필터, 108
  교감신경계, 88
  기억, 61
  뇌, 82
  다른 신체계통과의 상호의존성,
    85~87
  새로움, 174
  수련에서의 신경계, 97
  신경계의 역할과 감각, 108
  신경조직, 75~76
  자율신경계, 125, 130
  정서적·정신적 상태에 미치는 영
    향, 87~88
  학습, 58
신경과학, 47, 56
신경근육계, 85, 210
신경 발생, 159~160
신체계통
  사회체계의 기능 반영, 84
  상호의존성, 85
  수련에서의 신체계통, 96
  움직임 연속체, 90~92
  종류, 85~87

신체계통 [앞에서 이어짐]
　호흡, 123
신체 기억, 278, 280
　신체 기억에 대한 작업, 214, 216~
　　220, 243
　신체 기억에서 벗어나는 것, 215
　정체성과 신체 기억, 204~207
신체 내러티브, 185, 278
　미래에 대해 작업하기, 220~224
　새로운 신체 내러티브의 구성, 215
　신체 내러티브를 통한 수련, 206
　정체성과 신체 내러티브, 203~205
　지배적·비지배적 신체 내러티브,
　　236
　현재에 대해 작업하기, 224~226
신체적 오류, 212
신체적 자유연상, 62, 270
신체조직
　유형, 75~77
신체 혐오, 30, 239, 242
신호 ☞ 몸 신호
실천주의
　기초적 수준의 실천주의, 89
　실천주의로서의 바디풀니스, 239~
　　241, 278, 281
　움직임, 92
심리치료, 143
　몸 중심 심리치료, 205
　방어, 80
　새로움, 261
　습관, 51
　외적 변화와 관련한 작업(저자의
　　사례), 247~248

자기역량강화, 168
정체성에 대한 작업, 203
중도, 43
직관, 102
심장
　수련에서의 심장박동, 97, 142
　심장박동수, 140, 275
　심장질환, 80
　진동, 42, 44, 77, 83
싸움-도주 방어체계, 88
'쓰지 않으면 잃는다 Use it, lose it', 54

아인슈타인, 앨버트 Albert Einstein, 160
아폴로 13호 사고, 117, 291
안정성, 78~81, 84~85, 163~165, 245, 274
암, 80, 250~251
압력 증상, 253
애스턴 패터닝 Aston-Patterning, 291
애착, 151, 292
양육, 168, 255, 292
어린 시절
　각인, 177
　놀이, 192
　움직임 연속체, 91
　자발적 움직임, 158~159
　정체성, 201
　쾌락, 255
　터치, 181
　힘, 168, 208
억압, 89, 210, 235~236, 240, 248~249,
　251, 278, 280
언어, 155~157, 203 ☞ '의사소통' 또한

볼 것

에너지, 41, 92, 120~121, 132~134, 169,
    173, 252~253
에너지 보존, 50~53, 65, 275
    감각기관, 108
    단련, 54
    세포 차원, 57
    신진대사 움직임, 141
    신체 기억, 216
    진화, 252
    학습, 60
에디, 마사 Martha Eddy, 91
연동운동, 42, 84, 97
연상
    문화, 166
    바디풀니스의 원리, 61~65, 276, 280
    수련에서의 연상, 67~68, 75, 93,
        154, 181, 264, 270~271
    자유연상, 62, 270
    행위와 연상, 223
    호흡과 연상, 127, 132, 137, 149
    힘과 연상, 169
연속체, 227
    몰입 상태 수양, 257
    문화의 연속체, 238, 243
    변화의 연속체, 246~250
    습관에서 새로움까지, 277
    신체계통, 84
    움직임, 90~92, 96, 140, 158, 163
    진동, 43~44
    터치, 182
    힘, 169
염증, 79~81

영유아기
    반사, 147
    비언어적 의사소통, 155
    호흡, 130, 150~151
    힘, 208~209
영향과 조종의 차이, 190
영혼, 115, 120, 136~137
오센틱 무브먼트 Authentic Movement, 293
외상후스트레스장애 PTSD, 153
외수용감각, 105
우울, 168, 251, 294
운동, 171~174
운동감각, 102~103, 105, 229, 288, 291
움직임
    가치와 윤리, 211
    경로, 224
    관계, 184
    깨어 있음, 197
    목적과 유형, 139~140
    바디풀니스의 원리, 65
    반자발적 움직임, 148~150
    불수의적 움직임, 143, 146
    비언어적 의사소통, 141, 155~157
    시간의 세 가지 영역, 224
    신체적·심리적 측면 다루기, 149
    얼기, 141, 145
    움직임 기억, 52
    움직임의 연속체, 90~92, 96, 140,
        158, 162
    의도적 움직임, 277
    의미, 176
    자기 주도적 움직임, 42
    자발적 움직임, 158~163

움직임 [앞에서 이어짐]
　조율, 185
　첫 번째 언어, 155, 203
　힘, 167~169
　☞ '의식적인 움직임' 또한 볼 것
움직임 전개, 250
　미래, 221~224
　완결, 217~218, 265
　죽음, 227
움직임 탐구, 224, 249, 258, 270, 280, 308
웃음, 119, 194, 254
월리스, 앨프리드 Alfred Wallace, 252
유머, 157, 193
유물론, 290
유전, 56~57, 140
윤리, 211
융합, 180
은유
　개인공간, 165~166
　골디락스 영역, 171
　관계, 179
　교향곡, 275
　기관, 83
　만성 염증, 80
　미주신경, 93
　복식호흡, 126
　안정성과 가동성, 163
　연속체, 85
　작업에서 은유, 69, 92
　줄기세포와 체세포, 71
　진동, 257
　터치, 181
의도, 154, 156, 172

의사 결정 과정, 66, 104
의사소통, 88, 184~185, 203 ☞ '비언어적 의사소통' 또한 볼 것
의식, 51, 136 ☞ '자각'과 '무의식' 또한 볼 것
의식적인 움직임, 79
　감각운동 순환 과정, 86
　마음을 쏟는 것, 215
　수련에서의 의식적인 움직임, 96, 176, 218, 229
　실천주의, 92
　치료에서의 의식적인 움직임, 205
의지(의지력), 52, 210~211, 259
이동, 140
이완
　공동조절, 189~190
　근육 이완, 42, 97
　움직임 전개 과정 완결, 219
　자동적 움직임, 143
　점진적 이완법, 59, 174
　호흡, 118, 121, 127~129
익명의 알코올중독자 모임 Alcoholics Anonymous, 211
인종, 204, 230, 236, 242
인종(인종차별주의), 236~237, 244
인지 능력 감퇴, 197
인지 능력 발달, 202
인지 지능, 120, 193

자가면역질환, 80
자각, 234, 238, 279
　감각 자각, 79, 86

찾아보기

자각 [앞에서 이어짐]
　신경계와 자각, 58, 61, 108
　신체 자각, 67, 94, 105, 113, 244, 279
　　☞ '운동감각' 또한 볼 것
　주의와의 차이, 110
　행위와 자각, 257
　호흡과 자각, 136
자기 돌봄, 44, 225, 270
자기 방어, 87~88
자기 비난, 234, 236
자기 조절, 190~191
자기 터치, 182~183
자기효능감, 168, 209, 255, 257
자비, 53, 231, 266
자세, 171, 187, 203, 239
자신
　몸적(신체적) 자아, 72, 208, 231,
　　233, 238
　변화하는 자기 감각, 110
　분리된 자기를 경험하는 것, 179
　세포 수준, 71~73
　신체 내러티브, 215
　정신적 자아, 231
자아 ego, 80
자아초월적 상태, 136
자유연상, 62, 270
자해, 232, 236
잠재력, 72, 78
저긴장 hypotonic, 144, 174
접촉, 180~181, 193
정서
　관조적 수련, 89~90
　내장변연계 순환 과정, 86

놀이가 정서에 미치는 영향, 160
모터 플랜, 153
미세한 움직임, 102
불안정, 106
비언어적 의사소통, 155
수련에서의 정서, 104
압력 증상, 253
영향, 87
정서적 연결, 48
조절, 134~135
중도, 43
통제, 63
호흡, 119~122, 132, 277
정서 지능, 66, 104, 156
정신신경면역학, 87
정체성
　공유된 정체성, 204
　균형, 274
　낡은 정체성을 내려놓는 것, 261
　문화, 166
　변화, 253
　상호의존성, 71
　안정성, 245
　음미, 278
　자동적인 행위, 141
　정체성 발달, 201~202
　정체성에 관한 질문을 바꾸는 것,
　　203
　조절, 179
　☞ '몸 정체성' 또한 볼 것
제이콥슨, 에드먼드 Edmund Jacobson,
　59, 174, 306
조율, 184~189, 191, 193, 292

종교, 211, 230, 241, 261~262
종 모양 곡선, 84, 111
주의, 113
    감각과 주의, 106
    균형과 주의, 45
    근육 이완과 주의, 174
    뇌세포와 주의, 159
    모터 플랜에서의 주의, 152~153
    바디풀니스 수련에서의 주의, 201,
      279
    신체 긴장도와 주의, 171
    신체적 관계 맺기에 주의 기울이
      기, 195
    움직임 탐구에서의 주의, 224
    자각과의 차이, 110
    주의력 근육 훈련, 111, 266, 277
    주의의 효과, 222
    직관과의 차이, 101~102
    진동과 주의, 262
    파트너 춤과 주의, 197
    판단하지 않은 상태의 주의, 61
    호흡과 주의, 121
주의력 결핍 과잉 행동 장애ADHD, 109
주의력 결핍 장애ADD, 109
주체감 ☞ 자기효능감
죽음, 42, 71, 91, 221, 232, 252
줄기세포, 70~72, 299
중도 中道, 43, 69, 83, 107, 109, 111, 180
중독, 151, 229, 255
중력과 호흡, 118, 127, 133~134
지혜, 69, 102, 107, 168, 276
직감, 86, 104
직관, 101~102

직접 경험, 48, 56, 63~64, 96, 127, 209, 292
진동, 42~44, 65, 69, 274
    감각, 106, 108
    균형, 45, 274
    노력, 251, 257
    느낌, 149
    목표 지향적 순간과 과정 중심적
      순간, 258, 262
    몸 정체성, 206
    변화, 251, 262
    삶에서의 진동, 180
    수련에서의 진동, 81~82, 201, 219,
      222, 269
    신체계통, 83~84
    신체조직, 76~77
    안정성과 가동성, 245
    움직임의 연속체, 162
    주의, 66~67, 110~111, 229
    피드백 순환 과정, 48
    호흡, 118, 123, 137
    힘의 강화, 227
    힘의 연속체, 169
진화, 275, 290
    계통발생적 진화, 91
    느낌, 167
    모터 플랜, 152
    움직임, 150
    자연 선택, 234, 252
    타인과의 연결감, 192~193
집단주의, 238, 243
집중, 45, 54 ☞ '주의' 또한 볼 것

창의성
  몰입, 257, 294
  바디풀니스, 277
  새로움, 261
  움직임, 140, 158~162
  치유력, 278
  피트니스, 172
체세포, 57, 71
체화, 13, 212, 229, 236~237, 275
춤, 90~92, 94~96, 154, 160~161, 197, 254
취약성, 180, 233~234
칙센트미하이, 미하이Mihaly
  Csikszentmihalyi, 294

카누 타기 일화, 259~260, 262
코헬렛(전도서) 3장 1~4절, 46
콥, 셸던Sheldon Kopp, 77
쾌락(즐거움), 67, 252, 254, 258
  건강한 관계, 254
  뇌 기능, 167
  능동적·수동적 쾌락, 254~256, 259,
    278
  수련에서의 쾌락, 266~269
  호흡, 118
킹, 마틴 루서Martin Luther King Jr., 240~
  241, 293

타자화, 235
탐구, 256~259 ☞ '움직임 탐구' 또한 볼 것
터치
  관계적 터치, 181~183, 195~197

문화적 차이, 238, 243~244
의사소통, 141, 181~182
조율, 185
촉각, 101, 105, 229
쾌락, 266~269
☞ '접촉' 또한 볼 것
트라우마, 278
  뇌 영역 변화, 210
  모터 플랜, 153
  반사, 147
  변화, 251
  신체 기억, 205
  신체 긴장도, 145~146
  외상 유대, 292
  움직임 탐구, 249
틈, 47, 224, 261
틱낫한Thich Nhat Hanh, 74, 179

퍼트, 캔디스Candace Pert, 47
편견, 235, 238, 277, 293
평정(평형), 43, 76, 251
포지스, 스티븐Stephen Porges, 88
포커싱 기법(유진 겐들린), 113
폭력, 217, 236, 240
프로이트, 지그문트Sigmund Freud, 47,
  62, 141, 270
피드백 순환 과정, 46~50, 65, 86, 275, 280
피부, 71, 75, 82
피트니스, 172~174, 279

『하나로 돌아오다Back to One』(셸던

Bodyfulness

콥), 77

학습, 51~52, 58~60, 152, 168, 192

학습된 무기력, 89

항상성 homeostasis, 76, 84

해리, 89, 233

행동

　감정과 행동, 79~80, 86

　다미주 이론과 행동, 88

　신경세포와 행동, 57

　신체 습관, 177

　신체적 자유연상과 행동, 62

　진동과 행동, 274

　행동의 변화, 47, 52, 249~250

　행동의 통합, 276

행복, 159, 254, 261, 273, 280

행위

　골디락스 영역에서의 행위, 171

　반응 행위, 85, 262

　복잡한 행위, 150, 163

　성찰, 280

　자각과 하나가 되는 행위, 257

　자동적인 행위, 275

　해결 행위, 217

　힘과 행위, 208, 211

　☞ '움직임' 또한 볼 것

헤르만스, 휘버르트 Hubert J. M. Hermans, 202

헨드릭스, 게이 Gay Hendricks, 133

헨드릭스, 캐슬린 Kathlyn Hendricks, 133

현재, 69

　감응, 256

　몰입, 257

　바디풀니스, 217, 277

변화의 시작, 249

불교, 220

신체 기억, 216, 218

움직임 전개 과정, 224~226

정체성, 204, 227

호흡, 74, 196, 275

　균형, 117, 125~129

　들숨과 날숨, 117~118

　변화에 적응하는 것, 118, 134~135

　의식적인 호흡, 115, 137~138, 148, 215, 277

　자연스러운 멈춤, 44, 128~129

　좋은 호흡의 이점, 116

　진동, 42

호흡 수련

　균형 잡힌 호흡 수련, 125~129, 135, 138, 191

　두 가지 에너지 수련, 133

　두 가지 패러다임, 121~122, 124

　목적, 130~132, 134~136

　수련법 선택, 122~125

　의식적인 호흡 수련, 137

　특화된 호흡 수련법, 115~116

　함께 하는 호흡 수련, 131

　호흡 움직임 수련, 149~150

　호흡 조절 수련, 135

홀딩(구조적, 기능적), 174, 292

환경

　감각, 109

　관계 맺기, 172

　변화와 환경, 252

　적응, 134

　주시, 58

찾아보기

횡격막, 117, 126

후성유전학, 57

휴식

    몸의 방기, 230

    신체 긴장도, 144

    호흡, 117~118, 127~128

힘

    관계, 169

    남용, 170, 208, 212, 280

모델, 168

비언어적 의사소통, 155

수련에서의 힘, 173

올바른 사용, 218

외적 변화, 246

움직임, 167

행위, 208, 211

힘에 관한 연상, 169

힘의 한계 인지, 211

지은이

크리스틴 콜드웰 Christine Caldwell, Ph, D.

미국 나로파 대학의 상담심리 대학원에서 몸 상담심리(Somatic Counseling Psychology) 교육과정을 설립해 30여 년간 전임교수로 재직했다. 심리치료사로서 움직임 분야의 임상 경험과 틱낫한 스님의 상급 제자로서 익힌 불교수련을 기초로 무빙사이클(Moving Cycle)이라는 몸 중심 심리치료 과정을 개발하고, 국내외에서 몸학(somatics) 전문가과정을 인도하고 있다. 저서로 『몸으로 떠나는 여행(Getting Our Bodies Back)』, 『접촉(Getting in Touch)』, 『억압과 몸(Oppression and the Body)』 등이 있다.

* 무빙사이클협회(The Moving Cycle Institute) 홈페이지: themovingcycle.com

옮긴이(가나다순)

김정명 명지대학교 명예교수. 명지대학교 예술체육대학 재직 중 '교양단전호흡', '몸학', '몸철학' 등 몸학 기반 교육과정을 만들어 몸 중심 관상교육의 확장에 힘을 쏟았다. 몸학의 본산인 노바토 연구소에서 HSE® (Hanna Somatic Educator) 자격을 취득하고, 현재 서울과학종합대학원(aSSIST) 석좌교수로 한국몸학연구센터(Korea Somatics Institute)를 이끌면서 우리나라에 몸학(somatics)의 확산을 주도하고 있다. 저·역서로 『예술지성: 소마의 논리』, 『부드러운 움직임의 길을 찾아: 토마스 하나의 생명의 몸』, 『몸으로 떠나는 여행』 등 다수가 있다.

신금옥 무빙사이클 촉진자(Moving Cycle Practitioner), 상담심리사
서울불교대학원대학교 상담심리학과(자아초월상담) 박사 수료
순천향대학교 심리치료학과(무용치료) 석사

황미정 무빙사이클 촉진자(Moving Cycle Practitioner)
순천향대학교 심리치료학과(무용치료) 석사

신금옥과 황미정은 『몸으로 떠나는 여행』을 읽고 크리스틴 콜드웰의 제자가 되어, 몸 중심 심리치료 무빙사이클를 수련하며 치유 및 교육 현장에 적용하고 있다.

바디풀니스

생명의 현존, 자신감, 깨어남을 위한 몸 수련

지은이 **크리스틴 콜드웰** / 옮긴이 **김정명, 신금옥, 황미정**
펴낸이 **김종수** / 펴낸곳 **한울엠플러스(주)** / 편집 **최규선**

초판 1쇄 인쇄 **2020년 2월 19일** / 초판 1쇄 발행 **2020년 3월 6일**

주소 **10881 경기도 파주시 광인사길 153 한울시소빌딩 3층**
전화 **031-955-0655** / 팩스 **031-955-0656** / 홈페이지 **www.hanulmplus.kr**
등록번호 **제406-2015-000143호**

ISBN **978-89-460-6872-8 03180** (양장)
ISBN **978-89-460-6873-5 03180** (무선)

Printed in Korea.
* 책값은 겉표지에 표시되어 있습니다.